教师招聘考试高效

学习笔记

教育理论基础

山香教育考试命题研究中心　主编

首都师范大学出版社
CAPITAL NORMAL UNIVERSITY PRESS

图书在版编目(CIP)数据

教师招聘考试高效学习笔记. 教育理论基础 / 山香教育考试命题研究中心主编. -- 北京：首都师范大学出版社, 2024. 7. -- ISBN 978-7-5656-8457-9

Ⅰ. G451.1

中国国家版本馆CIP数据核字第2024HJ5699号

教师招聘考试高效学习笔记. 教育理论基础
山香教育考试命题研究中心　主编

策划编辑　张文强
责任编辑　张娜娜　　　　　　　封面设计　山香教育
首都师范大学出版社出版发行
地　　址　北京市海淀区西三环北路105号
邮　　编　100048
咨询电话　010-68418523（总编室）　　010-68982468（发行部）
网　　址　http://cnupn.cnu.edu.cn
印　　刷　河南黎阳印务有限公司
经　　销　全国新华书店
版　　次　2024年7月第1版
印　　次　2024年7月第1次印刷
开　　本　889mm×1194mm　1/16
印　　张　21.5
字　　数　322千
定　　价　99.00元

版权所有　翻印必究

许你一路芬芳

嗨,亲爱的同学,我是你手中的高效学习笔记,是伴你一起前行的伙伴。我是一排排前人的足迹,引领你登上书山的高峰;我是一句句殷切的叮咛,提醒你拾起遗漏的点滴。

我传授的不仅仅是知识,更重要的是学霸的学习方法、学习习惯、思维模式,教你把握思路、学会方法,成为招教大军中的"王者"。

我是你招教考试路上的向导,带着你奔跑在考试的赛道上。我集结了精心设计、编写的内容,把智慧和美好呈现在你眼前。我是名师教案的精华、学霸成功的秘笈,护你避开岔路,引你走上学习的坦途,让你的自主学习如鱼得水。我是你取得胜利的强力助攻,帮助你过关斩将,一路前行。

请相信我,把烦恼和无奈抛给昨天,面对挑战,无论输赢,你都要全身心地投入,向着既定目标冲刺,定会创造人生的奇迹!

目 录

第一部分 教育学

第一章 教育与教育学 ········ 001
- 思维导图 ········ 001
- 知识梳理 ········ 002
- 第一节 教育及其产生与发展 ········ 002
- 第二节 教育学及其产生与发展 ········ 014
- 要点回顾 ········ 026

第二章 教育的基本规律 ········ 028
- 思维导图 ········ 028
- 知识梳理 ········ 029
- 第一节 教育与社会的发展 ········ 029
- 第二节 教育与人的发展 ········ 033
- 要点回顾 ········ 038

第三章 教育目的与教育制度 ········ 039
- 思维导图 ········ 039
- 知识梳理 ········ 040
- 第一节 教育目的 ········ 040
- 第二节 我国的教育目的 ········ 044
- 第三节 学校与学校教育制度 ········ 048
- 第四节 我国的学校教育制度 ········ 053
- 要点回顾 ········ 055

第四章 教师与学生 ········ 056
- 思维导图 ········ 056
- 知识梳理 ········ 057
- 第一节 教师 ········ 057
- 第二节 学生 ········ 065

第三节　师生关系 …………………………………………………… 066
　　要点回顾 ………………………………………………………………… 069

第五章　课程 …………………………………………………………… 070
　　思维导图 ………………………………………………………………… 070
　　知识梳理 ………………………………………………………………… 071
　　第一节　课程概述 ……………………………………………………… 071
　　第二节　课程目标 ……………………………………………………… 077
　　第三节　课程内容 ……………………………………………………… 079
　　第四节　课程结构 ……………………………………………………… 082
　　第五节　课程管理 ……………………………………………………… 083
　　第六节　课程设计与实施 ……………………………………………… 085
　　第七节　课程评价 ……………………………………………………… 087
　　第八节　课程资源 ……………………………………………………… 088
　　要点回顾 ………………………………………………………………… 089

第六章　教学 …………………………………………………………… 091
　　思维导图 ………………………………………………………………… 091
　　知识梳理 ………………………………………………………………… 092
　　第一节　教学概述 ……………………………………………………… 092
　　第二节　教学过程 ……………………………………………………… 093
　　第三节　教学原则与教学方法 ………………………………………… 097
　　第四节　教学组织形式与教学工作的基本环节 ……………………… 103
　　第五节　教学评价 ……………………………………………………… 107
　　第六节　教学模式 ……………………………………………………… 109
　　要点回顾 ………………………………………………………………… 111

第七章　德育 …………………………………………………………… 112
　　思维导图 ………………………………………………………………… 112
　　知识梳理 ………………………………………………………………… 113
　　第一节　德育概述 ……………………………………………………… 113
　　第二节　德育过程 ……………………………………………………… 115
　　第三节　德育原则 ……………………………………………………… 116
　　第四节　德育的途径与方法 …………………………………………… 119
　　第五节　德育模式 ……………………………………………………… 123

要点回顾 ··· 124

第八章 班级管理与班主任工作 ··· 125
　　思维导图 ··· 125
　　知识梳理 ··· 126
　　第一节 班级与班级管理 ··· 126
　　第二节 良好班集体的培养 ··· 129
　　第三节 班主任工作 ··· 131
　　要点回顾 ··· 134

第九章 课外、校外教育与三结合教育 ··· 135
　　思维导图 ··· 135
　　知识梳理 ··· 136
　　第一节 课外、校外教育 ··· 136
　　第二节 学校、家庭、社会三结合教育 ·· 137
　　要点回顾 ··· 138

第十章 教育研究 ··· 139
　　思维导图 ··· 139
　　知识梳理 ··· 139
　　第一节 教育研究概述 ··· 139
　　第二节 教育研究方法 ··· 142
　　要点回顾 ··· 144

第二部分 心理学

第一章 心理学概述 ··· 145
　　思维导图 ··· 145
　　知识梳理 ··· 146
　　第一节 心理学的研究对象 ··· 146
　　第二节 心理的实质 ··· 146
　　第三节 心理学的产生与发展 ··· 148
　　要点回顾 ··· 150

第二章 认知过程 ··· 151
　　思维导图 ··· 151

知识梳理 ··· 152
　　第一节　感觉和知觉 ··· 152
　　第二节　记　忆 ·· 159
　　第三节　表象与想象 ··· 166
　　第四节　言语与思维 ··· 168
　　第五节　注　意 ·· 174
　　要点回顾 ··· 178

第三章　情绪情感和意志过程 ·· 179
　　思维导图 ··· 179
　　知识梳理 ··· 179
　　第一节　情绪、情感过程 ·· 179
　　第二节　意志过程 ··· 185
　　要点回顾 ··· 187

第四章　个性心理 ·· 188
　　思维导图 ··· 188
　　知识梳理 ··· 189
　　第一节　需要、动机与兴趣 ·· 189
　　第二节　能　力 ·· 192
　　第三节　气质与性格 ··· 197
　　要点回顾 ··· 201

第三部分　教育心理学

第一章　教育心理学概述 ·· 202
　　思维导图 ··· 202
　　知识梳理 ··· 203
　　第一节　教育心理学的基本内涵 ··· 203
　　第二节　教育心理学的发展 ··· 204
　　第三节　教育心理学的研究方法与研究原则 ································ 206
　　要点回顾 ··· 207

第二章　心理发展及个别差异 ·· 208
　　思维导图 ··· 208

- 知识梳理 ········ 209
- 第一节 心理发展 ········ 209
- 第二节 中小学生认知发展 ········ 212
- 第三节 中小学生人格、社会化发展 ········ 214
- 第四节 学生的个别差异 ········ 219
- 要点回顾 ········ 222

第三章 学习理论 ········ 223

- 思维导图 ········ 223
- 知识梳理 ········ 224
- 第一节 学习概述 ········ 224
- 第二节 行为主义学习理论 ········ 228
- 第三节 认知派学习理论 ········ 233
- 第四节 人本主义学习理论 ········ 236
- 第五节 建构主义学习理论 ········ 237
- 要点回顾 ········ 238

第四章 学习心理 ········ 239

- 思维导图 ········ 239
- 知识梳理 ········ 241
- 第一节 学习动机 ········ 241
- 第二节 学习策略 ········ 247
- 第三节 学习迁移 ········ 250
- 第四节 知识的学习 ········ 253
- 第五节 技能的形成 ········ 258
- 第六节 问题解决与创造性 ········ 261
- 第七节 态度与品德的形成 ········ 264
- 要点回顾 ········ 268

第五章 教学心理 ········ 269

- 思维导图 ········ 269
- 知识梳理 ········ 270
- 第一节 教学设计 ········ 270
- 第二节 课堂管理 ········ 273
- 要点回顾 ········ 278

v

第六章 心理健康教育与教师职业心理 ····· 279
　思维导图 ····· 279
　知识梳理 ····· 280
　第一节 心理健康概述 ····· 280
　第二节 学生心理辅导 ····· 282
　第三节 教师职业心理 ····· 285
　要点回顾 ····· 290

第四部分 教育法律法规

　思维导图 ····· 291
　知识梳理 ····· 292

第一章 教育法律基础 ····· 292
　第一节 教育法规概述 ····· 292
　第二节 教育法律规范 ····· 294
　第三节 教育法律关系 ····· 294
　第四节 教育法律责任 ····· 296
　第五节 教育法律救济 ····· 296

第二章 现行主要的教育法律法规 ····· 298
　第一节 《中华人民共和国教育法》····· 298
　第二节 《中华人民共和国义务教育法》····· 299
　第三节 《中华人民共和国教师法》····· 300
　第四节 《中华人民共和国未成年人保护法》····· 301
　第五节 《学生伤害事故处理办法》····· 303

第三章 依法执教与教师违法(侵权)行为 ····· 304
　第一节 依法执教 ····· 304
　第二节 教师违法(侵权)行为 ····· 305
　要点回顾 ····· 306

第五部分 新课程改革

　思维导图 ····· 307
　知识梳理 ····· 308

第一章 新课程改革概述 ········ 308
第一节 新课程改革的背景与发展趋势 ········ 308
第二节 新课程改革的任务、目标与理念 ········ 309

第二章 新课程与教学改革 ········ 311
第一节 教学改革的任务与观点 ········ 311
第二节 教师角色与教学行为 ········ 311
第三节 新的教学观 ········ 312
第四节 学习方式的变革 ········ 313

第三章 综合实践活动 ········ 314
第一节 综合实践活动概述 ········ 314
第二节 研究性学习 ········ 315
要点回顾 ········ 315

第六部分 教师职业道德

思维导图 ········ 316
知识梳理 ········ 317

第一章 教师职业道德概述 ········ 317
第一节 教师职业道德的概念、特点及价值蕴含 ········ 317
第二节 教师职业道德的结构与功能 ········ 318

第二章 教师职业道德的基本原则、范畴及规范 ········ 319
第一节 教师职业道德基本原则 ········ 319
第二节 教师职业道德范畴 ········ 320
第三节 《中小学教师职业道德规范》解读 ········ 320

第三章 教师职业道德修养与评价 ········ 323
第一节 教师职业道德修养 ········ 323
第二节 教师职业道德评价 ········ 324
要点回顾 ········ 325

第七部分 教育教学技能

思维导图 ········ 326

知识梳理 ……………………………………………………………… 327

第一章 教学设计技能 ……………………………………………… 327
第二章 课堂教学技能 ……………………………………………… 328
第三章 教态语言技能 ……………………………………………… 331
第四章 说课技能与教学反思技能 ………………………………… 331

要点回顾 ……………………………………………………………… 332

随堂录播

（扫描正文中下列知识点处二维码，即可获得随堂录播视频）

教育的社会属性	003
教育的功能	005
教育的起源	006
中国古代教育的发展	009
亚里士多德的教育思想	018
洛克的教育思想	021
蔡元培的教育思想	024
陶行知的教育思想	025
政治经济制度对教育发展的影响和制约	030
内发论和外铄论	033
教育（学校教育）	035
顺序性和阶段性	036
教育目的的意义与作用	042
教育目的的层次结构	042
个人本位论和社会本位论	043
不平衡性和差异性	210
图式、同化、顺应与平衡	212
学习的内涵	224
耶克斯—多德森定律	242
认知策略	248
早期的迁移理论	251

第一部分　教育学

第一章　教育与教育学

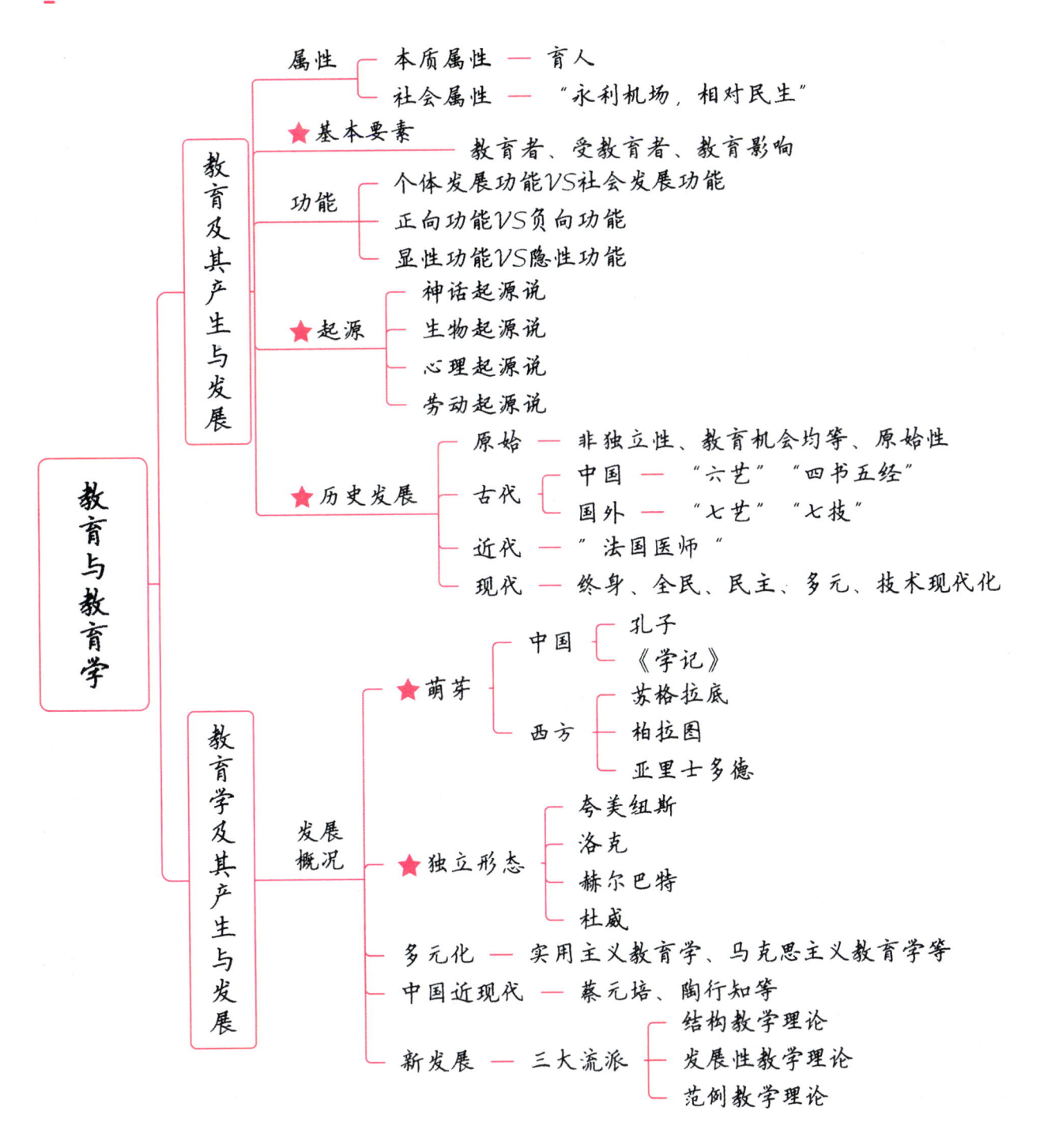

思维导图

- 教育与教育学
  - 教育及其产生与发展
    - 属性
      - 本质属性 —— 育人
      - 社会属性 —— "永利机场，相对民生"
    - ★基本要素 —— 教育者、受教育者、教育影响
    - 功能
      - 个体发展功能VS社会发展功能
      - 正向功能VS负向功能
      - 显性功能VS隐性功能
    - ★起源
      - 神话起源说
      - 生物起源说
      - 心理起源说
      - 劳动起源说
    - ★历史发展
      - 原始 —— 非独立性、教育机会均等、原始性
      - 古代
        - 中国 —— "六艺" "四书五经"
        - 国外 —— "七艺" "七技"
      - 近代 —— "法国医师"
      - 现代 —— 终身、全民、民主、多元、技术现代化
  - 教育学及其产生与发展
    - 发展概况
      - ★萌芽
        - 中国
          - 孔子
          - 《学记》
        - 西方
          - 苏格拉底
          - 柏拉图
          - 亚里士多德
      - ★独立形态
        - 夸美纽斯
        - 洛克
        - 赫尔巴特
        - 杜威
      - 多元化 —— 实用主义教育学、马克思主义教育学等
      - 中国近现代 —— 蔡元培、陶行知等
      - 新发展 —— 三大流派
        - 结构教学理论
        - 发展性教学理论
        - 范例教学理论

注：思维导图呈现考试中的高频知识点。

知识梳理

第一节 教育及其产生与发展

知识点1 教育的概念

教育是人类有目的地培养人的一种社会活动,是传承文化、传递生产与社会生活经验的一种途径。

1."教育"的词源 【单选、判断】

(1)中国

最早使用/提出:孟子——《孟子·尽心上》——"得天下英才而教育之,三乐也";

最早解释:许慎——《说文解字》——"教,上所施,下所效也""育,养子使作善也"。

(2)西方

"教育"一词源于拉丁文"educere",前缀"e"有"出"的意思,意为"引出"或"导出"。

2."教育"的日常用法 【单选】

(1)作为一种过程:"我从这部影片中受到了一次深刻的教育"(最基本的用法);

(2)作为一种方法:"你的孩子真有出息,你是怎么教育孩子的";

(3)作为一种社会制度:"教育是振兴地方经济的基础"。

3."教育"的定义 【单选、多选、判断、填空、名词解释】

社会角度	广义的教育	社会教育、学校教育和家庭教育("家校社")	教育是在一定社会背景下发生的促使个体的社会化和社会的个性化的实践活动
	狭义的教育	学校教育	
	更狭义的教育	思想品德教育(德育)	
个体角度	把"教育"等同于个体学习与发展的过程		

知识点2 教育的属性

1.本质属性 【单选、多选、判断、填空】

（1）本质属性：育人，即教育是一种有目的地培养人的社会活动，这是教育区别于其他事物现象的根本特征。

（2）具体而实在的规定性

①人类特有的有意识的社会活动；

②人类有意识地传递社会经验的活动；

③以人的培养为直接目标的社会实践活动。

（3）相对稳定的质的特点

①有目的地培养人的活动；

②教育者引导受教育者传承经验的互动活动；

③激励与教导受教育者自觉学习和自我教育的活动。

> **学霸点睛**
>
> （1）教育是人类社会特有的活动，动物界不存在教育。社会性和意识性是人的教育活动和动物的"教育"活动的本质区别。
>
> （2）人类社会中的一些行为不属于教育。例如：①没有明确目的的、偶然发生的行为；②日常家庭生活中的"抚养""养育"行为；③人类的本能行为；④机械的灌输和随心所欲的学习；⑤错误观念的影响。

2.社会属性 【单选、判断】

永利(历)机(继)场(长)，相对民生。

属性	概念要点	典型示例
永恒性	与人类社会共始终	"自有人生，便有教育"
历史性	不同时期有不同点（古今不同）	西汉初期"罢黜百家，尊崇儒术"
继承性	不同时期有共同点（古今相同）	《论语》《学记》等古代著作中的一些教育思想至今仍被借鉴

续表

属性	概念要点	典型示例
长期性	时间周期较长	"十年树木,百年树人"
相对独立性	有自身规律,可"超前"或"滞后"	教育先行/教育优先发展
生产性	生产性活动	教育的消费是明显的消费,潜在的生产
民族性	不同民族或国家的教育不同	运用本民族语言进行教学

知识点3 教育的基本要素 【单选、多选、判断、填空】

教育者（主导作用） —— 教育影响（教育媒介）（中介、桥梁） —— 受教育者（学习者）（主体地位）

知识拓展

教育的基本要素的其他说法

说法一	教育者、受教育者和教育内容	
说法二	教育者、受教育者和教育措施(包括教育的内容和手段)	
说法三	教育者与受教育者,教育内容与教育物资	
说法四	教育者、受教育者、教育内容和教育活动方式	
说法五	宏观	教育主体、教育目标、教育内容、教育手段、教育环境、教育途径
	微观	教育者——"教"的主体; 学习者——"学"的主体; 教育内容——师生共同认识的客体; 教育手段——教育活动的基本条件

> **学霸点睛**
>
> 教育的基本要素说法众多，教育者与受教育者(学习者)是两个主体性的要素。需注意：
>
> 教育者≠教师，受教育者(学习者)≠学生。前者的范围大于后者。

知识点4 教育的功能 【单选、多选、判断】

分类依据	类型	含义	关系
作用的对象	个体发展功能（**本体功能**）	教育对个体发展的影响和作用	个体发展功能是社会发展功能的前提和基础，社会发展功能制约着个体发展功能的发挥
	社会发展功能（**派生功能**）	教育对社会发展的影响和作用	
作用的方向	正向功能	教育有助于社会进步和个体发展的**积极**影响和作用	在任何社会、任何时期，正向功能和负向功能并存，多数时期以正向功能为主
	负向功能	教育阻碍社会进步和个体发展的**消极**影响和作用	
作用呈现的形式	显性功能	计划内的、预期性的影响和作用	显性功能与隐性功能可以相互转化
	隐性功能	计划外的、非预期的、隐藏性的影响和作用	
性质	保守功能	形成教育自我保存的功能性和承继性，表现出教育重复、封闭、保守的一面	把保守和超越相结合，在保守基础上实现超越

续表

分类依据	类型	含义	关系
性质	超越功能	通过教育的自我更新和变革，促进和引领人类社会的发展	把保守和超越相结合，在保守基础上实现超越

日本学者柴野昌山把教育功能的方向和形式结合起来，将其划分为四类：正向显性功能、正向隐性功能、负向隐性功能以及负向显性功能。

知识点5 教育的起源 【单选、多选、判断、填空】

诸(朱)神合一，本能生利息，心理仿孟禄，米凯爱劳动，叶澜重交往。

学说	代表人物	主要观点	评价
神话起源说	朱熹(中)	教育目的是体现神或天的意志	最古老，错误的
生物起源说	利托尔诺(法) 沛西·能(英)	教育是一种生物现象，产生于动物本能	第一个正式提出，开始转向科学解释，但没有把握人类教育的目的性和社会性
心理起源说	孟禄(美)	教育起源于日常生活中儿童对成人的无意识模仿	否定了教育的目的性和意识性，否认了教育的社会属性
劳动起源说（社会起源说）	主要集中在苏联(如米丁斯基、凯洛夫等)和我国	教育起源于人类所特有的生产劳动	提供理解教育起源和性质的一把"金钥匙"
交往起源说	叶澜(中)	教育起源于人与人之间的交往	难以揭示教学活动的特殊性所在

知识点6 教育的形态 【单选、多选、不定项、判断】

划分标准	教育形态	内容
自身形式化的程度	非制度化的教育	没有能够形成相对独立的教育形式
	制度化的教育	由专门的教育人员、机构及其运行制度所构成；人类教育的高级形态
赖以运行的空间标准	家庭教育	以家庭为单位
	学校教育	以学校为单位；出现时间最晚；教育的主体形态
	社会教育	社区、文化团体和组织等的影响；教育的最早独立形态
赖以运行的时间标准及建立于其上的产业技术和社会形态	农业社会的教育	特征： ①古代学校的出现和发展； ②教育阶级性的出现和强化； ③学校教育与生产劳动相脱离
	工业社会的教育	特征： ①现代学校的出现和发展； ②教育与生产劳动从分离走向结合，教育的生产性日益突出； ③教育的公共性日益突出； ④教育的复杂性程度和理论自觉性都越来越高，教育研究在推动教育改革中的作用越来越大
	信息社会的教育	特征： ①学校将发生一系列变革； ②教育的功能将进一步得到全面理解； ③教育的国际化与本土化趋势都非常明显； ④教育的终身化、全民化和全纳教育的理念成为指导教育改革的基本理念

知识点7 教育的历史发展

1. 原始社会的教育 【单选、判断】

特征 ①非独立性：与社会生活和生产劳动紧密结合
②原始状态下的教育机会均等：自发性、全民性(普及性)、广泛性、无等级性(平等性)和无阶级性
③原始性：内容简单、方法单一

2. 古代社会的教育 【单选、多选、判断、填空】

（1）古代社会教育的特征

①奴隶社会

A.阶级性；B.学校教育与生产劳动相脱离和相对立；C.学校教育趋于分化和知识化；D.学校教育制度尚不健全。

一般认为，学校教育正式产生于奴隶社会初期。学校的出现是教育形成自己相对独立形态的标志。

②封建社会

等级性、专制性、保守性、学校教育与生产劳动相脱离。

③古代东西方教育的共同特征

说法一：A.阶级性；B.道统性；C.等级性；D.专制性；E.刻板性；F.象征性。 → 阶道等，专刻象。

说法二：A.出现了专门的教育机构和专职的教育人员；B.教育对象有了鲜明的阶级性与严格的等级性；C.教育内容逐渐丰富且与生产劳动相分离；D.教育方法崇尚呆读死记与体罚；E.官私并行的教育体制；F.教学组织形式主要是个别施教或集体个别施教。

学霸点睛

教育的阶级性和等级性是从人类社会产生了阶级以后才逐渐出现的，并将随着阶级的消亡而消失。关于二者的具体解释如下：

特征	产生时期	内涵	举例	关系
阶级性	奴隶社会	学校教育为统治阶级所垄断，只有统治阶级的子弟才可以进入学校接受教育	"学在官府""唯官有书，而民无书"	等级性是阶级性的强化
等级性	封建社会	在统治阶级内部各个阶层的人入何种学校均有严格的等级规定	"六学二馆"	

（2）古代社会教育的发展

①古代中国

时期	主要学校类型	教育发展概况
夏朝	序、校	我国最早的学校出现
商朝	大学、小学、瞽宗、庠、序	形成比较完备的学校
西周	国学（大学、小学）、乡学（塾、庠、序、校）	政教合一，显著特征："学在官府"（"学术官守"）；基本学科："六艺"（礼、乐、射、御、书、数，"礼乐"为中心）
春秋战国	私学、稷下学宫	官学衰微，私学兴起，百家争鸣；稷下学宫：养士的缩影，官家举办、私家主持，特点是学术自由
西汉	太学、鸿都门学（中央官学）	太学——当时的最高教育机构；鸿都门学——世界最早的研究文学艺术的专门学校
	郡国学或郡县学（地方官学）	始于"文翁兴学"

续表

时期	主要学校类型	教育发展概况
隋唐	六学二馆	选士制度：科举制； 以六学二馆为主干的中央官学（六学：国子学、太学、四门学、律学、书学、算学；二馆：崇文馆、弘文馆）
宋朝	书院	程朱理学成为国学； 教育内容："四书五经"（"四书"——《大学》《中庸》《论语》《孟子》，"五经"——《诗》《书》《礼》《易》《春秋》）； 书院盛行
明朝	社学	八股文成为科考的固定格式，标志着封建社会教育开始走向衰落； 社学广泛设于城镇和乡村，是对民间儿童进行教育的重要形式
清朝	学堂	1905年，清政府下令废科举开学堂

学霸点睛

六艺的具体内容总结如下：

礼	政治、历史和以"孝"为本的伦理道德教育	
乐	音乐、诗歌、舞蹈教育	大艺，大学课程
射	射箭技术教育	
御	以驾兵车为主的军事技术教育	
书	文字教育	小艺，小学课程
数	简单的计算教育	

②古代其他国家(地区)

国家(地区)	教育类型	教育特点
古代印度（宗教至上）	婆罗门教育	以家庭教育为主,记诵《吠陀》经
	佛教教育	目的:弃绝人间享乐,追求虚幻的来世；教育活动:背诵经典和钻研经义
古代埃及（以僧为师，以吏为师）	宫廷学校	以教育皇子皇孙和朝臣的子弟为宗旨
	僧侣学校（寺庙学校）	着重科学技术教育,学术中心
	职官学校	训练一般的能从事某种专项工作的官员
	文士学校	培养能熟练运用文字从事书写及计算工作的人；开设最多
古代希腊	雅典教育	教育内容:体、德、智、美和谐发展,内容丰富；教育目的:培养政治家和商人；教育方法:比较灵活
	斯巴达教育	教育内容:以军事体育训练和政治道德灌输为主,内容单一；教育目的:培养军人；教育方法:比较严厉
中世纪西欧	教会教育	教育目的:培养教士和僧侣；教育内容:"七艺",包括"三科"(文法、修辞、辩证法)和"四学"(算术、几何、天文、音乐),各科都贯穿神学
	骑士教育（特殊形式的家庭教育）	教育目的:培养封建骑士；教育内容:"骑士七技"(骑马、游泳、击剑、打猎、投枪、下棋、吟诗)

国家(地区)	教育类型	教育特点
文艺复兴时期的欧洲	人文主义教育	以"人"为中心

3. 近代社会的教育【单选、多选、判断】

(1)国家加强了对教育的重视和干预,公立教育崛起。

(2)初等义务教育的普遍实施。德国最早普及义务教育。 ← 法国医(义)师(世)。

(3)教育的世俗化。

(4)重视教育立法,以法治教。

4. 现代社会的教育【单选、多选、判断、填空、简答】

说法一:

(1)教育的终身化。终身教育包括各个阶段和各种形式的教育,不等同于成人教育或职业教育。法国教育家保罗·朗格朗最早系统论述了终身教育。

(2)教育的全民化。教育必须向所有人开放,人人都有接受教育的权利且必须接受一定程度的教育。

(3)教育的民主化。对教育的等级化、特权化和专制性的否定,追求让所有人都受到同样的教育和教育的自由化等。

(4)教育的多元化。对教育的单一性和统一性的否定。

(5)教育技术的现代化。现代科学技术在教育上的应用。

说法二:

(1)现代教育的公共性。

(2)现代教育的生产性。今天的教育就是明天的经济。教育的消费是明显的消费,潜在的生产;是有限的消费,扩大的生产;是今日的消费,明日的生产。

(3)现代教育的科学性。

(4)现代教育的未来性。

(5)现代教育的国际性。

(6)现代教育的终身性。"活到老,学到老"。

(7)现代教育的革命性。

说法三:

(1)培养全面发展的人正由理想走向实践。

(2)教育与生产劳动相结合成为现代教育规律之一。

(3)教育民主化向纵深发展。

(4)人文教育与科学教育携手并进。

(5)教育普及制度化,教育形式多样化。

(6)终身教育成为现代教育中一个富有生命力和感召力的教育理念。

(7)实现教育现代化是各国教育的共同追求。

学霸点睛

关于现代社会教育的特征,不同的学者有不同的表述。其中,以说法一最为常见,考生在做客观题时要根据题干具体表述来作答,做简答题时可以以说法一为主。

知识拓展

教育现代化

教育现代化具体包括教育观念现代化、教育目标现代化、教育内容现代化、教育方法和手段现代化、教师队伍现代化、教育管理现代化、教育设备现代化、教育制度现代化、教师素质的现代化等。其中,确立和形成现代化的教育观念是保证教育现代化实现的一个重要前提;教师素质的现代化是教育现代化的核心。教育现代化的最高目的是实现人的现代化。

第二节 教育学及其产生与发展

知识点1 教育学的内涵

1. 教育学的定义 【单选、多选、判断、填空】

研究对象：教育现象和教育问题（内在动力）；

根本任务：揭示教育规律。

教育最基本的规律 { ①教育与社会发展关系的规律（外部关系规律）
②教育与人的发展关系的规律（内部关系规律）

2. 教育学与教育、教育科学的关系 【单选、判断】

教育学与教育：教育实践孕育了作为一门知识的教育学（更早），规训了作为一门学科的教育学。

教育学与教育科学：教育学是庞大教育科学体系中的基础学科。

3. 教育学研究的价值 【单选、不定项、判断】

(1)反思日常教育经验。

(2)科学解释教育问题。

(3)沟通教育理论与实践。教育学发展的"源"在教育实践，"流"在教育理论。

知识点2 教育学的发展概况

1. 教育学的萌芽阶段

(1)中国萌芽阶段的教育思想 【单选、多选、判断、填空、名词解释、简答】

代表	教育思想	点拨
孔子（教育思想主要体现在《论语》中）	学说核心："仁"（最高道德标准）	"仁"的中心是爱人
	教育对象："有教无类"	体现教育平等（起点公平）
	教育目的：培养德才兼备的从政君子	"仕而优则学，学而优则仕"
	教育作用： ①社会作用（庶、富、教）； ②个体作用（"性相近也，习相远也"）	在中国历史上最先论述教育与经济发展的关系

续表

代表	教育思想	点拨
孔子（教育思想主要体现在《论语》中）	教育内容：《诗》《书》《礼》《乐》《易》《春秋》	道德教育居首位；重文事、人事，轻科技、生产劳动
	教学原则与方法： ①启发诱导（世界上最早提出）； ②因材施教（我国首倡）； ③学、思、行相结合； ④温故知新	①"不愤不启，不悱不发"； ②"求也退，故进之；由也兼人，故退之"； ③"学而不思则罔，思而不学则殆"； ④"温故而知新，可以为师矣"
孟子	①思想基础：性善论； ②教育作用：扩充"善性"； ③教育目的："明人伦"； ④理想人格："大丈夫"人格； ⑤道德修养方法：存心寡欲、持志养气（尚志养气）、反求诸己、动心忍性（磨炼意志）； ⑥教学方法：深造自得、盈科而进、教亦多术、专心致志	"仁义礼智，非由外铄我也，我固有之也""富贵不能淫，贫贱不能移，威武不能屈"
荀子	①人性论："性恶论"； ②教育作用："化性起伪"； ③教育目的：培养"贤能之士"，以大儒为理想目标； ④教育内容："五经"，以《礼》为重点； ⑤学习过程：闻—见—知—行； ⑥教师观：最提倡尊师	"不闻不若闻之，闻之不若见之，见之不若知之，知之不若行之"

续表

代表	教育思想	点拨
墨家（墨翟）	①教育目的：培养实现"兼相爱，交相利"社会理想的人，即"兼士"或"贤士"，具体标准是"博乎道术""辩乎言谈""厚乎德行"； ②教育内容：以"兼爱""非攻"为教，注重文史知识的掌握、逻辑思维能力的培养和实用技术的传习（后两者突破了儒家六艺教育的范畴）； ③知识来源："亲知""闻知""说知"	"说知"最可靠，即用类推和明故获得知识，训练思维能力
道家	①主张：教循自然原则； ②教育目的：培养"上士"或"隐君子"； ③学习方法："怀疑""辩证法"； ④教学原则："用反""虚静"等辩证思想	一切任其自然便是最好的教育
《学记》（世界上第一部教育专著，"教育学的雏形"）	教学原则： ①教学相长； ②尊师重道（教师观）； ③藏息相辅； ④豫时孙摩； 教师长时等七（启）夕（息）。	①"学然后知不足，教然后知困"； ②"师严然后道尊，道尊然后民知敬学"； ③"大学之教也，时教必有正业，退息必有居学"； ④"禁于未发之谓豫""当其可之谓时""不陵节而施之谓孙""相观而善之谓摩"；

续表

代表	教育思想	点拨
《学记》（世界上第一部教育专著，"教育学的雏形"）	⑤启发诱导； ⑥长善救失； ⑦学不躐等（循序渐进）	⑤"道而弗牵，强而弗抑，开而弗达"； ⑥"教也者，长善而救其失者也"； ⑦"幼者听而弗问，学不躐等也"
朱熹	①教育作用："变化气质"； ②教育目的："明人伦"； ③教育过程：小学——教事，大学——教理； ④学习阶段：博学、审问、慎思、明辨、笃行； ⑤朱子读书法：循序渐进、熟读精思、虚心涵泳、切己体察、着紧用力、居敬持志； ⑥道德教育方法：立志、居敬、存养、省察、力行	《四书章句集注》（简称《四书集注》）对后世影响最深广

（2）西方萌芽阶段的教育思想 【单选、多选、判断、填空】

人物	代表作	教育思想	点拨
苏格拉底	——	①教育目的：培养治国人才； ②教育的首要任务：培养道德； ③"产婆术"：苏格拉底讽刺、定义、助产术	西方最早提出启发式教学的人物（注意与孔子区分）

017

续表

人物	代表作	教育思想	点拨
柏拉图	《理想国》	①哲学观：灵魂是人的本质，由理性（基础）、意志、情感三部分构成，理性表现为智慧，意志表现为勇敢，情感表现为节制；②教育观：最高目标——哲学王，最终目的——"灵魂转向"；③早期教育：最早提倡"寓学习于游戏"；④认识论：学习即回忆	在西方教育思想史上，柏拉图的《理想国》和卢梭的《爱弥儿》、杜威的《民主主义与教育》被称为三个里程碑 "李（理）爱民"。
亚里士多德（百科全书式的哲学家） 亚里士多德的教育思想	《政治学》	①教育的最高目的：追求美德；②灵魂论：营养的灵魂、感觉的灵魂和理性的灵魂；③公共教育：教育应该是国家的，所有人都应受同样的教育；④和谐教育：首次提出德智体多方面和谐发展的教育观和"教育遵循自然"观点；⑤文雅教育（自由教育）：最早提出；两个基本条件：闲暇时间和自由学科	"教育事业应该是公共的，而不是私人的"
昆体良	《雄辩术原理》（《论演说家的教育》或《论演说家的培养》）	①学习过程：模仿、理论、练习；②教学原则与方法：反对体罚（最早提出）、运用奖励；③教学组织形式：分班教学（班级授课制思想的萌芽）	《雄辩术原理》是西方最早的教育著作，古代西方第一部教学法论著，欧洲古代教育理论发展的最高成就

> **学霸点睛**
>
> 由于翻译途径不同,苏格拉底的产婆术的步骤有不同的总结:
>
> 三步法——苏格拉底讽刺、定义、助产术;
>
> 四步法——讥讽(讽刺)、助产术、归纳、定义。

2.教育学的独立形态阶段 【单选、多选、判断、填空、案例】

人物	代表作	教育思想	点拨
培根	《论科学的价值和发展》	①首次提出把教育学作为一门独立的学科; ②提出归纳法,为教育学的发展奠定了方法论基础	近代实验科学鼻祖
夸美纽斯	《大教学论》(近代第一本教育学著作,教育学开始形成一门独立学科的标志) 《世界图解》	①泛智教育:教学应当成为"把一切事物教给一切人类的全部艺术",提出"一切男女青年都应该进学校"; ②教育适应自然(根本性指导原则):教育要适应自然规律,人的自然本性和年龄特征; ③学制系统:母育学校(婴儿期)、国语学校(儿童期)、拉丁语学校(少年期)和大学(青年期); ④班级授课制:统一教科书;建立学年制和班级授课制度,废除传统的个别施教; ⑤教学原则:直观性、系统性、量力性、巩固性和自觉性等; ⑥德育内容:智慧、勇敢、节制、公正、劳动教育	直观性被视为班级教学的"金科玉律"

续表

人物	代表作	教育思想	点拨
卢梭 卢梭性善爱弥儿。	《爱弥儿》	①自然主义教育。 核心：使儿童"回归自然"； 最终目标：培养"自然人"（自然的教育、事物的教育、人为的教育）； 方法原则："消极教育"与"自然后果"法。 ②"性善论"	"出自造物主之手的东西都是好的，而一到了人的手里，就全变坏了"
康德	《康德论教育》	①教育的根本：适当控制人的本性； ②教育的最终目的：培养有道德的人； ③最早在大学里讲授教育学	"人是唯一需要教育的动物"
裴斯泰洛齐 裴齐要诉(素)心里(理)话(化)。	《林哈德与葛笃德》	①教育目的：促进人的一切天赋能力和力量的全面、和谐发展； ②"教育心理学化"：第一个明确提出； ③要素教育论：从最简单的要素逐渐转到日益复杂的要素； ④现代初等学校各科教学法的奠基人； ⑤西方教育史上第一个将教育与生产劳动相结合思想付诸实践的教育家	"为人在世，可贵者在于发展，在于发展各人天赋的内在力量，使其经过锻炼，使人能尽其才，能在社会上达到他应有的地位。这就是教育的最终目的"

续表

人物	代表作	教育思想	点拨
洛克（洛克白板画(话)绅士。洛克的教育思想）	《教育漫话》	①提出"白板说"，认为天赋的智力人人平等。②"绅士教育论"。目的：培养绅士；途径：家庭教育；内容(首次明确区分)：德育(首要地位)、智育、体育	"我们日常所见的人中，他们之所以或好或坏，或有用或无用，十分之九都是他们的教育所决定的。人之所以千差万别，便是由于教育之故"
斯宾塞	《教育论》《什么知识最有价值》	①教育目的："为完满生活做准备"；②著名见解："科学知识最有价值"；③教学方法：启发学生学习的自觉性，反对形式教育，重视实科教育	"教育使人愉快，要让一切教育带有乐趣"
赫尔巴特（"现代教育学之父""科学教育学的奠基人"、传统教育学派的代表）	《普通教育学》（第一本现代教育学著作，规范教育学建立的标志）	①理论基础：伦理学(实践哲学)、心理学；②教育目的："可能的目的"和"必要的目的"；③"教育性教学"原则(首次提出)；④教学四阶段论：明了(清楚)、联合(联想)、系统、方法(应用)；⑤"旧三中心"：课堂中心、教材中心、教师中心；⑥儿童管理与训育论：管理、教学和训育	"我想不到有任何'无教学的教育'，正如在相反方面，我不承认有任何'无教育的教学'"

续表

人物	代表作	教育思想	点拨
杜威（现代教育学派的代表）	《民主主义与教育》《我的教育信条》	①教育的本质：教育即生活（进一步引申——学校即社会）、教育即生长、教育即经验的改组或改造； ②教育目的："教育无目的论"； ③"从做中学"：思维五步说（困难、问题、假设、验证、结论）； ④"新三中心"：儿童中心、活动中心、经验中心	"教育的过程，在它自身以外没有目的，它就是它自己的目的"

学霸点睛

赫尔巴特的教学四阶段论的具体解释是：

阶段	内涵	学生的心理状态
明了（清楚）	把新教材分解为各个构成部分，并和意识中相关的观念（已掌握的知识）进行比较	注意
联合（联想）	建立新旧观念的联系，使学生在新旧观念的联系中继续深入学习新教材	期待
系统	学生在教师的指导下，在新旧观念联系的基础上进行深入思考，寻求结论和规律	探究
方法（应用）	通过实际练习，运用系统的知识，使之变得更熟练、更牢固	行动

3. 20世纪教育学的多元化发展 【单选、多选、判断】

流派	代表人物	代表著作	点拨
实验教育学	梅伊曼、拉伊、比纳、霍尔和桑代克	《实验教育学纲要》《实验教育学》	以教育实验为标志；重视定量研究
文化教育学（精神科学教育学）	狄尔泰、斯普兰格（斯普朗格）、利特	《关于普遍妥当的教育学的可能》《教育与文化》	教育的过程是一种历史文化过程；教育研究必须采用精神科学或文化科学的方法，亦即理解与解释的方法
实用主义教育学	杜威、克伯屈	《民主主义与教育》《设计教学法》《经验与教育》	教育即生活；课程组织应以学生的经验为中心；师生关系以儿童为中心
马克思主义教育学（社会主义教育学）	克鲁普斯卡娅	《国民教育与民主主义教育》（最早以马克思主义为基础探讨教育学问题的著作）	教育的根本目的是促进学生的全面发展；现代教育与生产劳动相结合是培养全面发展的人的唯一方法
	凯洛夫	《教育学》（世界上第一部马克思主义的教育学著作）	
	杨贤江（化名李浩吾）	《新教育大纲》（我国第一部马克思主义的教育学著作）	

流派	代表人物	代表著作	点拨
批判教育学	鲍尔斯、金蒂斯、阿普尔、布厄迪尔	《资本主义美国的学校教育》《教育与权力》《教育、社会和文化的再生产》	在当代西方教育理论界占主导地位

4.中国近现代教育思想【单选、多选、判断、填空、简答、论述】

人物	评价	教育思想
蔡元培	"学界泰斗,人世楷模"(毛泽东评)	①教育的最终目的:造就"完全人格"; ②教育方针:"五育并举"(军国民、实利主义、公民道德、世界观、美感教育),以美育代宗教(首次将美育纳入教育方针); ③教育实践:改革北大,"思想自由,兼容并包"; ④教育独立思想
杨贤江	第一位在中国系统传播马克思主义教育理论的教育理论家	"全人生指导"思想:核心是教育青年树立正确的人生观,引导他们走上革命的道路
黄炎培	我国职业教育的先驱	"大职业教育主义"。 ①目的:使无业者有业,使有业者乐业; ②教学原则:手脑并用、做学合一、理论与实际并行、知识与技能并重; ③基本要求:敬业乐群; ④作用:"谋个性之发展""为个人谋生之准备""为个人服务社会之准备""为国家及世界增进生产力之准备"

续表

人物	评价	教育思想
晏阳初	国际平民教育之父	①乡村平民教育。 ②"四大教育""三大方式"。 "四大教育":文艺、生计、卫生、公民; "三大方式":学校式、家庭式、社会式
陈鹤琴	"中国幼教之父" "中国的福禄贝尔"	"活教育"思想体系。 ①目标:做人,做中国人,做现代中国人; ②课程:"大自然、大社会,都是活教材""五指活动"; ③教学原则:凡是儿童能够做的,就应该教儿童自己做;凡是儿童能够想的,应当让他自己想;你要儿童怎样做,就应当教儿童怎样学; ④方法:做中教,做中学,做中求进步;重视室外活动,着重于生活的体验,以实物为研究对象,以书籍为辅佐的参考; ⑤步骤:实验观察、阅读思考、创作发表、批评研讨
陶行知	"伟大的人民教育家"(毛泽东评); "万世师表"(宋庆龄评); "一个无保留追随党的党外布尔什维克"(周恩来评)	①生活教育理论:生活即教育(本质论及核心)、社会即学校(范围论)、教学做合一(方法论); ②培养目标:培养全面发展的"人中人"; ③六大解放:解放儿童的眼睛、头脑、双手、嘴巴、时间、空间; ④教育名言:"千教万教教人求真,千学万学学做真人""捧着一颗心来,不带半根草去"

5.当代教育学理论的新发展 【单选、多选、判断、填空】

(1)现代教学理论的三大流派 —— 布结构、赞发展、瓦范例。

人物	国家	著作	理论
布鲁纳	美国	《教育过程》	"结构教学理论""发现法"
赞科夫	苏联	《教学与发展》	把学生的一般发展作为教学的出发点,提出了发展性教学理论的五条教学原则:①高难度;②高速度;③理论知识起主导作用;④理解学习过程;⑤使所有学生包括"差生"都得到一般发展
瓦·根舍因	德国	《范例教学原理》	范例教学理论

(2)其他学者的观点

人物	国家	著作	理论
皮亚杰	瑞士	《教育科学与儿童心理学》	认知发展阶段理论
保罗·朗格朗	法国	《终身教育引论》	终身教育理论
苏霍姆林斯基	苏联	《给教师的一百条建议》《把整个心灵献给孩子》	和谐教育思想

苏霍姆林斯基的教育著作被认为是"学校生活的百科全书""活的教育学"。

📝 **要点回顾**

1. "教育"一词在我国最早使用和解释的出处。

2. 广义的教育和狭义的教育的区分。

3. 教育的本质属性和社会属性。

4. 教育的基本要素及其地位。

5. 教育功能的分类及其含义。

6. 教育起源学说的代表人物和主要观点。

7. 古代东西方教育的共同特征及中外教育的发展概况。

8. 现代社会教育的发展特征。

9. 教育学的研究对象及根本任务。

10. 教育学各发展阶段主要教育家的教育思想及代表著作。

第二章 教育的基本规律

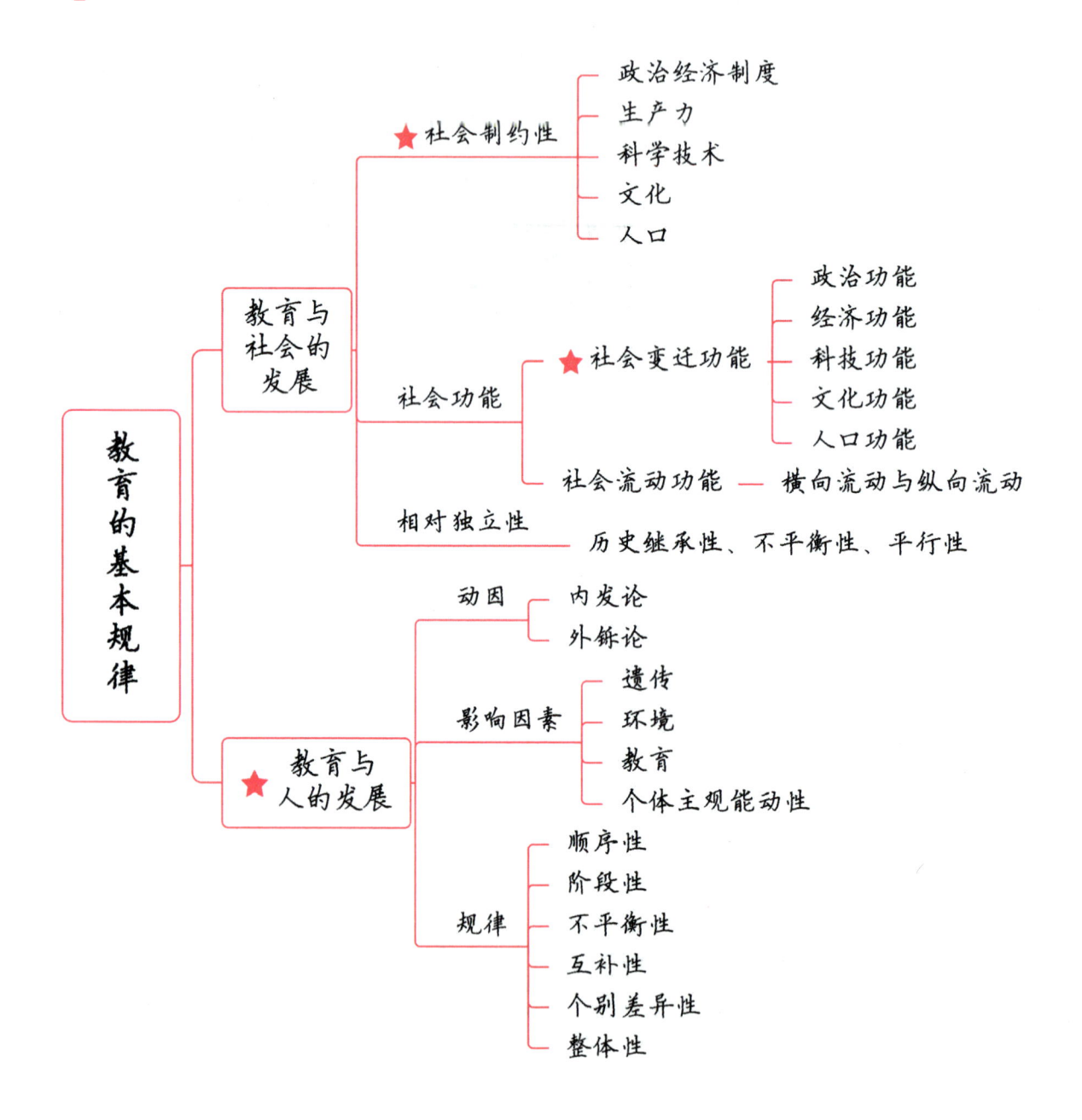

思维导图

- 教育的基本规律
  - 教育与社会的发展
    - ★社会制约性
      - 政治经济制度
      - 生产力
      - 科学技术
      - 文化
      - 人口
    - 社会功能
      - 政治功能
      - ★社会变迁功能
        - 政治功能
        - 经济功能
        - 科技功能
        - 文化功能
        - 人口功能
      - 社会流动功能 —— 横向流动与纵向流动
    - 相对独立性 —— 历史继承性、不平衡性、平行性
  - ★教育与人的发展
    - 动因
      - 内发论
      - 外铄论
    - 影响因素
      - 遗传
      - 环境
      - 教育
      - 个体主观能动性
    - 规律
      - 顺序性
      - 阶段性
      - 不平衡性
      - 互补性
      - 个别差异性
      - 整体性

知识梳理

第一节　教育与社会的发展

知识点1　教育与社会关系的主要理论【单选、多选、判断】

理论	代表人物	主要观点
教育万能论	洛克、康德、华生、爱尔维修	①教育对人的成长起决定作用；②人的才智差别源于人所处的不同环境和受到的不同教育
教育独立论	蔡元培	①教育经费独立；②教育行政独立；③教育学术和内容独立；④教育脱离宗教而独立
人力资本理论	西奥多·舒尔茨	①经济增长的源泉是人力资本的积累；②教育使社会分配趋于平等；③重视教育投资的作用，认为教育不仅是一种消费活动，也是一种投资活动
筛选假设理论（文凭理论）	迈克尔·斯潘斯和思罗	把教育视为一种筛选装置，强调教育的信号本质，强调筛选作用为教育的主要经济价值
劳动力市场理论（劳动力市场划分理论）	皮奥里、多林格	劳动力市场可以划分为主要劳动力市场和次要劳动力市场

知识点2　教育的社会制约性　【单选、多选、判断、填空、简答、案例】

制约因素	制约表现
政治经济制度 政治经济制度对教育发展的影响和制约	决定教育的性质
	决定教育的领导权
	决定受教育权
	决定教育目的
	决定教育内容的取舍
	决定教育体制
	制约教育的改革与发展
生产力	制约教育发展的规模和速度
	制约人才培养的规格和教育结构
	制约课程设置和教学内容的改革
	制约教学方法、手段和组织形式
科学技术 （动力作用）	改变教育者的观念
	影响受教育者的数量和教育质量
	影响教育的内容、方法和手段
文化	对教育具有价值定向作用
	促进学校课程的发展（内容的丰富、结构的更新）
	影响教育目的的确立（"在明明德,在亲民,在止于至善"）
	影响教育内容的选择
	影响教育教学方法的使用
人口	人口数量影响和制约教育的发展
	人口质量影响和制约教育的发展
	人口结构影响和制约教育的发展

知识扩展

传统学校教育与网络教育的比较

类别	传统学校教育	网络教育
形式	"金字塔形"的等级制教育	"平等的"开放式教育
优劣标准	掌握在他人手中的"筛选制度"	掌握在自己手中的"兴趣选择"
年龄段	较严格意义上的"年龄段教育"	"跨年龄段教育"或"无年龄段教育"
时空限制	存在着时空限制	跨时空的教育

知识点3 教育的社会功能

1.教育的社会变迁功能 【单选、多选、判断、填空、辨析、简答、论述、案例】

功能	表现
政治功能	通过培养合格的公民和政治人才为政治服务(主要途径)
	通过传播思想、形成舆论作用于一定的政治经济制度
	促进民主化进程,但对政治经济制度不起决定作用
经济功能	再生产劳动力
	再生产科学知识
科技功能	完成科学知识的再生产
	推进科学的体制化
	具有科学研究的功能
	促进科研技术成果的开发利用
文化功能	传承文化(传递、保存、活化文化)
	改造文化(选择和整理、提升文化) ——→ 扬弃:取其精华,去其糟粕。
	传播、交流和融合文化
	更新和创造文化

续表

功能	表现
人口功能	调控人口数量的重要手段
	提高人口素质的重要途径
	可使人口结构趋于合理
	有利于人口流动和迁移

2. 教育的社会流动功能 【单选、判断】

流向	表现
横向流动功能（水平流动）	更换工作地点、单位；无阶层或地位变动
纵向流动功能（垂直流动）	职称晋升、职务升迁、薪酬提级；有阶层或地位变动

知识点4　教育的相对独立性 【单选、多选、不定项、判断】

教育的相对独立性是指教育具有自身独特的发展规律和能动性，主要表现在：

(1)教育自身的历史继承性；

(2)教育与社会发展的不平衡性；

(3)教育与其他社会意识形式的平行性。

知识点5　教育优先发展 【单选、多选、判断】

(1)理论基础：教育在我国社会主义现代化建设中的基础性、先导性、全局性意义；

(2)实践策略：
- 提高认识，转变观念——启动点
- 投入优厚，预算优先——物质保障
- 实现"两基"、保证"两全"——核心内容
- 依法治教，依法施教——制约机制
- 提高师资队伍素质——关键

第二节　教育与人的发展

知识点1　人的发展的含义和特点　【单选、多选、不定项、判断、填空】

层面	含义	特点
内容	身体和心理	未完成性、能动性
发展	生理发展、心理发展、社会性发展	

知识点2　个体身心发展的动因　【单选、多选、判断、填空】

内孟四尔弗；外出寻(荀)我金色落(洛)花(华)生。

动因	基本观点	代表人物	点拨
内发论 （遗传决定论）	内在因素决定人的发展	孟子	人的本性是善的，"万物皆备于我"
		弗洛伊德	人的性本能是最基本的自然本能
		威尔逊	"基因复制"是决定人的一切行为的本质力量
		高尔顿	个体的发展及其个性品质早在基因中就决定了，环境只起引发作用
		格塞尔	成熟机制对人的发展起决定作用
		霍尔	"一两的遗传胜过一吨的教育""复演说"
外铄论 （环境决定论）	外在力量决定人的发展	荀子	教育在人的发展中起着"化性起伪"的作用
		洛克	"白板说"
		华生	给我一打健康的婴儿，不管他们祖先的状况如何，我可以任意把他们培养成从领袖到小偷等各种类型的人

续表

动因	基本观点	代表人物	点拨
外铄论（环境决定论）	外在力量决定人的发展	斯金纳	人的行为乃至复杂的人格都可以通过外在的强化或惩罚手段来加以塑造、改变、控制或矫正
辐合论（二因素论）	先天遗传因素和后天环境的作用各不相同，不能相互替代	施泰伦	发展=遗传+环境
		吴伟士（武德沃斯）	发展=遗传×环境
多因素相互作用论（共同作用论）	内因与外因相互作用	辩证唯物主义者	在主客观条件大致相似的情况下，个体主观能动性起决定性意义

知识点3　影响个体身心发展的主要因素【单选、多选、判断、填空、辨析、简答、论述、案例】

因素	地位	内容	典例
遗传（遗传素质）	物质前提	①遗传素质是人的身心发展的前提，为人的发展提供了可能性，但不能决定人的发展；②遗传素质的个别差异是人的身心发展的个别差异的原因之一；③遗传素质的成熟机制制约着人的身心发展的水平及阶段	"种瓜得瓜，种豆得豆""龙生龙，凤生凤，老鼠的儿子会打洞""成熟势力说"

续表

因素	地位	内容	典例
环境（社会环境）	提供多种可能	①为个体的发展提供了多种可能；②环境是推动人身心发展的动力；③环境不决定人的发展；④人对环境的反应是能动的	"近朱者赤，近墨者黑""蓬生麻中，不扶而直""孟母三迁"
教育（学校教育）	主导作用	原因：①有目的、有计划、有组织地培养人；②有专门负责教育工作的教师；③能有效地控制和协调各种因素 表现：①对个体发展做出社会性规范；②具有开发个体特殊才能和发展个性的功能；③对个体发展的影响具有即时和延时价值；④具有加速个体发展的特殊功能 条件：①外部——家庭环境的影响和社会发展的状况；②内部——教育自身的状况和学习者的主观能动性等	"生而同声，长而异俗，教使之然也""人之所以千差万别，便是由于教育之故"
个体主观能动性	内因	①层次：生理活动、心理活动、社会实践活动（最高层次）；②作用：内在动力，促进个体发展从潜在的可能状态转向现实状态的决定性因素	"同流而不合污""出淤泥而不染""威武不能屈"

知识拓展

教育(学校教育)对人身心发展的促进作用

个体个性化功能	促进人的主体意识的形成和主体能力的发展
	促进人的个性差异的充分发展,形成人的独特性
	开发人的创造性,促进人的个体价值的实现
个体社会化功能	促进个体思想意识的社会化
	促进个体行为的社会化
	促进角色和职业的社会化

知识点4 个体身心发展的规律 【单选、多选、判断、填空、名词解释、简答、论述、案例】

顺序性和阶段性

规律	表现	理解要点	题干关键词	教育要求
顺序性	由低级到高级、由简单到复杂、由量变到质变	强调一定的方向性,整体发展趋势不可逆	"由……到……" "先……后……"	循序渐进地施教;不可"拔苗助长""陵节而施"
阶段性	不同年龄阶段具有不同的特征和任务	强调不同阶段的发展特征或任务不同	××阶段、××时期	分阶段教学,不搞"一刀切""一锅煮"
不平衡性(不均衡性)	同一方面的发展速度和不同方面的发展水平是不平衡的	强调同一个体,同一方面不同速或不同方面不同步	速度有快有慢、水平有高有低	抓住关键期或最佳期,视时而教、及时施教

续表

规律	表现	理解要点	题干关键词	教育要求
互补性	生理与生理之间的互补和生理与心理之间的互补	强调身身互补或身心互补	身残志坚，眼盲耳聪	长善救失，扬长避短
个别差异性	不同个体同一方面发展速度和水平之间的差异、不同个体不同方面发展的差异、不同个体具有不同的个性心理、群体间的差异	强调不同个体或群体之间的差异	"有的……有的……" "有人……有人……"	因材施教；弹性教学制度；能力分组；组织兴趣小组
整体性	学生是一个整体的人，以其整个身心投入教学生活，并以整个身心来感知、体验、享受和创造这种教学生活	强调从整体上把握教育对象的特征，使整体大于部分之和	多方面相统一	面对学生的整个身心；着眼于学生的整体性

关键期指人的某种身心潜能在某一年龄段有一个最好的发展时期。它既包括有机体需要刺激的时期，也包括有机体对某种刺激最敏感的时期。因此，关键期也叫敏感期、最佳期。

要点回顾

1. 政治经济制度、生产力、文化对教育的影响和制约的表现。

2. 教育的政治功能、经济功能、文化功能的表现。

3. 内发论和外铄论的基本观点及代表人物。

4. 影响个体身心发展的主要因素及其地位和表现。

5. 个体身心发展的顺序性、阶段性、不平衡性、互补性、个别差异性的内涵及教育要求。

第三章 教育目的与教育制度

思维导图

- 教育目的与教育制度
  - 教育目的
    - 意义：核心、依据和评判标准、主题和灵魂等
    - 作用：导向、激励、评价作用
    - 层次结构：教育目的、培养目标、教学目标
    - ★理论
      - 个人本位论
      - 社会本位论
      - 生活本位论
  - 我国的教育目的
    - 基本精神："两坚持、培养、结合、提高"
    - ★理论依据：马克思主义关于人的全面发展学说
    - ★基本构成
      - 德育
      - 智育
      - 体育
      - 美育
      - 劳动技术教育
    - ★素质教育
      - 面向全体学生
      - 促进学生全面发展
      - 促进学生个性发展
      - 以培养创新精神和实践能力为重点
  - 学校与学校教育制度
    - 学校文化
      - 构成——观念、规范、物质文化
      - 缩影——校园文化
    - 现代学制的类型
      - 双轨制
      - 单轨制
      - 分支型学制
  - 我国的学校教育制度
    - ★旧中国的学制沿革
      - 壬寅学制
      - 癸卯学制
      - 壬子癸丑学制
      - 壬戌学制
    - 我国现行学制的结构：层次结构、类别结构

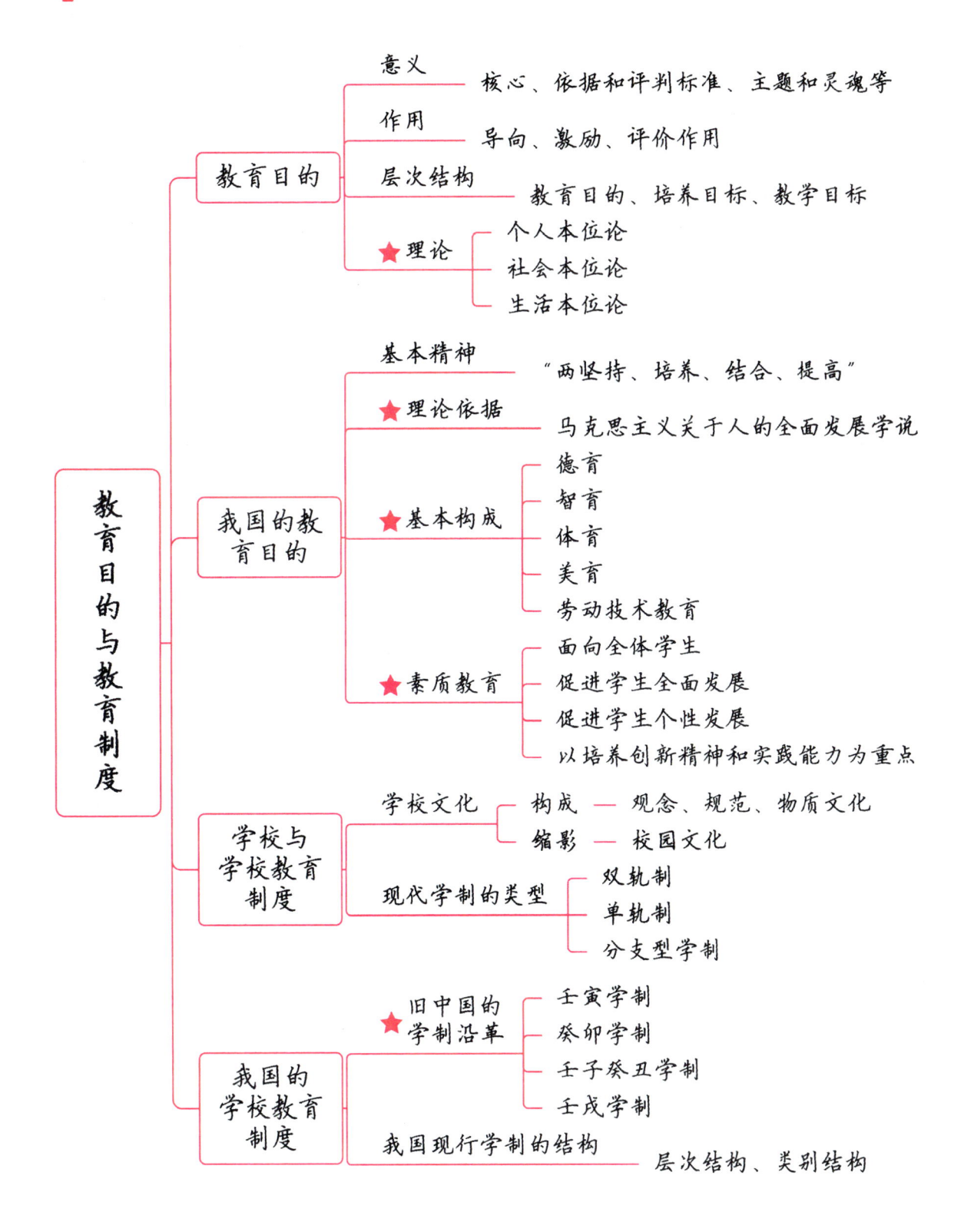

知识梳理

第一节 教育目的

知识点1 教育目的的内涵

1.教育目的的概念 【单选、判断】

教育目的规定了把受教育者培养成什么样的人,是培养人的质量规格标准,同时也反映了教育在人的努力方向和社会倾向性等方面的要求。

2.教育目的与教育方针

(1)教育方针的概念和内容 【单选、判断、简答】

教育方针是最高国家权力机关根据政治、经济要求,明令颁布实行的一定历史阶段教育工作的总的指导方针或总方向。

我国教育方针的内容主要包括教育的性质和服务方向、教育目的(核心)和实现教育目的的根本途径等。

(2)教育目的与教育方针的关系 【单选、多选、判断】

联系	具有内在一致性,都含有"为谁培养人"的规定性,都是不得违背的根本指导原则
区别	①教育方针所含的内容比教育目的更多。 教育目的一般只包括"为谁培养人""培养什么样的人"的问题,而教育方针除此之外,还含有"怎样培养人"的问题和教育事业发展的基本原则。 ②教育目的在对人培养的质量规格方面要求较为明确,而教育方针则在"办什么样的教育""怎样办教育"方面更为突出

知识点2 教育目的的特点 【单选、多选、不定项、判断】

教育目的除具有意识性、意欲性、可能性和预期性之外,还有两个较为明显的特点:

(1)教育目的对教育活动具有质的规定性。教育目的作为培养人的总体要求，总是内在地决定着教育的社会性质和教育对象发展的素质。

(2)教育目的具有社会性和时代性。

知识点3　教育目的的分类　【单选、多选】

分类依据	类型	内涵
作用的特点	价值性教育目的（"心有所属"）	教育在人的价值倾向性发展上意欲达到的目的
	功用性教育目的（"身有所为"）	教育在发展人从事或作用于各种事物的活动性能方面所预期的结果
要求的特点	终极性教育目的（理想的教育目的）	教育及其活动在人的培养上最终要实现的结果
	发展性教育目的（现实的教育目的）	教育及其活动在不同阶段所要连续实现的各种结果
被实际所重视的程度	正式决策的教育目的	由社会一定权力机构确定并要求所属各级各类教育都必须遵循的教育目的
	非正式决策的教育目的	蕴含在教育思想、教育理论中的教育目的
体现的范围	内在教育目的	具体教育过程(或某门课程建设)要实现的直接目的
	外在教育目的	教育目的领域位次较高的教育目的
存在的方式	实然的教育目的	教育过程的当事人在理论层面进行理解、贯彻、执行的教育目的
	应然的教育目的	教育目的的制定主体以成文的、合乎规范的形式所规定并表述的教育目的

知识点4　教育目的的意义与作用

1.教育目的的意义　【单选、多选、判断、填空】

教育目的是整个教育工作的核心,是教育活动的依据和评判标准、出发点和归宿,在教育活动中居于主导地位。同时它也是全部教育活动的主题和灵魂,是教育的最高理想。它贯穿教育活动的全过程,对一切教育活动都有指导意义,也是确定教育内容、选择教育方法和评价教育效果的根本依据。

2.教育目的的作用(功能)　【单选、多选、判断】

(1)对教育工作具有导向作用;

(2)对贯彻教育方针具有激励作用;

(3)是对教育效果进行评价的重要标准。

此外,有人认为,教育目的的作用(功能)包括导向作用、协调(调控)作用、激励作用和评价作用。也有人认为,教育目的具有定向作用、调控作用和评价作用。

知识点5　教育目的的结构

1.层次结构　【单选、多选、判断、简答】

三层次
- 国家的教育目的(第一层次)
- 各级各类学校的培养目标(第二层次):同中有异、重点突出、特点鲜明
- 教师的教学目标(第三层次)

四层次:教育目的、培养目标、课程目标和教学目标。

无论三层次还是四层次,从教育目的到教学目标都是从普遍到特殊、从抽象到具体的关系,上一层次制约着下一层次,下一层次是上一层次的具体化。

2.内容结构　【单选、多选、判断】

说法一
- 规定人的身心素质(核心)
- 规定人的社会价值(社会性质和方向)

说法二
- 规定培养何种社会成员或角色(核心)
- 规定教育对象形成何种素质结构

知识点6 确立教育目的的依据 【单选、多选、判断、填空、简答】

(1)特定的社会政治、经济、文化背景——客观；

(2)人的身心发展特点和需要——客观；

(3)人们的教育理想——主观。

知识点7 有关教育目的确立的理论(教育目的确立的价值取向) 【单选、多选、不定项、判断、填空、辨析、简答、案例】

理论	代表人物	主要观点
神学的教育目的论	夸美纽斯、雅克·马里坦、小原国芳等	人有肉体也有灵魂，但灵魂才是人的本质，教育主要关心的应当是灵魂
个人本位论	孟子、卢梭、裴斯泰洛齐、福禄贝尔、赫钦斯、奈勒、马斯洛、萨特等	培养健全发展的人，个人价值高于社会价值，使人的本性和本能高度发展
社会本位论	荀子、柏拉图、赫尔巴特、涂尔干(迪尔凯姆)、纳托普(那托尔普)、凯兴斯泰纳、孔德、巴格莱等	为社会培养合格的成员和公民，社会价值高于个人价值，以社会的稳定和发展为最高宗旨
教育无目的论	杜威	教育过程就是教育目的，无教育过程之外的"外在"目的
文化本位论	狄尔泰、斯普兰格(斯普朗格)	唤醒人们的意识，使其具有自动追求理想价值的意志，并使文化有所创造，形成与发展新的文化

续表

理论		代表人物	主要观点
生活本位论	教育准备生活说	斯宾塞	教育目的是为"完满的生活"做准备，教育的主要任务是教会人们怎样生活
	教育适应生活说	杜威	教育不是未来生活的准备，学校不能脱离眼前生活，学校教育应该利用现有的生活情境作为其主要内容，把儿童培养成能完全适应眼前社会生活的人
教育目的辩证统一论（马克思主义教育目的论）		马克思主义者	把社会需要与个人发展辩证地统一起来

第二节 我国的教育目的

📖 **知识点1** 现阶段我国教育目的的基本精神 【单选、多选、判断、填空、简答、论述】

（两坚持、培养、结合、提高。）

(1)坚持社会主义方向性(根本性质)。

(2)坚持全面发展(质量标准)。

(3)培养独立个性(内容)。

(4)教育与生产劳动相结合(根本途径)。

(5)注重提高全民族素质(根本宗旨)。

> **知识拓展**
>
> 教育的四大支柱 → 知事两生。
>
> 1996年,《教育——财富蕴藏其中》报告指出教育的四大支柱(学习化社会的四大支柱)是"学会认知""学会做事""学会共同生活(学会合作)"和"学会生存"。

知识点2 我国确立教育目的的理论依据 【单选、多选、判断、填空、简答】

马克思主义关于人的全面发展学说是我国确定教育目的的理论依据和基础。

(1) 人的全面发展:人的劳动能力、道德和个性的全面发展;

(2) 旧式分工造成了人的片面发展;

(3) 机器大工业生产为人的全面发展提供了基础和可能;

(4) 社会主义制度是实现人的全面发展的社会条件;

(5) 教育与生产劳动相结合是"造就全面发展的人的唯一方法",也是培养全面发展的人的根本途径、唯一途径。

知识点3 我国教育目的的基本构成 【单选、多选、判断、填空、名词解释、辨析、简答、论述、案例】

组成部分	内涵	作用	联系
德育	培养学生正确的人生观、世界观、价值观,使他们具有良好的道德品质和正确的政治观念,形成正确的思想方法	方向(导向)、动力、灵魂	地位存在不平衡性;各有其相对独立性;具有内在联系
智育	①概念:传授给学生系统的科学文化知识、技能,发展他们的智力和与学习有关的非认知因素; ②主要内容:传授知识、发展技能、培养自主性和创造性;	认识基础、智力支持	

续表

组成部分	内涵	作用	联系
智育	③根本任务：培育或发展学生的智慧，尤其是智力	认识基础、智力支持	地位存在不平衡性；各有其相对独立性；具有内在联系
体育	①概念：授予学生关于健康的知识、技能，发展体力，增强自我保健意识和体质，培养参加体育活动的需要和习惯，增强意志力； ②根本任务：增强学生体质； ③基本组织形式：体育课	物质保证、物质前提	
美育	①概念：培养学生健康的审美观，发展他们感受美、鉴赏美、创造美的能力； ②最高层次的任务：形成创造美的能力； ③内容：形式教育、理想教育、艺术教育； ④功能：直接功能（"育美"）、间接功能（育德、促智、健体）、超美育功能（超越性功能）； ⑤原则：形象性、情感性、活动性、差异性、创造性； ⑥途径和方法：课堂教学和课外文化艺术活动、大自然、日常生活	协调	
劳动技术教育	引导学生掌握劳动技术知识和技能，形成劳动观念和习惯	实践基础	

知识点4 教育目的实现的理性把握 【单选、多选、判断】

1.要以素质发展为核心

2.要确立和体现全面发展的教育观

(1)确立全面发展教育观的必要性。

(2)正确理解和把握全面发展。

①不能把西方传统上的人的"全面发展"与我国现在所讲的人的"全面发展"等同起来;②全面发展不是人的各方面平均发展;③全面发展不是忽视人的个性发展;④要坚持人的发展的全面性。

(3)正确认识和处理各育的关系。

(4)要防止教育目的的实践性缺失。

知识点5 素质教育 【单选、多选、不定项、判断、填空、名词解释、辨析、简答、论述、案例】

素质教育
- 概念:依据人的发展和社会发展的实际需要,以全面提高全体学生的基本素质为**根本目的**,以尊重学生主体性和主动精神,注重开发人的智慧潜能,形成人的健全个性为根本特征
- 任务
  - 培养学生的身体素质(基础层)
  - 培养学生的心理素质(核心层)
  - 培养学生的社会素质(最高层)
- 要义
  - 面向全体学生
  - 让学生全面发展
  - 让学生主动发展
- 特点:全体性(**最本质的规定**、**最根本的要求**)、全面性、基础性、主体性、发展性、合作性和未来性
- 内涵
  - ①面向**全体**学生
  - ②促进学生**全面**发展
  - ③促进学生**个性**发展
  - ④以培养**创新精神和实践能力**为重点(**时代特征、核心、本质区别**)

素质教育
- 实施措施
  - 改变教育观念
  - 转变学生观
  - 加大教育改革的力度
  - 建立素质教育的保障机制
  - 建立素质教育的运行机制
  - 营造良好的校园文化氛围
- 实施误区
  - ①不要"尖子生"
  - ②要学生什么都学、什么都学好
  - ③不要学生刻苦学习,"减负"就是不给或少给学生留课后作业
  - ④要使教师成为学生的合作者、帮助者和服务者
  - ⑤多开展课外活动,多上文体课
  - ⑥不要考试,特别是不要百分制考试
  - ⑦会影响升学率

第三节　学校与学校教育制度

知识点1　学校与学校文化

1.学校的产生

(1)学校产生的条件 【单选、多选、判断、简答】

①生产力的发展及社会生产水平的提高(物质基础);

②脑力劳动和体力劳动相分离(必要条件);

③文字的创造与知识的积累(文化基础);

④国家机器的产生(政治基础)。

知识拓展

学校产生的条件的其他说法

说法一:(1)历史基础:生产力的发展和奴隶制国家的形成;(2)客观条件:

体脑分工和专职教师的出现;(3)重要标志:文字的产生和应用。

说法二:(1)社会生产力的发展;(2)社会生活中间接经验的积累;(3)记载和传承文化工具的出现。

(2)最早的学校 【单选、判断】

美国学者克雷默认为,世界上最早的学校是产生于公元前2500年的苏美尔学校。

一般认为,在夏朝,我国就出现了学校。而有文字记载又有考古出土的实物证实的学校出现在商朝。

学霸点睛

关于我国最早的学校出现的时期,在选择题中,如果选项同时出现了夏朝和商朝,而题干中又没有严格的条件限制,一般认为我国最早的学校教育形态出现在夏朝。

2.现代学校的基本职能 【单选、多选、简答】

(1)提高受教育者素质(最基本的职能);

(2)培养现代社会的劳动者和各级各类专门人才;

(3)传承与创新文化;

(4)开展科学研究;

(5)提供社会服务。

3.学校文化

(1)学校文化的概念

学校文化是一所学校在长期的教育实践过程中积淀、演化和创造出来的,并为其成员所认同和遵循的价值观念体系、行为规范准则和物化环境风貌的一种整合和结晶。美国学者华勒最早提出"学校文化"这一概念。

(2)学校文化的构成 【单选、多选、判断、填空】

构成	含义	地位/作用	内容
观念文化（精神文化）	可分解为认知、情感、价值、理想四种成分	内核、灵魂、精神动力	办学指导思想、教育观、道德观、思维方式、校风、行为习惯等
规范文化（制度文化）	确立组织机构、明确成员角色和职责、规范成员行为	制度保证	组织形态、规章制度、角色规范
物质文化	学校文化的空间物态形式	物质载体、物质基础	环境文化、设施文化

(3)学校文化的缩影——校园文化 【单选、判断】

①校园物质文化：校园设施等。

②校园精神文化：核心内容，最高层次；包括校风、学风、教风、班风和学校人际关系等，其中，校风是学校中物质文化、制度文化、精神文化的统一体。

③校园组织与制度文化：内在机制；包括学校的传统、仪式、规章制度等。

(4)学校文化的作用(功能)

①导向作用；②凝聚作用；③规范（约束）作用。

知识点2 教育制度的内涵与特点

1.教育制度的内涵 【单选、多选、判断、填空】

教育制度是一个国家或地区各级各类教育机构与组织的体系及其各项规定的总称。

广义：国民教育制度。

狭义：学校教育制度（学制），是一个国家各级各类学校的总体系，具体规定各级各类学校的性质、任务、要求、入学条件、修业年限及它们之间的相互关系。

学校教育制度是国民教育制度的核心与主体，体现了一个国家国民教育制度的实质，一般包括三个基本要素：学校的类型、学校的级别和学校的结构。

2.教育制度的特点 【单选、多选】

(1)客观性；

(2)规范性；

(3)历史性；

(4)强制性。

知识点3　建立学制的依据 【单选、多选】

(1)生产力发展水平和科学技术发展状况。

(2)社会政治经济制度。

(3)青少年儿童身心发展规律。

(4)人口发展状况。

(5)文化传统。

(6)本国学制的历史发展和国外学制的影响。

知识点4　现代学校教育制度的类型 【单选、多选、判断、填空】

学制类型	代表国家	特点	优(缺)点
双轨制	英国、法国、联邦德国等欧洲国家	学校系统分为两轨：一轨是学术教育，为特权阶层子女所占有；另一轨是职业教育，为劳动人民的子弟所开设，两轨之间互不相通，互不衔接；具有明显的等级性	不利于教育的普及
单轨制	美国	从小学直至大学、形式上任何儿童都可以入学；最明显的特点是体现了教育的公平性	①有利于教育的逐级普及；②教育参差不齐、效益低下、发展失衡

续表

学制类型	代表国家	特点	优(缺)点
分支型学制(中间型学制或"Y"型学制)	苏联	介于双轨制和单轨制之间,上通(高等学校)下达(初等学校)、左(中等专业学校)右(中等职业技术学校)互联	①既有利于培养学术人才,也有利于发展职业教育;②课时多、课程复杂,教学不够灵活,特别是地域性较强的课程得不到很好的发展

知识点5　现代教育制度的发展

1.教育制度在形式上的发展(教育制度的发展历史)【单选、多选、判断、填空】

时期	主要内容
前制度化教育	学校的产生是其重要标志
制度化教育(正规教育)	学校教育系统的形成意味着制度化教育的形成,学校教育制度的建立是制度化教育的典型表征
非制度化教育	推崇的理想:"教育不应再限于学校的围墙之内";重要体现:构建学习化社会

我国近代制度化教育兴起的标志是清朝末年的"废科举,兴学校",以及颁布了全国统一的教育宗旨和近代学制。

2.现代教育制度的发展趋势　【单选、多选、判断】

(1)加强学前教育并重视与小学教育的衔接。

(2)强化普及义务教育,延长义务教育年限。

(3)中等教育中普通教育与职业教育朝着相互渗透的方向发展。

(4)高等教育的大众化。

(5)终身教育体系的建构。

(6)教育社会化与社会教育化。

(7)教育的国际交流加强。

(8)学历教育与非学历教育的界限逐渐淡化。

第四节 我国的学校教育制度

知识点1 旧中国的学制沿革 【单选、多选、不定项、判断、填空】

人(壬)颁布,鬼(癸)实施,壬子癸丑最小资,虚(戌)美国,六三三。

学制	借鉴蓝本	简介	意义
壬寅学制（《钦定学堂章程》）	日本学制	①由当时的管学大臣张百熙起草；②设学宗旨为"激发忠爱,开通智慧,振兴实业"	第一个颁布,未实行
癸卯学制（《奏定学堂章程》）	日本学制	①由张之洞、荣庆、张百熙修订；②教育目的是"忠君、尊孔、尚公、尚武、尚实",明显反映了"中学为体,西学为用"；③规定不许男女同校,轻视女子教育；④最大特点是教育年限长	第一个颁布并实行
壬子癸丑学制（1912~1913年学制）	日本学制	①由蔡元培主持修订；②指导思想是养成健全人格,发展创造精神；③明令废除在受教育权方面的性别和职业限制,在法律上体现了教育机会均等；④第一次明确规定实施义务教育(规定"初等小学四年,为义务教育")；⑤第一次规定男女同校,废除读经,充实自然科学的内容,将学堂改为学校	第一个具有资本主义性质的学制

续表

学制	借鉴蓝本	简介	意义
壬戌学制（"六三三学制"或"新学制"）	美国学制	①由留美派主持的全国教育会联合会颁布； ②采用美国式的六三三分段法，即小学六年、初中三年、高中三年； ③第一次明确依据学龄儿童和青少年身心发展规律来划分学校教育阶段； ④实行选科制和分科教育，兼顾学生升学和就业两种准备； ⑤国民党政府于1928年对其进行修改，并沿用到全国解放初期，是近代使用时间最长、影响最大的学制	标志着中国资产阶级新教育制度的确立，标志着中国近代以来的学制体系建设的基本完成

知识点2 我国现行学校教育制度的结构及类型

1. 我国现行学校教育制度的结构 【单选、多选、判断、填空、简答】

维度	内容	点拨
层次结构（纵向）	学前教育、初等教育、中等教育和高等教育（前三者属于基础教育）	"前初中高"
类别结构（横向）	基础教育、职业技术教育、高等教育、成人教育和特殊教育	"高人特机(基)智(职)"

2. 我国现行学校教育制度的类型 【单选、判断】

从类型上看，我国现行学制是从单轨学制发展而来的分支型学制。

要点回顾

1. 教育目的的意义与作用。
2. 教育目的的层次结构及具体关系。
3. 个人本位论、社会本位论、生活本位论等理论的主要观点及代表人物。
4. 我国确立教育目的的理论依据及其具体内容。
5. 德育、智育、体育、美育、劳动技术教育的内涵及作用。
6. 素质教育的特点和内涵。
7. 学校文化及校园文化的构成。
8. 单轨制、双轨制、分支型学制的代表国家、特点、优缺点。
9. 旧中国四种学制的借鉴蓝本和意义。
10. 癸卯学制的教育目的、指导思想、最大特点。
11. 壬子癸丑学制的具体规定。
12. 壬戌学制的阶段划分及其依据。
13. 我国现行学制的层次结构和类别结构的区分。

第四章 教师与学生

思维导图

- 教师与学生
  - 教师
    - 职业形象
      - 道德、文化、人格形象
    - ★职业角色
      - "传道者"
      - "授业、解惑者"
      - "示范者"
      - "教育教学活动的设计者、组织者和管理者"
      - "家长代理人、父母""朋友、知己"
      - "研究者""学习者""学者"
    - ★劳动特点
      - 复杂性和创造性
      - 连续性和广延性
      - 长期性和间接性
      - 主体性和示范性
      - 个体性和群体性
    - ★职业素养
      - 道德素养
        - 忠于人民的教育事业
        - 热爱学生
        - 团结协作
        - 为人师表
      - 知识素养
        - 政治理论修养
        - 精深的学科专业知识
        - 广博的科学文化知识
        - 必备的教育科学知识
        - 丰富的实践知识
      - 能力素养
        - 语言表达能力
        - 组织管理能力
        - 组织教育和教学的能力
        - 自我调控和自我反思能力
      - 心理健康——师德、情感、人际关系、人格
    - 专业发展
      - 途径
        - 师范教育
        - 入职培训
        - 在职培训
        - 自我教育

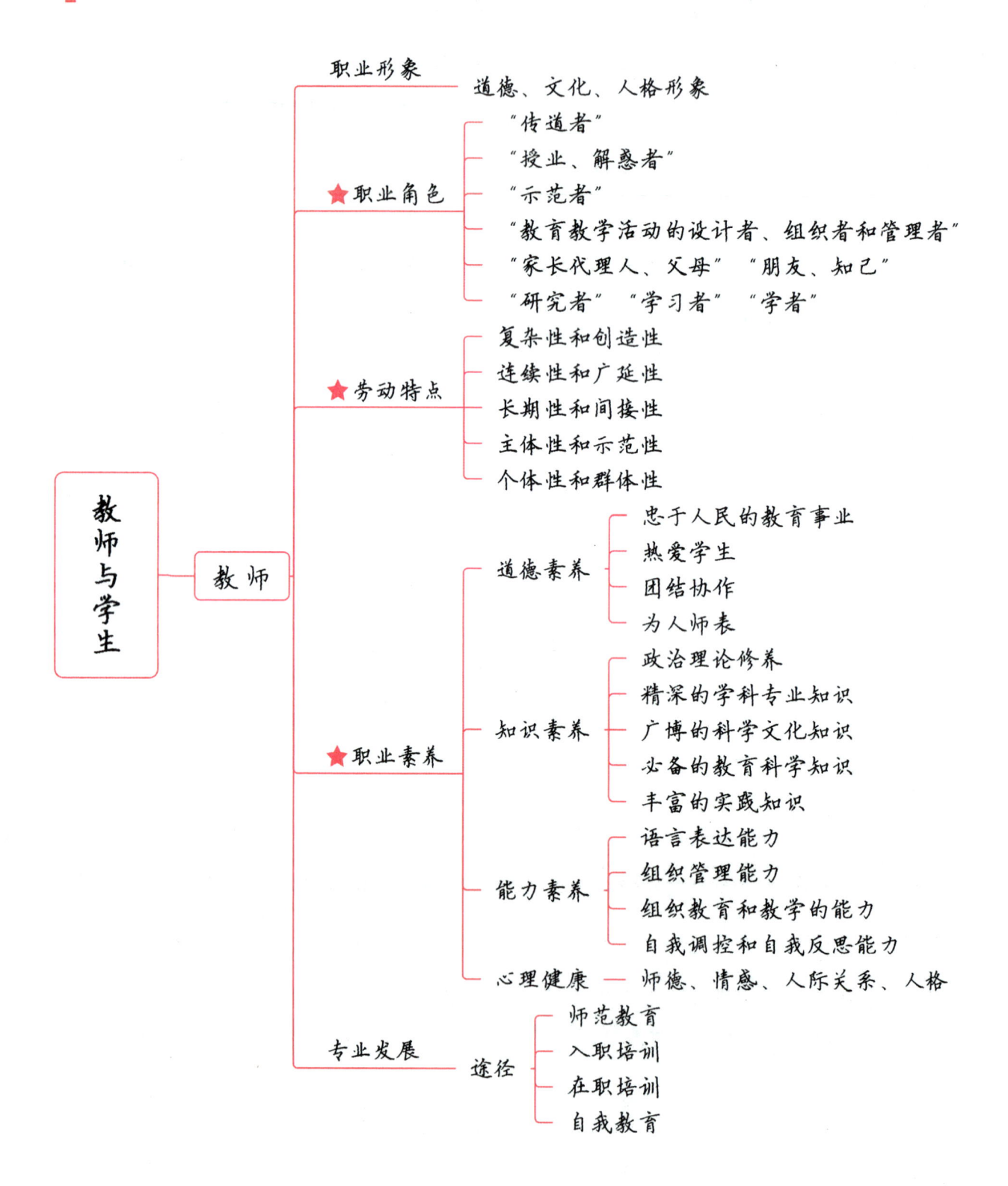

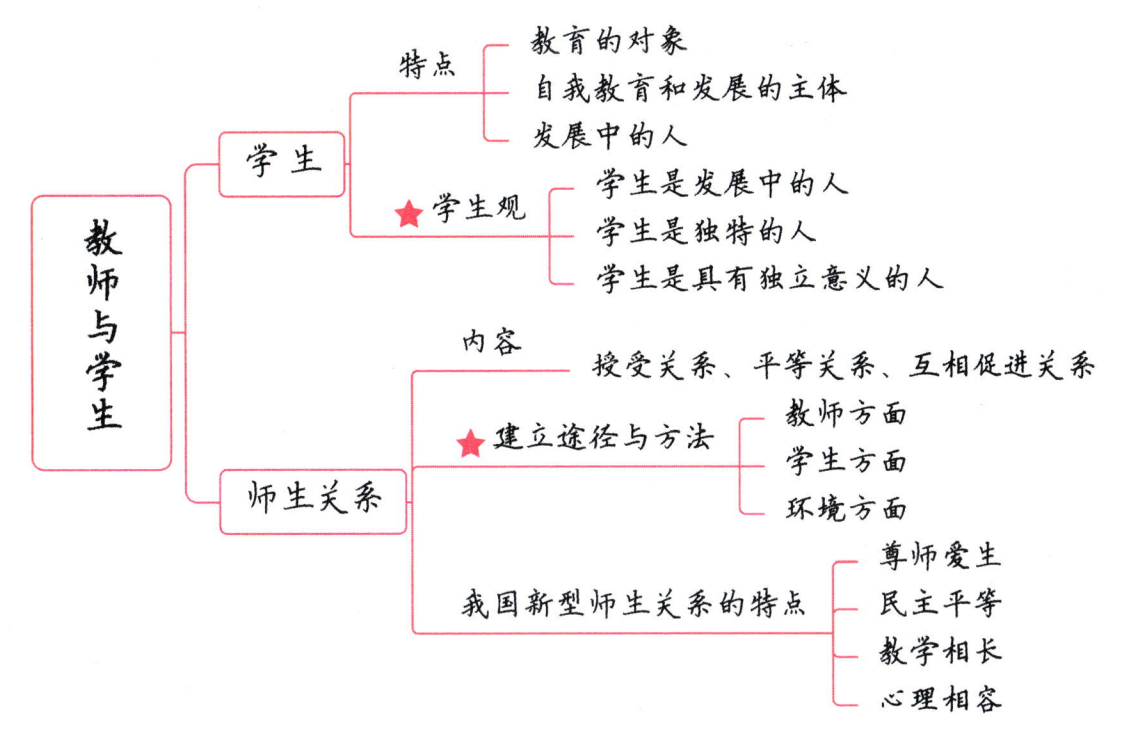

```
                    ┌─ 特点 ─┬─ 教育的对象
                    │        ├─ 自我教育和发展的主体
              ┌─ 学生 ┤        └─ 发展中的人
              │     │        ┌─ 学生是发展中的人
              │     └─★学生观 ├─ 学生是独特的人
教师与学生 ─┤              └─ 学生是具有独立意义的人
              │     ┌─ 内容 ──── 授受关系、平等关系、互相促进关系
              │     │                        ┌─ 教师方面
              └─ 师生关系 ┼─★建立途径与方法 ├─ 学生方面
                    │                        └─ 环境方面
                    │                              ┌─ 尊师爱生
                    └─ 我国新型师生关系的特点 ┼─ 民主平等
                                                   ├─ 教学相长
                                                   └─ 心理相容
```

知识梳理

第一节 教 师

知识点1 教师的概念和作用

1.教师的概念 【单选、判断、填空】

教师是学校教育工作的主要实施者,根本任务是教书育人。

《中华人民共和国教师法》第一章第三条:教师是履行教育教学职责的专业人员,承担教书育人,培养社会主义事业建设者和接班人、提高民族素质的使命。

2.教师的作用 【单选、判断】

(1)人类文化的传播者,在社会的发展和人类的延续中起桥梁与纽带作用。

(2)人类灵魂的工程师,在塑造年青一代的品格中起着关键性作用。

(3)人的潜能的开发者,对个体发展起促进作用。

(4)教育工作的组织者、领导者,在教育过程中起主导作用。

知识点2 教师职业的性质 【单选、多选、判断、填空】

1.教师职业是一种专门职业,教师是专业人员

世界 {
《关于教师地位的建议》——"教师工作应被视为一种专业"
《国际标准职业分类》——教师被列入"专家、技术人员和有关工作者"的类别中
}

我国:《教师法》——"教师是履行教育教学职责的专业人员"

2.教师是教育者,教师职业是促进个体社会化的职业

知识点3 教师职业的地位 【单选、多选、判断】

(1)政治地位:教师职业社会地位提高的前提。

(2)经济地位:教师社会地位的最直观表现。 ——→ 家有一斗粮,不当孩子王。

(3)法律地位:教师的专业权利反映国家和社会对教师职业的重视与保护程度。

(4)专业地位:教师职业社会地位的内在标准,主要通过其从业标准来体现。

知识点4 教师的职业形象 【单选、多选、判断】

(1)教师的道德形象——最基本形象("为人师表""身正为范,学高为师");

(2)教师的文化形象——核心形象("才高八斗""学富五车");

(3)教师的人格形象——学生亲近或疏远教师的首要因素。

学霸点睛

教师的职业道德是教师从事教育教学活动的基本行为规范,不具备职业道德的教师即使学识丰富也不能成为教师,所以教师的道德形象才是教师的最基本形象。

知识点5　教师职业的发展历史　【单选、判断】

发展历史
- ①非职业化阶段：没有专门的教师职业
- ②职业化阶段：教师职业产生，但不具备专门化水平
- ③专门化阶段：师范院校出现
  - 世界最早：1681年，法国
  - 我国最早：清末，盛宣怀，南洋公学师范院
- ④专业化阶段："教师教育大学化"

知识点6　教师职业角色　【单选、多选、判断、填空、简答、论述、案例】

教师职业的最大特点在于职业角色的多样化。

角色
- ①"传道者"：育人；"道之所存，师之所存也"
- ②"授业、解惑者"：教书
- ③示范者："师者，人之楷模也"
- ④"教育教学活动的设计者、组织者和管理者"
  - 强硬专断型
  - 仁慈专断型
  - 放任自流型
  - 民主管理型
- ⑤"家长代理人、父母""朋友、知己"：低年级/高年级
- ⑥"研究者""学习者""学者"：新时期的要求

知识扩展

教师职业角色的其他说法

说法一：(1)学生发展的引导者；(2)知识体系的组织者；(3)共生关系的对话者；(4)教育教学的研究者；(5)不断发展的学习者。

说法二：(1)学习者和研究者；(2)知识的传授者；(3)学生心灵的培育者；(4)教学活动的设计者、组织者和管理者；(5)学生学习的榜样；(6)学生的朋友；(7)学校的管理者。

知识点7　教师劳动的特点　【单选、多选、判断、填空、名词解释、简答、论述、案例】

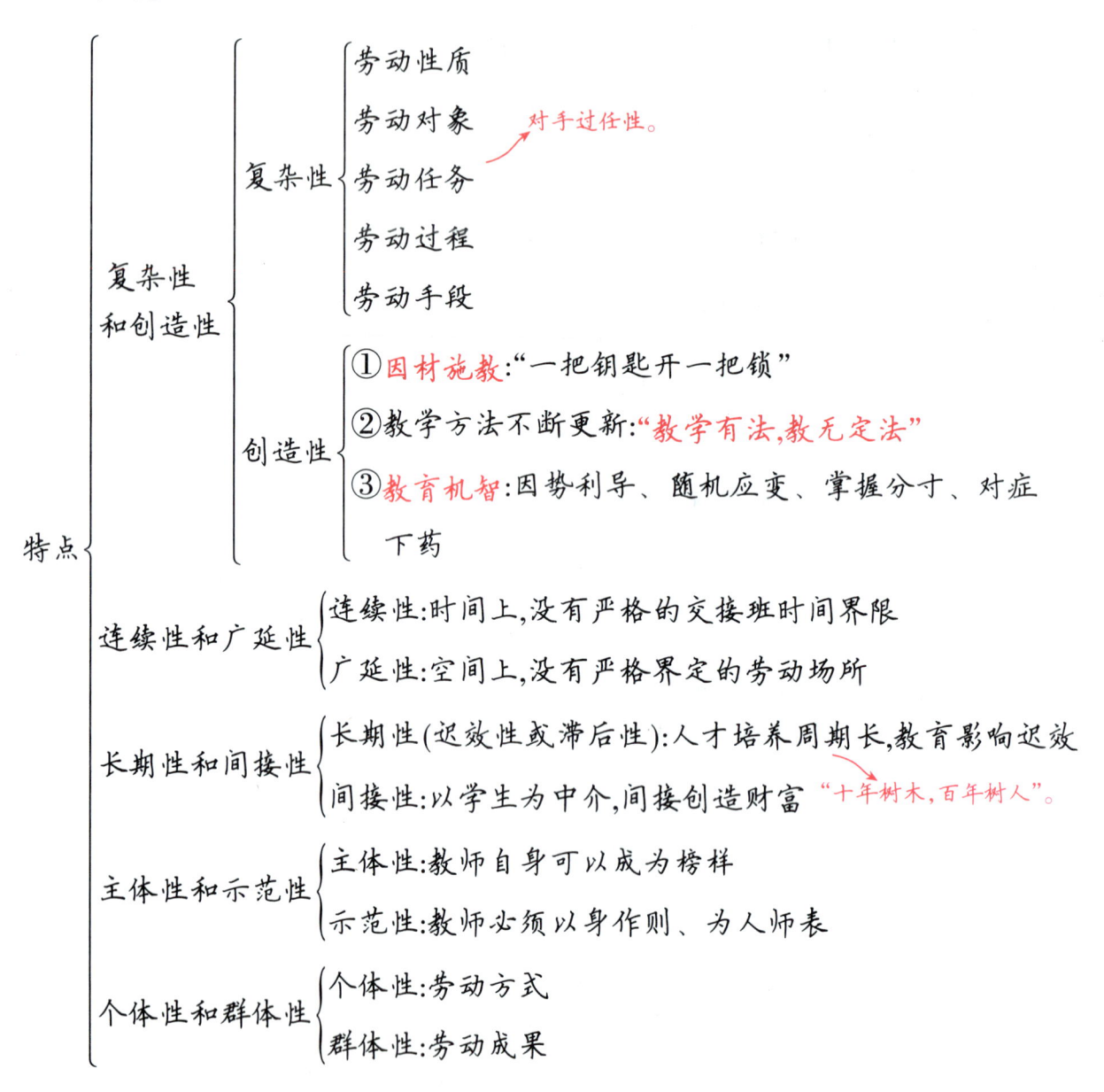

- 特点
  - 复杂性和创造性
    - 复杂性
      - 劳动性质
      - 劳动对象 ← 对手过任性。
      - 劳动任务
      - 劳动过程
      - 劳动手段
    - 创造性
      - ① 因材施教："一把钥匙开一把锁"
      - ② 教学方法不断更新："教学有法，教无定法"
      - ③ 教育机智：因势利导、随机应变、掌握分寸、对症下药
  - 连续性和广延性
    - 连续性：时间上，没有严格的交接班时间界限
    - 广延性：空间上，没有严格界定的劳动场所
  - 长期性和间接性
    - 长期性（迟效性或滞后性）：人才培养周期长，教育影响迟效
    - 间接性：以学生为中介，间接创造财富　"十年树木，百年树人"。
  - 主体性和示范性
    - 主体性：教师自身可以成为榜样
    - 示范性：教师必须以身作则、为人师表
  - 个体性和群体性
    - 个体性：劳动方式
    - 群体性：劳动成果

知识扩展

教师劳动特点的其他说法

说法一：(1)劳动任务的综合性；(2)劳动对象的复杂性；(3)劳动手段的主体性；(4)劳动过程的创造性；(5)教师劳动的长效性。

说法二：(1)价值性；(2)伦理性；(3)复杂性；(4)教育性；(5)创造性。

知识点8　教师的职业素养　【单选、多选、不定项、判断、填空、简答、论述、案例】

- 素养
  - 职业道德素养
    - 对待事业：忠于人民的教育事业(前提、基础)
    - 对待学生：热爱学生(核心、根本出发点)
    - 对待集体：团结协作
    - 对待自己：为人师表(良好的道德修养)
  - 知识素养
    - 政治理论修养
    - 精深的学科专业知识(本体性知识,核心和基础)
      - 掌握学科基本知识和基本技能
      - 掌握学科基本理论和学科体系
      - 了解学科发展脉络
      - 了解学科领域的思维方式和方法论
    - 广博的科学文化知识
    - 必备的教育科学知识(条件性知识)：教育学、心理学及学科教学法(最为基本)
    - 丰富的实践知识：教师的个人特质和教育智慧
  - 能力素养
    - 语言表达能力
      - 准确、简练,具有科学性
      - 清晰、流畅,具有逻辑性
      - 生动、形象,具有启发性
      - 口头语言和肢体语言的巧妙结合
    - 组织管理能力
    - 组织教育和教学的能力
    - 自我调控和自我反思能力(较高的教育机智)
  - 职业心理健康
    - 高尚的师德
    - 愉悦的情感
    - 良好的人际关系
    - 健康的人格

> **知识拓展**
>
> **教师应具备的专业素养**
>
> (1)教师的学科专业素养。(2)教师的教育专业素养。①具有先进的教育理念;②具有良好的教育能力;③具有一定的研究能力。(3)教师的人格特征。(4)教师良好的职业道德素质。

知识点9　教师专业发展

1.教师专业发展的概念　【单选、多选、判断、填空、辨析】

(1)教师群体的专业发展:教师职业的专业化;

(2)教师个体的专业发展:由专业新手发展成为专家型教师或教育家型教师(教师专业发展的<u>核心及最终体现</u>)。

2.教师专业发展的内容　【单选、多选、判断】

内容
- ①专业理想的建立(巨大动力)
- ②专业态度和动机的完善(动力基础)
- ③专业知识的拓展与深化(立足根本)
  - 本体性知识
  - 条件性知识
  - 实践性知识
  - 一般文化知识
- ④专业能力的提高(教师综合素质<u>最突出的外在表现</u>,评价教师专业性的<u>核心因素</u>)
- ⑤教师的专业人格
- ⑥专业自我的形成

3.教师专业发展的阶段　【单选、多选、判断】

叶澜等人从"自我更新"取向角度对教师专业发展阶段进行了深入研究,将它按照先后顺序划分为以下五个阶段。

阶段	时限	主要特征
"非关注"阶段	正式教师教育之前	具备了一些"直觉式"的"前科学"知识以及与教师专业能力密切相关的一般能力
"虚拟关注"阶段	师范学习阶段（包括实习期）	对教育理论及教师技能进行学习和训练，有了对自我专业发展反思的萌芽
"生存关注"阶段（关键阶段）	新任教师阶段	关注"生存"技能，突出特点是"骤变与适应"
"任务关注"阶段	——	关注教学；由关注"我能行吗"转到关注"我怎样才能行"
"自我更新关注"阶段	——	有意识地自我规划，以谋求最大程度的自我发展；关注学生

4.教师专业发展的取向 【单选、多选、判断】

取向	主张	方式或方法
理智取向	向专家学习先进的"学科知识"和"教育知识"，以提高教育理性认识水平和教学技能	正规的培训
实践—反思取向	教师通过实践反思，发现教育教学意义，获得实践智慧	写日志、传记、构想、文献分析、教育叙事、教师访谈、参与性观察等
文化生态取向	教师专业发展不仅仅依靠个人努力，更大程度上依赖于"教学文化"或"教师文化"为其工作提供意义、支持和身份认同	通过学习团队建设进行协同教学、合作教研

5. 教师专业发展的途径 【单选、多选、判断、辨析、简答、案例】

途径	目的	方式或方法
师范教育（起始和奠基阶段）	初步形成教师职业所需要的知识与能力	专业准备与学习
入职培训	使新教师转变角色、适应环境	支持性措施和短期的系统培训
在职培训	适应教育改革与发展的需要，为在职教师提供继续教育	"理论学习、尝试实践、反省探究"三结合；业余进修；校本培训
自我教育（最直接、最普遍的途径）	促进教师专业化的自我建构	经常性的系统的自我反思、主动收集教改信息、研究教育教学中的各种关键事件、自学现代教育教学理论、积极感受教学的成功与失败等

此外，跨校合作、专家指导、政府教育部门和教研机构组织的各类专业培训和交流活动等也是教师专业发展的途径。

第二节　学　生

知识点1　学生的特点　【单选、多选、判断、填空】　"染于苍则苍，染于黄则黄"。

特点
- 学生是教育的对象(客体)：可塑性、依赖性、向师性
- 学生是自我教育和发展的主体
  - 表现
    - 自觉性(主动性)：最基本表现
    - 独立性(自主性)：进一步发展
    - 创造性：最高表现
  - 培养措施
    - ①建立民主而和谐的师生关系，重视学生自学能力的培养
    - ②重视培养学生主体参与课堂，让学生获得主体参与的体验
    - ③尊重学生的个性差异，对学生进行具有针对性的教育
- 学生是发展中的人
  - 学生具有和成人不同的身心发展特点
  - 学生具有发展的巨大潜在可能性
  - 学生具有发展的需要
  - 学生具有获得成人教育关怀的需要

知识点2　现代学生观(新课程倡导的学生观)　【单选、多选、判断、填空、简答、论述、案例】

1. **学生是发展中的人**，要用发展的观点认识学生
   - ①学生的身心发展是有规律的
   - ②学生具有巨大的发展潜能
   - ③学生是处于发展过程中的人
   - ④学生的发展是全面的发展

2. **学生是独特的人**
   - ①学生是完整的人
   - ②每个学生都有自身的独特性
   - ③学生与成人之间存在着巨大的差异

3. 学生是具有独立意义的人
  - ① 每个学生都是独立于教师的头脑之外，不以教师的意志为转移的客观存在
  - ② 学生是学习的主体
  - ③ 学生是责权主体

知识点3 学生的地位

1. 学生的社会地位 【单选、多选、填空】

社会地位：
- 世界：《儿童权利公约》
  - 儿童利益最佳原则
  - 尊重儿童尊严原则
  - 尊重儿童观点与意见原则
  - 无歧视原则

  "吴（无）尊最佳"。

  核心精神：维护青少年儿童的社会权利主体地位。

- 我国：相关法律法规及政策
  - 生存的权利
  - 受教育的权利
  - 受尊重的权利
  - 安全的权利

2. 学生在教育过程中的地位 【单选、判断】

在教育过程中，学生既是认识的客体，又是认识的主体，是主体与客体的统一体。

第三节 师生关系

知识点1 师生关系的内涵

1. 师生关系的概念及表现形式 【单选、多选、判断、填空、简答】

（1）概念

师生关系是教育活动过程中人与人关系中最基本、最重要的关系。

（2）表现形式

① 以年青一代成长为目标的社会关系；

②以直接促进学生发展为目标的教育关系；

③以维持和发展教育关系为目标的心理关系。

> **知识扩展**
>
> 师生关系表现形式的其他说法
>
> (1)社会关系；(2)教育关系(基本关系)；(3)心理关系；(4)伦理关系(最高层次)。

2.两种对立的观点 【单选、多选、判断、名词解释、简答】

两种对立的观点 { 教师中心论:赫尔巴特
儿童中心论(学生中心论):卢梭、杜威

知识点2　师生关系的内容 【单选、多选、判断、填空、论述】

(1)师生在教育内容的教学上结成授受关系。

(2)师生在人格上是平等的关系。

(3)师生在社会道德上是互相促进的关系。

知识点3　师生关系的作用 【单选、多选、不定项、判断、简答、论述】

(1)教育教学活动顺利进行的重要条件。

(2)衡量教师和学生学校生活质量的重要指标。

(3)一种重要的课程资源和校园文化。

> **知识扩展**
>
> 师生关系的作用的其他说法
>
> (1)良好的师生关系是教育教学活动顺利进行的保障；
>
> (2)良好的师生关系是构建和谐校园的基础；
>
> (3)良好的师生关系是实现教学相长的催化剂；
>
> (4)良好的师生关系能够满足学生的多种需要。

知识点4　师生关系的基本类型　【单选、多选、判断、案例】

类型	表现			心态和行为特征
	教师	学生	师生交往	
专制型	专断粗暴	唯命是从	师生关系紧张	命令、权威、疏远
放任型	任其发展	怀疑、失望；议论、轻视	师生关系冷漠	无序、随意、放纵
民主型	有商有量	积极性高	理想的师生关系类型	开放、平等、互助

知识点5　影响师生关系的因素　【单选、多选、判断、简答】

方面	影响因素
教师	教师对学生的态度
	教师的领导方式
	教师的智慧
	教师的人格因素
学生	学生对教师的认识
环境	学校的人际关系环境
	课堂的组织环境(教室的布置、座位的排列、学生的人数)

知识点6　良好师生关系建立的途径与方法　【单选、多选、不定项、判断、简答、论述、案例】

教师方面：(1)了解和研究学生；

(2)树立正确的学生观；

(3)提高教师自身的素质(影响师生关系的核心因素)；

(4)热爱、尊重学生，公平对待学生；

(5)发扬教育民主(现代师生伦理关系的核心要求)；

(6)主动与学生沟通，善于与学生交往；

(7)正确处理师生矛盾；

> 良好的师生关系首先取决于教师。

(8)提高法制意识,保护学生的合法权利;

(9)加强师德建设,纯化师生关系。

学生方面:(1)正确认识自己;

(2)正确认识教师。

环境方面:(1)加强校园文化建设;

(2)加强学风教育。

知识点7　我国新型师生关系(理想师生关系)的特点 【单选、多选、不定项、判断、填空、简答、论述】

特点
- 人际关系:尊师爱生
- 社会关系:民主平等(核心)
- 教育关系:教学相长 —— "学然后知不足,教然后知困""青出于蓝而胜于蓝"。
- 心理关系:心理相容

知识拓展

理想师生关系特点的其他说法

(1)尊师爱生,相互配合;

(2)民主平等,和谐亲密;

(3)共享共创,教学相长(师生关系的最高层次)。

要点回顾

1. 教师职业的"传道者""授业、解惑者""示范者"角色的表现。

2. 教师劳动的特点及其具体体现。

3. 教师的职业道德素养、知识素养、能力素养的具体内容。

4. 教师专业发展的内容、阶段、途径。

5. 学生的特点及其具体体现。

6. 现代学生观的三条内容及其含义。

7. 从教师角度建立良好师生关系的途径和方法。

8. 我国新型师生关系的特点。

第五章　课　程

思维导图

- **课程**
  - **课程概述**
    - ★ 类型
      - 学科课程、活动课程
      - 分科课程、综合课程
      - 必修课程、选修课程
      - 国家课程、地方课程、校本课程
      - 基础型课程、拓展型课程、研究型课程
      - 显性课程、隐性课程
    - ★ 主要理论流派
      - 经验主义课程理论
      - 学科中心课程理论
      - 社会中心课程理论
      - 存在主义课程理论
  - **课程目标**
    - 取向：普遍性、行为性、生成性、表现性
    - 三维课程目标
  - **课程内容**
    - ★ 表现形式
      - 课程计划
      - 课程标准
      - 教材
  - **课程结构**
    - 新课程结构
      - 小学以综合课程为主
      - 初中设置分科与综合相结合的课程
      - 高中以分科课程为主
  - **课程管理**
    - 三级课程管理：国家课程、地方课程、学校课程
    - 校本课程开发
      - 理念——"学生为本"，教师为主体等
  - **课程设计与实施**
    - 课程设计的模式：目标模式、过程模式
    - 课程实施的取向：忠实取向、相互调适取向、创生取向
  - **课程评价**
    - 模式：目标评价、目的游离评价、CIPP评价模式等
  - **课程资源**
    - 类型：校内VS校外、素材性VS条件性、显性VS隐性等

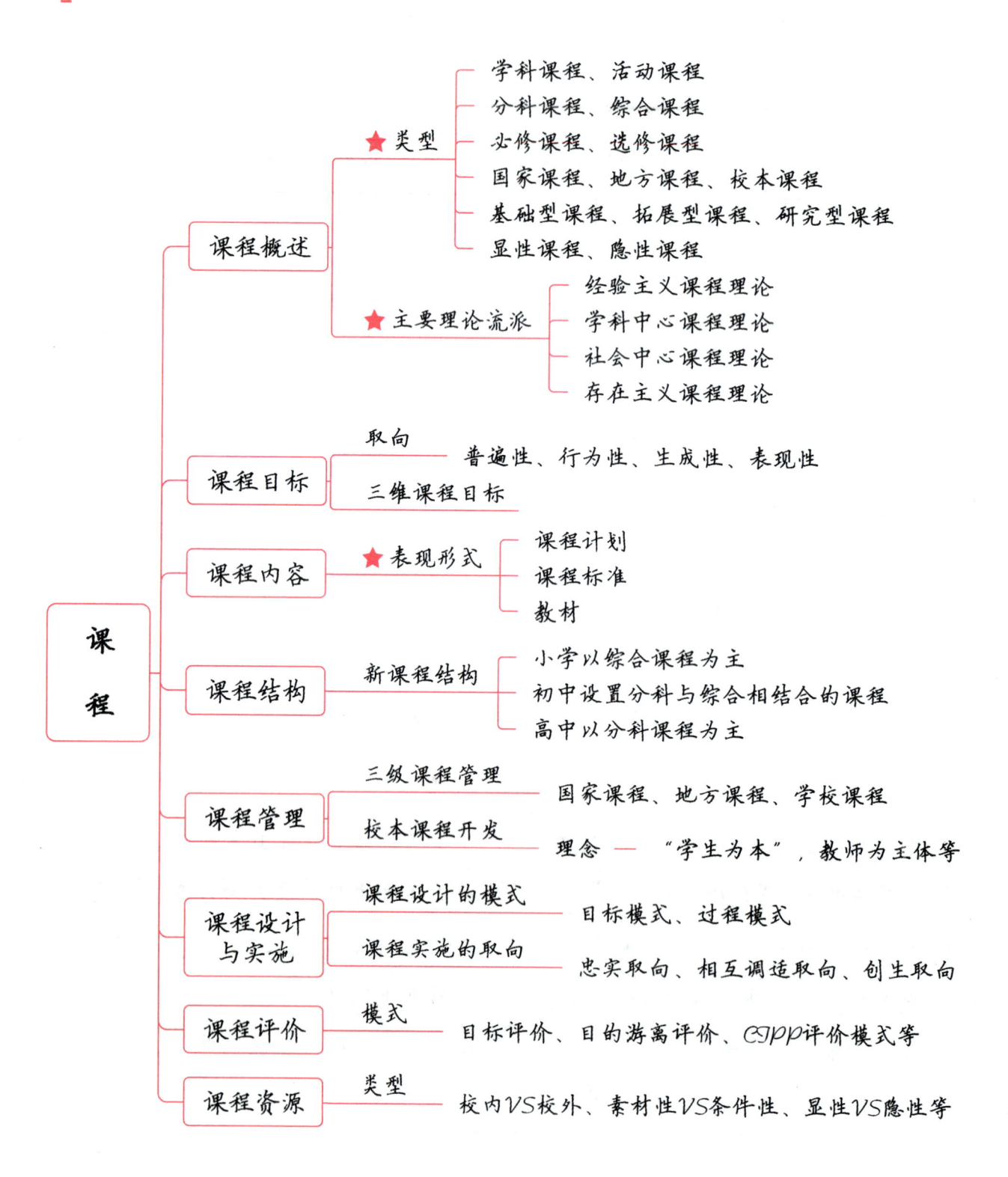

知识梳理

第一节 课程概述

知识点1 课程的内涵

1.课程的词源和概念 【单选、判断、填空】

(1)词源

①我国

<u>最早出现</u>的"课程"：唐朝孔颖达——《五经正义》——"维护课程，必君子监之，乃得依法制也"；

<u>现代意义上</u>的"课程"：宋朝朱熹——《朱子全书·论学》——"宽着期限，紧着课程"。

②西方

<u>最早出现</u>：英国斯宾塞——《什么知识最有价值》(最早把课程用于教育科学的专门术语)；

<u>作为专门研究领域诞生</u>：美国博比特——《课程》(第一本课程理论专著)。

(2)概念

课程是指学校学生所应学习的学科总和及其进程与安排，是学校教育的基础和核心。狭义的课程是指某一门学科。

2.课程的几种定义 【单选、判断、辨析】

观点	简介	一般特点	优(缺)点
课程是知识(学科或教学科目)	最普遍、最常识化的定义	学习者服从课程，在课程面前是接受者的角色	教师容易把握，但容易导致"见物不见人"的倾向

续表

观点	简介	一般特点	优(缺)点
课程是经验	课程是学生经历、理解和接受了的东西	课程往往是从学习者角度出发和设计的	有利于解决"教育中无儿童"的问题，但教师会感到迷茫
课程是活动	从活动的角度看待和解释课程	强调学习者是课程的主体以及作为主体的能动性	能够解决上述两种问题
课程即预期的学习结果(目标)	把重点从手段指向目的	所有教学活动为达到目标服务	可操作性强，但缺乏灵活性，不易照顾到变化了的教育环境及客观要求，且容易忽视非预期的学习结果

3.古德莱德关于课程的定义 【单选、多选】

类型	定义	点拨
理想的课程	由一些研究机构、学术团体和课程专家提出的应该开设的课程	理论层面
正式的课程	由教育行政部门规定的课程计划、课程标准和教材	课程表中的课程
领悟的课程（理解的课程）	任课教师所领会的课程	"师定课程"
运作的课程（实行的课程）	在课堂上实际实施的课程	实际层面
经验的课程	学生实际体验到的东西	"生定课程"

知识点2　课程类型　【单选、多选、判断、填空、名词解释、辨析、简答、论述】

依据	类型	内容	举例
课程内容的固有属性	学科课程	①概念要点：按学科知识的逻辑结构来选择和安排课程内容； ②主导价值：传承人类文明，使学生掌握、传递和发展人类积累下来的文化遗产； ③地位：最古老、使用范围最广泛； ④代表人物：夸美纽斯、赫尔巴特、斯宾塞	我国古代的"六艺"、古希腊的"七艺"、夸美纽斯的"泛智课程"等
	活动课程（经验课程）	①概念要点：以学生的主体性活动经验为中心； ②主导价值：使学生获得关于现实世界的直接经验和真切体验； ③代表人物：杜威、卢梭	手工课、"职业探索"课程、"社会实践"课程等
课程内容的组织方式	分科课程	①概念要点：分科设置； ②主导价值：使学生获得逻辑严密和条理清晰的文化知识	"语文""数学""英语"课程等
	综合课程	①概念要点：组合两门或两门以上学科领域； ②主导价值：使学生形成把握和解决问题的全面视野与方法； ③形式："相关课程""融合课程""广域课程""核心课程"	"生物学""道德与法治""科学"课程等

续表

依据	类型	内容	举例
课程设置的要求或对学生学习的要求或学生选课的自主性	必修课程	①概念要点:所有学生都必须学习; ②主导价值:培养和发展学生的共性	国家课程、地方课程
	选修课程	①概念要点:发展学生的兴趣、爱好和个性特长,学生自由选择; ②主导价值:培养和发展学生的个性	"中学生诗词选读""中国文化经典研读"等
课程设计、开发和管理主体	国家课程	①概念要点:由中央政府负责编制、实施和评价; ②主导价值:体现国家的教育意志; ③特点:权威性、多样性、强制性	综合实践活动课等
	地方课程	①概念要点:地方教育行政部门开发设计,突出地方特色与地方文化; ②主导价值:满足地方社会发展的现实需要	沿海城市在义务教育阶段全面开设的海洋教育知识课程
	校本课程（学校课程）	①概念要点:学校自主开发或选用; ②主导价值:展示学校的办学宗旨和特色,提升学校的办学水平,促进学生的个性发展; ③主要形式:选修课	学校自主开设的太极拳课程、戏剧课程
课程任务	基础型课程	注重培养学生的基础学力(三基:读、写、算)	"语文""数学""英语"课程等
	拓展型课程	注重拓展学生的知识和能力	文化素养课程、艺术团队活动、环境保护课程等

续表

依据	类型	内容	举例
课程任务	研究型课程	注重培养学生的探究态度和能力	科学小实验课程、编程课程等
课程的表现形式或影响学生的方式	显性课程（公开课程）	①概念要点：以直接的、明显的方式呈现； ②主要特点：计划性（与隐性课程相区分的主要标志）	学校教学计划中的各门学科，有目的、有组织的课外活动
	隐性课程（潜在课程、自发课程）	①概念要点：以间接的、内隐的方式呈现； ②最早提出：杰克逊，《班级生活》； ③表现形式：观念性、物质性、制度性、心理性隐性课程	合理安排教室座位、布置优美的教室环境

学霸点睛

隐性课程的表现形式的具体内容如下：

表现形式	具体内容
观念性隐性课程	校风、学风、教育理念、价值观、知识观、教学风格、教学指导思想等
物质性隐性课程	学校建筑、教室的设置、校园环境等
制度性隐性课程	学校管理体制、学校组织机构、班级管理方式、班级运行方式
心理性隐性课程	学校人际关系状况，师生特有的心态、行为方式等

知识点3　制约课程的因素　【单选、多选、填空、简答】

(1)社会需求；(2)学科知识水平；(3)学习者身心发展的需求。此外，课程理论也是制约课程的因素。

知识点4　主要课程理论流派　【单选、多选、判断、填空、简答】

派别		代表人物	主要观点
经验主义课程理论（学生中心、儿童中心、活动课程理论）		杜威	以儿童的活动为中心，课程的组织心理学化
学科中心课程理论	结构主义课程理论	布鲁纳	以学科结构为课程中心，螺旋式编制课程
	要素主义课程理论	巴格莱	课程的内容应该是人类文化的"共同要素"，学科课程是向学生提供经验的最佳方法
	永恒主义课程理论	赫钦斯	"永恒学科"是课程的核心，其价值高于实用学科的价值
社会中心课程理论（社会改造主义课程理论）		布拉梅尔德	课程不应该帮助学生去适应社会，而是要建立一种新的社会秩序和社会文化
存在主义课程理论		奈勒	课程最终要由学生的需要来决定；把教材看作自我发展和自我实现的手段
后现代主义课程理论		多尔	"4R"：丰富性、循环性、关联性、严密性(最重要)

第二节　课程目标

知识点1　课程目标的内涵

1. 课程目标的概念　【单选、判断】

课程目标是确定课程内容、教学目标和教学方法的基础,是整个课程编制过程中最为关键的准则。

2. 课程目标的体系　【单选、判断】

构成	内涵	行为动词	应用领域
结果性目标	明确告诉人们学生的学习结果是什么	具体明确、可观测、可量化	"知识"
体验性目标	描述学生自己的心理感受、情绪体验应达成的目标	历时性、过程性	"过程"
表现性目标	安排学生各种各样的个性化的发展机会和发展程度	与学生表现什么有关或结果是开放性的	"制作"

3. 课程目标的特征　【单选、判断】

(1)整体性:相互关联,彼此不孤立。

(2)阶段性:多层次、全方位,如小学、初中、高中课程目标。

(3)持续性:高年级课程目标是低年级课程目标的延续和深化。

(4)层次性:课程目标可以逐步分解为总目标和从属目标。

(5)递进性:低年级课程目标是高年级课程目标的基础。

(6)时间性:随着时间的推移会有相应的调整。

知识点2　课程目标的取向　【单选、多选、判断】

取向	特点	适用范围	举例
普遍性目标取向	对课程有较大影响的教育宗旨或教育目的	所有教育实践	《大学》："格物、致知、诚意、正心、修身、齐家、治国、平天下"；柏拉图："有德性的生活"；亚里士多德："幸福"
行为性目标取向	期待的学生的学习结果	以训练知识、技能为主的课程	默写生字词，背诵课文，应用计算公式
生成性目标取向	强调目标的适应性、生成性	教学过程中	教师根据课堂实际提出新的课程目标
表现性目标取向（艾斯纳提出）	关注学生的创造精神、批判思维	以学生活动为主的课程	解释《失乐园》的意义；审视与欣赏《老人与海》的重要意义；通过使用铁丝与木头发展三维形式；参观动物园并讨论那里有趣的事情

知识点3　确定课程目标的依据　【单选、多选、判断】

(1)学习者的需要(对学生的研究)；

(2)当代社会生活的需求(对社会的研究)；

(3)学科知识及其发展(对学科的研究)。

知识点4　三维课程目标　【单选、多选、判断、填空、简答】

目标	地位	侧重点
知识与技能	基础性目标	基础知识和基本技能的获得
过程与方法	关键性目标	让学生"学会学习"

续表

目标	地位	侧重点
情感态度与价值观	终极性目标	激发情感共鸣，引起积极的态度体验，形成正确的价值观

2022年修订的义务教育课程方案和课程标准要求从核心素养视角对课程总目标及学段目标进行表述。

第三节 课程内容

知识点1 课程内容的表现形式【单选、多选、判断、填空、名词解释、辨析、简答、论述】

课程计划、课程标准、教材是课程文本的一般表现形式，也是我国中小学课程的主要组成部分。

1. 课程计划

概念要点	有关学校教育和教学工作的指导性文件
基本内容	教学科目的设置（课程设置）、学科顺序（课程开设顺序）、课时分配（教学时数）、学年编制和学周安排
中心和首要问题	开设哪些科目（课程设置）
义务教育阶段的特征	强制性、普遍性、基础性

2. 课程标准

概念要点	以纲要形式编写的、有关学科教学内容的指导性文件
地位	编写教科书和教师进行教学的直接依据；衡量各科教学质量的重要标准

续表

结构	《义务教育课程标准(2011年版)》	前言(或说明)——指导思想 课程目标、课程内容标准、课程实施建议——主体部分 附录(如术语解释)
	《义务教育课程标准(2022年版)》	课程性质、课程理念、课程目标、课程内容、学业质量、课程实施和附录
功能	《基础教育课程改革纲要(试行)》	教材编写、教学、评估和考试命题的依据,国家管理和评价课程的基础
	《义务教育课程方案(2022年版)》	教材编写、教学、考试评价以及课程实施管理的直接依据
设计原则	①关注对象:学生; ②涉及范围:学生综合发展领域; ③要求:所有学生基本要达到的要求; ④目的:促进学生更好地发展; ⑤隐含信息:教师是"用教科书教,而不是教教科书"	

3.教材

概念要点	根据学科课程标准编制的、系统反映学科内容的教学用书
类型	印刷品:教科书、教学指导用书、补充读物、图表等
	音像制品:幻灯片、电影片、录音带、录像带、磁盘、光盘等
主体	说法一:教科书是教材的主体
	说法二:教科书和讲义是教材的主体

知识拓展

教科书的结构和作用

教科书一般由目录、课文、习题、实验、图表、注释、附录等部分构成。课文是教科书的主体部分。教科书的作用如下:

(1)教科书是学生在学校获得系统知识、进行学习的主要材料。

(2)教科书也是教师进行教学的主要依据。

(3)根据教学计划对本学科的要求,分析本学科的教学目标、内容范围和教学任务。

(4)根据本学科在整个学校课程中的地位,研究本学科与其他学科的关系。

学霸点睛

课程计划与课程标准的区别在于:课程计划一般是宏观上的指导,课程标准一般是对某一具体学科的指导。

从课程计划到课程标准再到教材,是一个逐渐具体化的过程。

知识点2 课程内容的组织

1.课程内容的组织原则 【单选、判断、简答】

(1)连续性:直线式陈述,在不同学习阶段重复出现。

(2)顺序性:垂直组织,由浅入深,由简单到复杂。

(3)整合性:水平组织,建立横向联系。

2.课程内容的组织形式 【单选、多选、不定项、判断】

(1)直线式与螺旋式

组织形式	内涵	适用范围
直线式	课程内容直线推进,不重复排列	理论性相对较低的学科知识、操作性较强的内容

续表

组织形式	内涵	适用范围
螺旋式（更高级）	课程内容重复出现、螺旋上升	理论性较强、不易理解和掌握的内容；低年级儿童

(2) 纵向组织与横向组织

组织形式	内涵	侧重点
纵向组织	按照学科知识的逻辑序列，从已知到未知、从简到繁、从具体到抽象	课程内容的独立体系和知识的深度
横向组织	以学生发展阶段需要探索的、社会和个人最为关心的问题为依据来组织编写	课程内容的综合性和知识的广度

(3) 逻辑顺序与心理顺序

组织形式	内涵
逻辑顺序	根据学科本身的体系和知识的内在联系来组织
心理顺序	按照学生心理发展的特点来组织

第四节 课程结构

知识点1 课程结构的概念和结构

1. 课程结构的概念 【判断】

课程结构指课程各部分的组织和配合。

2. 课程的横向结构和纵向结构 【单选、判断】

结构 { 横向结构(课程范围)
       纵向结构(课程序列) { ①直线型课程：内容由浅到深、由易到难
                          ②螺旋式课程：相邻的安排大体相同，深度、广度不同，体现巩固性原则 }

知识点2　新课程结构的内容（新一轮基础教育课程体系的设计构想）【单选、多选、判断、填空、简答】

1. 整体设置九年一贯的义务教育课程：小学阶段以综合课程为主；初中阶段设置分科与综合相结合的课程。

2. 高中以分科课程为主。

3. 从小学至高中设置综合实践活动课程并作为必修课程。

4. 农村中学课程要为当地社会经济发展服务。

第五节　课程管理

知识点1　新课程的管理政策【单选、多选、判断、填空】

2001年颁布的《基础教育课程改革纲要（试行）》明确规定实行国家、地方和学校三级课程管理体制（进一步增强课程对地方、学校及学生的适应性）。

知识点2　三级课程管理【单选、多选、不定项、判断、填空、名词解释、辨析】

类型	实施主体	宗旨	体现
国家课程	中央教育行政机构	体现国家对教育的基本要求	①教育部总体规划基础教育课程；②制定课程管理的各项政策；③制定基础教育课程标准；④积极试行新的课程评价制度
地方课程	省级教育行政部门	补充、丰富国家课程，满足地区差异	①贯彻国家课程政策，制订课程实施计划；②组织课程的实施与评价；③加强课程资源的开发和管理

续表

类型	实施主体	宗旨	体现
学校课程 (校本课程)	各级各类学校	突出学校办学特色,满足学生个性发展	①制定课程实施方案; ②重建教学管理制度; ③管理和开发课程资源; ④改进课程评价

知识点3 校本课程开发

1. 校本课程开发的理念 【单选、多选、不定项、判断、辨析】

(1)"学生为本"的课程理念。

(2)"决策分享"的民主理念。

(3)校本课程开发的主体是教师而不是专家。

(4)"全员参与"的合作精神。

(5)校本课程开发的基础:善于利用现场课程资源。

(6)个性化是校本课程开发的价值追求。

(7)校本课程开发的性质:国家课程的补充。

(8)校本课程开发的运作:同一目标的追求。

> **学霸点睛**
>
> 校本课程是我国三级课程管理体系的重要组成部分,可在一定范围内补充国家课程的不足,但这并不意味着校本课程和国家课程在地位上具有从属性,相反,它与国家课程具有平等的地位和作用。

2. 校本课程开发的类型 【单选、简答】

(1)课程选择;(2)课程改编;(3)课程整合;(4)课程补充;(5)课程拓展;(6)课程新编。

3.校本课程开发的程序 【简答】

(1)建立组织;(2)现状分析;(3)制定目标;(4)课程编制;(5)课程实施;(6)课程评价与修订。

第六节 课程设计与实施

知识点1 课程设计

1.课程设计的概念 【单选】

课程设计是有目的、有计划地产生课程计划、课程标准以及教科书等的系统化活动,是将课程理念转化为课程实践活动的"桥梁"。

2.课程设计的主要模式 【单选、多选、判断、简答】

模式	代表人物	主要内容
目标模式	泰勒("现代课程理论之父")	①以目标为课程开发的基础和核心; ②《课程与教学的基本原理》("现代课程理论的圣经"); ③关于课程编制的四个问题(泰勒原理): 学校应当追求哪些目标?(目标) 怎样选择和形成学习经验?(内容) 怎样有效地组织学习经验?(方法) 如何确定这些目标正在得以实现?(评价)
过程模式	斯腾豪斯	①针对目标模式过分强调预期行为结果的缺陷而提出; ②课程的开发是一个连续不断的研究过程,并贯穿着对整个过程的评价和修正

知识点2 课程实施

1.课程实施的概念 【单选、判断】

课程实施是将已经编定好的课程付诸实践的过程,是达到预期课程目标的基本途径,是课程改革的 核心环节。

2. 课程实施的三种取向 【单选、多选、判断】

三种取向
- 忠实取向:忠实地执行课程计划
- 相互调适取向:课程实施中与实际相互调整、改变与适应
- 创生取向:师生共同创生新的教育经验

> **学霸点睛**
>
> 课程实施的三种取向中,忠实取向重在"不变",相互调适取向重在"可变",创生取向重在"创新",做题时可根据题干中的关键词进行判断。

3. 有效实施课程的条件 【单选、多选】

条件
- 课程计划本身的特点:合理性、和谐性、明确性、简约性、可传播性、可操作性
- 学区的特征
- 学校的特征
  - ①校长的作用
  - ②教师的影响(决定性力量,核心)
- 校外环境

> **知识扩展**
>
> 安排课程表应遵循的原则
>
> (1)整体性原则:从全局着眼,发挥最佳效果;
>
> (2)迁移性原则:使各门课程之间产生正迁移;
>
> (3)生理适宜原则:使学生的大脑功能和体能处于高度优化状态。

第七节 课程评价

知识点1 课程评价的概念 【单选、判断】

(1)内容:对课程本身的评价和对学生学业的评价;

(2)目的:改进课程和改进教学;

(3)地位:课程设计与实施的终点,课程设计与实施继续向前发展的起点。

知识点2 课程评价的主要模式 【单选、多选、判断、填空】

主要模式	提出者	观点/步骤
目标评价模式	泰勒 ("课程评价之父")	以目标为中心展开,确定目标最为关键
目的游离评价模式	斯克里文	把评价的重点从"课程计划预期的结果"转向"课程计划实际的结果"
CIPP评价模式	斯塔弗尔比姆	背景评价—输入评价—过程评价—成果评价
CSE评价模式	美国加利福尼亚大学洛杉矶分校评价研究中心	需要评定—方案计划—形成性评价—总结性评价

知识点3 当前课程评价发展的基本特征 【单选、多选、判断、简答】

(1)重视发展,淡化甄别与选拔,实现评价功能的转变。

(2)重综合评价,关注个体差异,实现评价指标的多元化。

(3)强调质性评价,定性与定量相结合,实现评价方法的多样化。

(4)强调参与与互动、自评与他评相结合,实现评价主体的多元化。

(5)注重过程,终结性评价与形成性评价相结合,实现评价重心的转移。

第八节　课程资源

知识点1　课程资源的概念 【单选、判断、填空】

课程资源包括教材、教师、学生、家长以及学校、家庭和社区中所有有利于实现课程目标，促进教师专业成长和学生个性的全面发展的各种资源。教材是课程资源的核心和主要组成部分。

知识点2　课程资源的类型 【单选、多选、不定项、判断】

分类依据	类型	特点	举例
空间分布	校内课程资源	学校范围之内	教材、教师等
	校外课程资源	超出学校范围	校外图书馆、科技馆、博物馆、网络资源、乡土资源等
功能特点	素材性课程资源	直接作用于课程并成为课程的要素	知识、技能、经验、活动方式与方法、情感态度与价值观等
	条件性课程资源	作用于课程却并不是形成课程本身的直接来源	人力、物力和财力，以及时间、场地、媒体、设备、设施和环境等
存在方式	显性课程资源	看得见、摸得着，可以直接作用于教育教学	教材、计算机网络、自然和社会中的事物、活动等
	隐性课程资源	作用方式具有间接性和隐蔽性	学校的风气，社会风气，家庭氛围，师生关系，教师或学生的经验、感受、困惑、意见等

续表

分类依据	类型	特点	举例
性质	自然课程资源	突出"天然性"和"自发性"	用于生物课程的动植物、微生物;用于地理课程的地形、地貌和地势等
	社会课程资源	突出"人工性"和"自觉性"	保存和展示人类文明成果的公共设施,如图书馆、博物馆、展览馆等

知识点3　开发和利用课程资源的原则和理念

1. 开发和利用课程资源的原则　【单选、多选、判断】

原则
- 共享性原则:共享有形的和无形的资源
- 经济性原则:开支、时间、空间、学习的经济性
- 实效性原则:精选对学生终身发展具有决定意义的课程资源
- 因地制宜原则:从实际出发,发挥地域优势

2. 开发和利用课程资源的理念　【单选、判断、简答、论述】

理念
- 课程标准和教科书等是 基本而特殊 的课程资源
- 教师是 最重要 的课程资源
- 学生既是课程资源的消费者,又是课程资源的开发者
- 教学过程是师生运用课程资源共同建构知识和人生的过程

要点回顾

1. 课程的分类及各类型课程的主要内容。

2. 主要课程理论流派的代表人物、主要观点。

3. 课程目标的四种取向的特点及适用范围。

4. 课程计划、课程标准的概念及区分。

5. 课程计划的中心和首要问题。

6. 课程标准的地位、结构及功能。

7. 新课程在小学、初中、高中阶段的课程设置。

8. 国家课程、地方课程、学校课程的实施主体及宗旨。

9. 校本课程开发的理念。

10. 目标模式的主要内容。

11. 课程实施的忠实取向、相互调适取向、创生取向的区分。

12. 目标评价模式、目的游离评价模式的观点。

第六章 教学

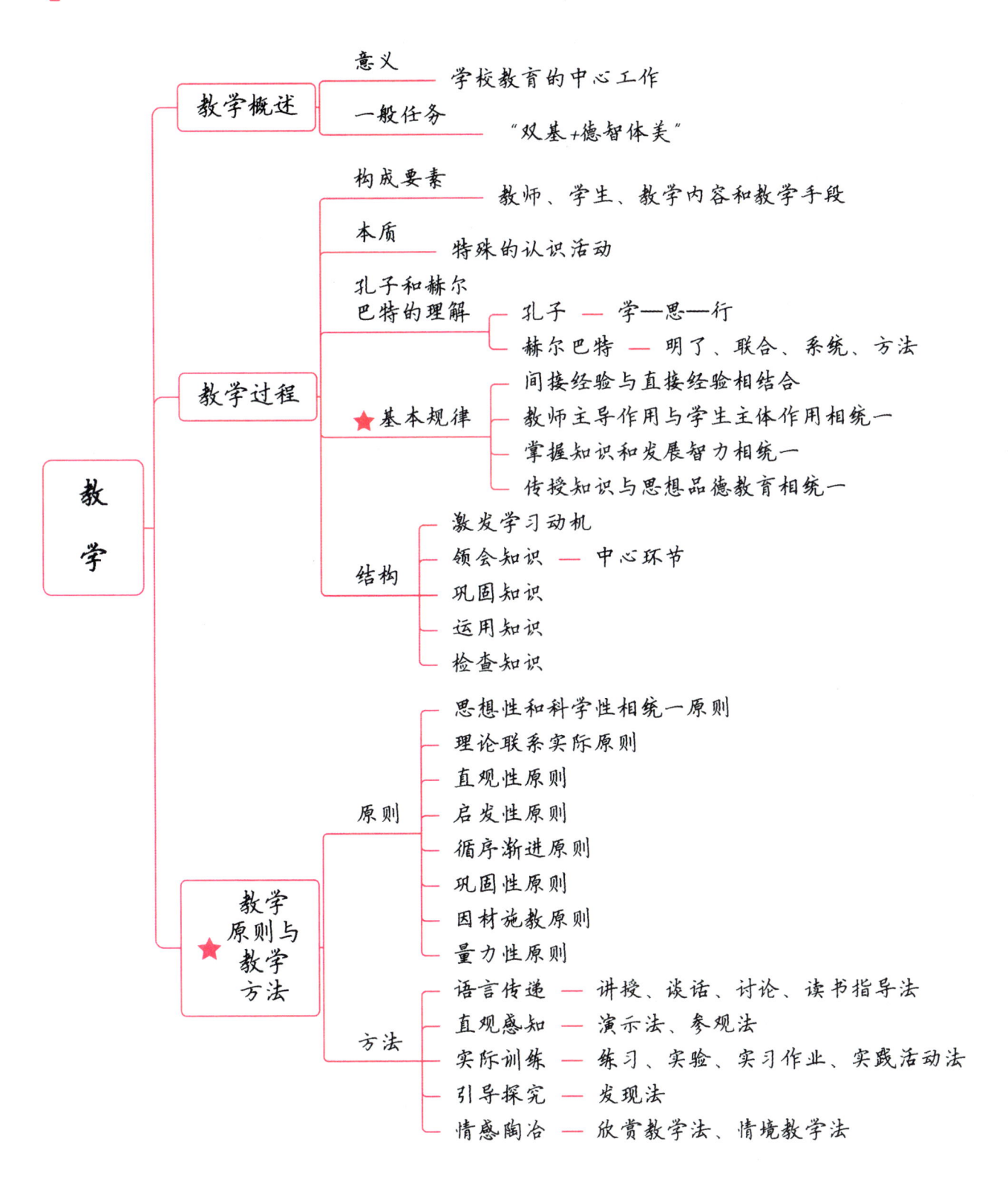

思维导图

- 教学
  - 教学概述
    - 意义 —— 学校教育的中心工作
    - 一般任务 —— "双基+德智体美"
  - 教学过程
    - 构成要素 —— 教师、学生、教学内容和教学手段
    - 本质 —— 特殊的认识活动
    - 孔子和赫尔巴特的理解
      - 孔子 —— 学—思—行
      - 赫尔巴特 —— 明了、联合、系统、方法
    - ★基本规律
      - 间接经验与直接经验相结合
      - 教师主导作用与学生主体作用相统一
      - 掌握知识和发展智力相统一
      - 传授知识与思想品德教育相统一
    - 结构
      - 激发学习动机
      - 领会知识 —— 中心环节
      - 巩固知识
      - 运用知识
      - 检查知识
  - ★教学原则与教学方法
    - 原则
      - 思想性和科学性相统一原则
      - 理论联系实际原则
      - 直观性原则
      - 启发性原则
      - 循序渐进原则
      - 巩固性原则
      - 因材施教原则
      - 量力性原则
    - 方法
      - 语言传递 —— 讲授、谈话、讨论、读书指导法
      - 直观感知 —— 演示法、参观法
      - 实际训练 —— 练习、实验、实习作业、实践活动法
      - 引导探究 —— 发现法
      - 情感陶冶 —— 欣赏教学法、情境教学法

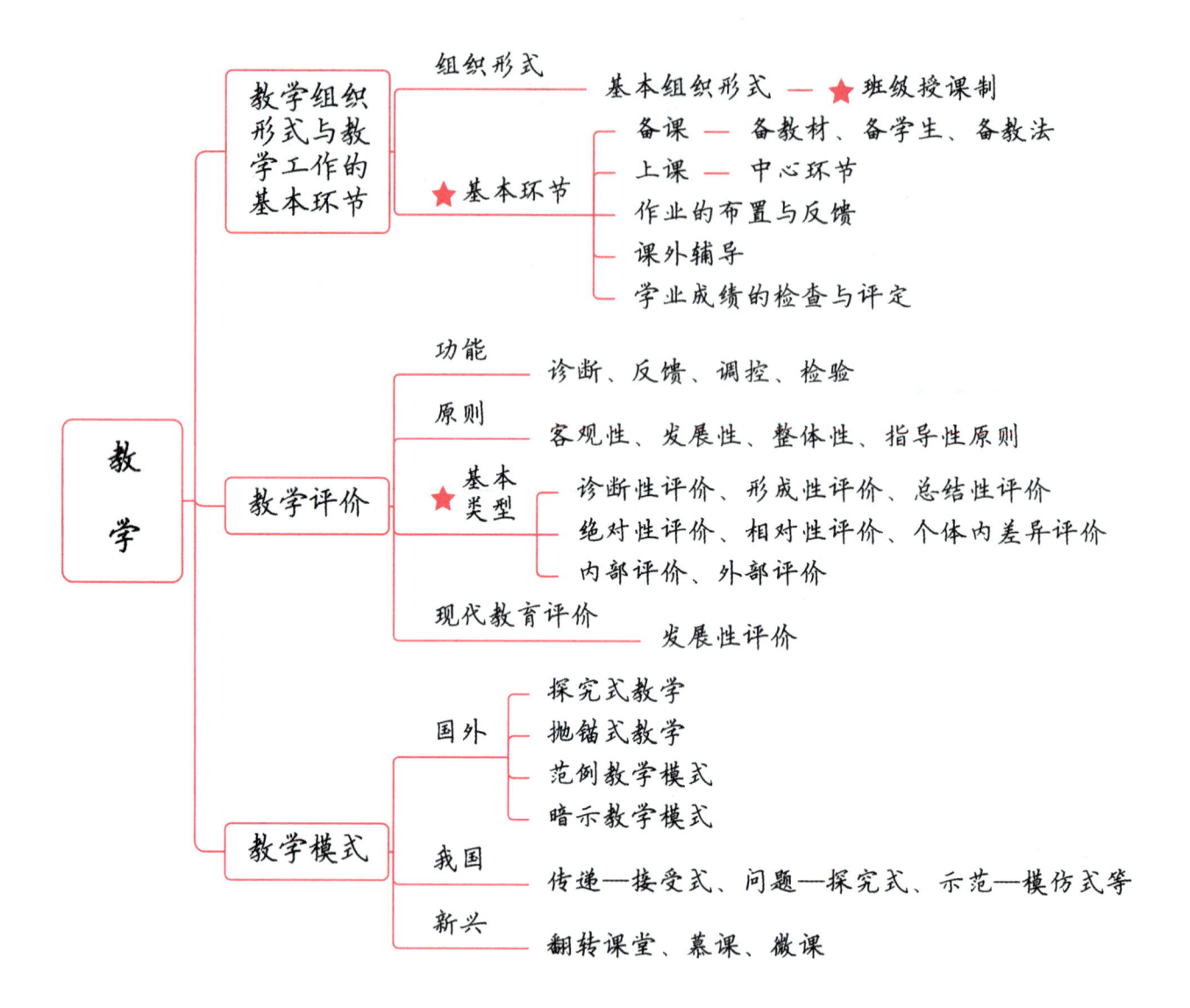

```
                                          ┌─ 组织形式 ──── 基本组织形式 ── ★ 班级授课制
              ┌─ 教学组织形式与   │           ┌─ 备课 ── 备教材、备学生、备教法
              │   教学工作的     │           ├─ 上课 ── 中心环节
              │   基本环节      └─ ★ 基本环节 ├─ 作业的布置与反馈
              │                              ├─ 课外辅导
              │                              └─ 学业成绩的检查与评定
              │
              │           ┌─ 功能 ──── 诊断、反馈、调控、检验
              │           ├─ 原则 ──── 客观性、发展性、整体性、指导性原则
   教学 ──────┼─ 教学评价 ├─ ★ 基本类型 ┌─ 诊断性评价、形成性评价、总结性评价
              │           │             ├─ 绝对性评价、相对性评价、个体内差异评价
              │           │             └─ 内部评价、外部评价
              │           └─ 现代教育评价 ── 发展性评价
              │
              │           ┌─ 国外 ┌─ 探究式教学
              │           │       ├─ 抛锚式教学
              └─ 教学模式 │       ├─ 范例教学模式
                          │       └─ 暗示教学模式
                          ├─ 我国 ── 传递—接受式、问题—探究式、示范—模仿式等
                          └─ 新兴 ── 翻转课堂、慕课、微课
```

知识梳理

第一节　教学概述

知识点1　教学的概念 【单选】

教学是在一定教育目的规范下,**教师的教**和**学生的学**共同组成的传递和掌握社会经验的双边活动。它以培养全面发展的人为根本目的。

知识点2　教学与教育、智育、上课、自学的关系 【单选、多选、不定项、判断、辨析、简答】

关系
- 教学与教育：部分与整体
- 教学与智育：复杂的<u>交叉关系</u> → 作为教育任务的智育 / 作为教育途径的教学
- 教学与上课：上课是实施教学的一种方式
- 教学与自学：教学包括教师指导下的自学，不包括学生自主进行的自学

知识点3　教学的意义 【单选、多选、判断、填空、简答】

教学是贯彻教育方针，实施全面发展教育，实现教育目的的基本途径。具体如下：

(1)传播系统知识、促进学生发展的最有效的形式，社会经验的再生产、适应并促进社会发展的有力手段。

(2)进行全面发展教育、实现培养目标的基本途径，培养学生个性全面发展的重要环节。

(3)<u>学校教育的中心工作</u>，必须坚持以教学为主(教学的地位)。

学校工作应当坚持"教学为主，全面安排"的原则。

知识点4　教学的一般任务 【单选、多选、判断、辨析、简答】

(1)引导学生掌握科学文化基础知识和基本技能(<u>首要任务、基础</u>)。

(2)发展学生智能，特别是培养学生的创新精神和实践能力。

(3)发展学生体能，提高学生身心健康水平。　　　　→ 双基+德智体美。

(4)培养学生高尚的审美情趣和审美能力。

(5)培养学生具备良好的道德品质和个性心理特征，形成科学的世界观。

第二节　教学过程

知识点1　教学过程的构成要素 【单选、多选、判断、填空】

一般认为，<u>教师、学生、教学内容和教学手段</u>是构成教学过程的基本要素。四者关系如下：

教师 ←——教学内容、教学手段——→ 学生
(主导)　　　　(中介)　　　　(主体)

知识点2　教学过程的本质　【单选、多选、判断、简答】

教学活动就其本质而言,是一种特殊的认识活动。

1. 教学过程主要是一种认识过程

教学过程的主要矛盾是学生与其所学知识之间的矛盾（教师提出的教学任务与学生完成这些任务的需要、实际水平之间的矛盾）。

2. 教学过程是一种特殊的认识过程
   ① 认识对象的间接性与概括性
   ② 认识方式的简捷性与高效性
   ③ 教师的引导性、指导性与传授性（有领导的认识）
   ④ 认识的交往性与实践性
   ⑤ 认识的教育性与发展性

3. 教学过程以认识活动为基础,是促进学生身心发展的过程

知识点3　历史上对教学过程的各种理解　【单选、多选、判断】

人物（学派）	对教学过程的理解
孔子	"学—思—行"（也有说法认为是"学—思—习—行"）的统一过程
思孟学派	"博学之,审问之,慎思之,明辨之,笃行之"（《礼记·中庸》）
昆体良	"模仿、理论、练习"三个循序递进的学习过程
夸美纽斯	把教学建立在感觉活动的基础之上
赫尔巴特	"明了、联合、系统、方法"的四阶段论（标志着教学过程理论的形成）
杜威	教学过程是"从做中学"的过程
凯洛夫	特殊的认识过程,包含感知、理解、巩固、运用四个教学阶段

当代国外教学过程理论主要有:加涅的信息加工理论、布鲁纳的结构教学理

论、赞科夫的教学与发展理论、巴班斯基的教学过程最优化理论、斯金纳的程序教学论。

知识点4 教学过程的基本规律（基本特点）【单选、多选、判断、填空、辨析、简答、论述、案例】

教师间接教育学生发展。

规律	内容	示例
间接经验与直接经验相结合（间接性规律）	以**间接经验为主**是教学活动的主要特点	"读万卷书，行万里路"
	学生学习间接经验要以**直接经验为基础**	
	贯彻两种经验相结合的规律，要防止两种倾向（只重间接经验或只重直接经验）	
教师主导作用与学生主体作用相统一（双边性规律）	充分发挥教师的主导作用	"师傅领进门，修行在个人"
	充分发挥学生主体参与教学的能动性	
	坚持二者的辩证统一关系	
	贯彻双边性规律，要防止两种倾向（教师中心论、学生中心论）	
掌握知识和发展智力相统一（发展性规律）	区别：知识是认识，智力是能力，二者不同步	"授人以鱼，不如授人以渔"
	联系：掌握知识是发展智力的基础，发展智力是掌握知识的重要条件	
	使知识的掌握促进智力的发展是有条件的	
	贯彻发展性规律，要防止两种倾向（形式教育论、实质教育论）	
传授知识与思想品德教育相统一（教育性规律）	知识是思想品德形成的基础	"我不承认有任何无教育的教学"
	思想品德修养水平的提高是学生学习的动力	
	贯彻教育性规律，要防止两种倾向：脱离知识进行思想品德教育；只强调知识，忽视思想品德教育	

知识拓展

形式教育论与实质教育论

理论	代表人物	主要观点
形式教育论	洛克、裴斯泰洛齐	重视**智力**发展，忽视知识传授
实质教育论	斯宾塞、赫尔巴特	重视**知识**传授，忽视能力培养

知识点5 教学过程的结构（基本阶段）【单选、多选、判断、简答、案例】

结构
- 激发学习动机：学习动机是推动学生学习的一种内部动力
- 领会知识：**中心环节**，包括使学生感知和理解教材
- 巩固知识：必要环节
- 运用知识：学以致用
- 检查知识：查漏补缺

急(激)领老公(巩)孕(运)检。

学霸点睛

近现代教育史上，学生掌握知识阶段的学说主要有两种模式：一种是以师生授受知识为特征的传授/接受教学；另一种是以学生主动探取知识为特征的问题/探究教学。上文的划分与传授/接受教学模式下学生获取知识的基本阶段基本上是一致的。在这一基本阶段中，关于教学过程的中心环节，有的说是领会知识，有的说是理解教材。这两种说法在本质上是一致的。

问题/探究教学中，学生获取知识的基本阶段包括：(1)明确问题；(2)深入探究；(3)做出结论。

第三节　教学原则与教学方法

知识点1　教学原则　【单选、多选、不定项、判断、填空、简答、论述、案例】

冯巩找因量,寻(循)思理直发。

教学原则	概念要点	贯彻要求	举例
思想性（教育性）和科学性相统一的原则	教书+育人	①教师要保证教学的科学性； ②教师要结合教学内容的特点进行思想品德教育； ③教师要通过教学活动的各个环节对学生进行思想品德教育； ④教师要不断提高自己的业务能力和思想水平	赫尔巴特的教育性教学原则
理论联系实际原则	间接经验+直接经验	①重视书本知识的教学，在传授知识的过程中注重联系实际； ②重视引导和培养学生运用知识的能力； ③加强教学的实践性环节，逐步培养与形成学生综合运用知识的能力，进行"第三次学习"； ④正确处理知识教学与能力训练的关系； ⑤补充必要的乡土教材	①"读万卷书，行万里路"； ②"纸上得来终觉浅，绝知此事要躬行"

续表

教学原则	概念要点	贯彻要求	举例
直观性原则	直接感知、直接经验	①正确选择直观教具和教学手段；②将直观教具的演示与语言讲解结合起来；③重视运用言语直观	荀子："不闻不若闻之，闻之不若见之"
启发性原则	教师主导+学生主体	①加强学习的目的性教育，调动学生学习的主动性；②设置问题情境，启发学生独立思考，培养学生良好的思维方法和思维能力；③让学生动手，培养学生独立解决问题的能力，鼓励学生将知识创造性地运用于实际；④发扬教学民主	①苏格拉底："产婆术"；②孔子："不愤不启，不悱不发"；③《学记》："道而弗牵，强而弗抑，开而弗达"；④第斯多惠："一个坏的教师奉送真理，一个好的教师则教人发现真理"
循序渐进原则（系统性原则）	科学知识内在逻辑+学生认知发展规律	①教师的教学要有系统性；②抓主要矛盾，解决好重点与难点；③教师要引导学生将知识体系化、系统化；④按照学生的认识顺序，由浅入深、由易到难、由简到繁地进行教学	《学记》："学不躐等""不陵节而施""杂施而不孙，则坏乱而不修"

续表

教学原则	概念要点	贯彻要求	举例
巩固性原则	理解+掌握	①要在教学的全过程中加强知识的巩固；②组织好学生的复习工作，教会学生记忆的方法；③通过扩充、改组和运用知识的过程来巩固知识	孔子："学而时习之""温故而知新"
因材施教原则	从学生实际出发	①要坚持课程计划和学科课程标准的统一要求；②教师要了解学生，从实际出发进行教学；③教师要善于发现每个学生的兴趣、爱好，并创造条件，尽可能使每个学生的不同特长都得以发挥	①《论语》："视其所以、观其所由、察其所安"；②朱熹："圣贤施教，各因其材"
量力性原则（可接受性原则、发展性原则）	教学内容、方法、分量和进度要适合学生	①了解学生的发展水平，从实际出发进行教学；②考虑学生认识发展的时代特点	墨子："夫智者必量其力所能至而从事焉"

学霸点睛

考生易混淆直观性原则和理论联系实际原则，需注意：直观性原则通常需要借助感官，使学生能够通过获取直接经验和感性认识来理解抽象概念；而理论联系实际原则更多地借助学生的生活经验来理解和掌握知识，并且能够学以致用。

知识点2 教学方法

1. 两种对立的教学方法指导思想 【单选、判断、填空、辨析】

教学方法指导思想≠教学方法

依据指导思想的不同,各种教学方法可归并为两大类:注入式和启发式。提倡启发式,反对注入式,是当代运用教学方法的指导思想。

> **学霸点睛**
>
> 讲授法不等同于注入式教学。衡量一种教学方法是否具有启发性,关键是看教师能否促进学生积极主动地去学习,而不是单从形式上去加以判断。

2. 常用的教学方法 【单选、多选、判断、填空、名词解释、辨析、简答、论述、案例】

类型	方法	概念要点
以语言传递为主	讲授法	教师运用口头语言系统连贯地向学生传授知识、技能;四种形式:讲述、讲解、讲读和讲演
	谈话法（问答法）	教师向学生提出问题,通过问答、对话的形式来引导学生
	讨论法	学生在教师指导下围绕某一中心问题发表自己的看法和见解,进行相互学习;高年级运用得较多
	读书指导法	教师指导学生阅读教科书和其他参考书,培养学生的自学能力
以直观感知为主	演示法	教师通过展示实物、教具和示范性的实验进行教学;体现了直观性、理论联系实际的教学原则
	参观法（现场教学）	教师组织学生进行实地考察、研究;有准备性参观、并行性参观和总结性参观

续表

类型	方法	概念要点
以实际训练为主	练习法	学生在教师指导下巩固知识,培养技能、技巧
	实验法	教师引导学生使用一定的仪器和设备,进行独立操作
	实习作业法	教师指导学生运用所学知识在课上或课外进行实际操作
	实践活动法	让学生参加社会实践活动,培养学生解决实际问题的能力和多方面实践能力
以引导探究为主	发现法（发现学习/问题教学法）	让学生通过独立工作,自己主动发现问题、解决问题及掌握原理;由布鲁纳所倡导
以情感陶冶(体验)为主	欣赏教学法	教师指导学生体验客观事物的真善美
	情境教学法	教师有目的地引入或创设场景,引起学生的情感体验

学霸点睛

上述教学方法中,谈话法和讨论法、演示法中的实验演示与实验法易混淆,具体区分如下:

方法	区别	理解要点
谈话法	教师的作用不同	教师和学生进行交流互动
讨论法		教师指导学生针对某一问题进行交流互动
实验演示	操作主体不同	教师做实验,学生观看
实验法		学生做实验,教师指导

3.国内外教学方法的改革与发展 【单选、判断】

改革与发展
- 国内
  - 愉快教学法(倪谷音)
  - 情境教学法(李吉林)
  - **尝试教学法**(邱学华；先练后讲，先学后教)
  - 成功教学法(刘京海)
- 国外
  - 代表性
    - 发现法(**布鲁纳**)
    - 目标教学法(布卢姆)
    - 程序教学法(斯金纳)
    - "纲要信号图表"教学法(沙塔洛夫)
    - 范例教学法(瓦·根舍因)
    - 暗示教学法(洛扎诺夫)
    - 非指导性教学法(罗杰斯)
    - 合作教学法(阿莫纳什维利)
  - 新涌现
    - 案例教学法(案例)
    - 项目教学法(具体项目)
    - "行动导向"教学法(生活或职业情境)
    - 模拟教学法(模拟真实情境)
    - 交际教学法(语言教学)

4.选择与运用教学方法的基本依据 【单选、多选、判断、简答】

(1)教学目的和任务的要求；

(2)课程性质和特点；

(3)每节课的重点、难点；

(4)学生年龄特征；

(5)教学时间、设备、条件；

(6)教师业务水平、实际经验及个性特点。

此外,还有教学手段、教学环境等因素的制约。

第四节　教学组织形式与教学工作的基本环节

知识点1　教学组织形式

1.现代教学的基本组织形式——班级授课制【单选、多选、判断、填空、名词解释、简答、论述】

(1)概念

班级授课制是把学生按年龄和文化程度分成固定人数的班级，教师根据课程计划和规定的时间表进行教学的一种组织形式。

(2)产生与发展

①昆体良：班级授课制思想萌芽。

②夸美纽斯：《大教学论》最早从理论上做阐述，奠定理论基础。

③赫尔巴特：进一步完善。

④凯洛夫：形成完整体系。

在我国，最早采用班级授课制的是清政府于1862年设于北京的京师同文馆，并在癸卯学制中以法令形式确定下来，随之在全国范围内推广。

(3)基本特点(班、课、时)

①以班为单位集体授课，学生人数固定；②按课教学；③按时授课。

(4)优点与不足

优点
- 有利于经济有效地大面积培养人才，提高教学效率(最大优点)
- 有利于学生获得系统的科学知识
- 有利于发挥教师的主导作用
- 有利于发挥学生集体的教育作用
- 有利于学生德、智、体多方面的发展
- 有利于进行教学管理和教学检查

不足
- 不利于学生主体性的发挥
- 不利于培养学生的探索精神、创造能力和实际操作能力
- 不能很好地适应教学内容和教学方法的多样化
- 不利于因材施教,难以满足学生个性化的学习需要(最大缺点)
- 不利于学生之间真正的交流和启发
- 某些情况下会割裂内容的整体性

2.现代教学的辅助形式——个别教学与现场教学 【单选、多选、判断】

个别教学是教师针对不同学生的情况进行个别辅导的教学组织形式。它是古代学校的主要教学形式。

现场教学是指教师把学生带到事物发生、发展的现场进行教学活动的形式。

3.现代教学的特殊组织形式——复式教学 【单选、多选、判断】

概念:把两个或两个以上不同年级的学生编在一个教室里,由一位教师分别用不同的教材,在一节课里对不同年级的学生进行教学;适用于学生少、教师少、校舍和教学设备较差的农村以及偏远地区。

主要特点:直接教学和学生自学或做作业交替进行。

优点:有利于教育的普及,复式教学组织得好,学生的基本训练和自学能力往往更强。

4.其他教学组织形式 【单选、多选、判断】

其他教学组织形式
- (1)分组教学
  - 外部分组:直接按能力或成绩编班
  - 内部分组:在按年龄编班的班级内,再根据成绩分组
  - 能力分组:按能力发展水平分组
  - 作业分组:按学生的特点和意愿分组
- (2)道尔顿制(柏克赫斯特)
  - 特点
    - ①废除课堂讲授、课程表和年级制,按"公约"进行个别自学
    - ②将教室改为各科作业室或实验室
    - ③设置成绩记录表记录学习进度
  - 优点
    - 有利于调动学生学习的主动性
    - 有利于培养学生的创造才能

其他教学组织形式
- (2)道尔顿制(柏克赫斯特) 缺点
  - 不利于系统知识的掌握
  - 对教学设施和条件要求较高
- (3)特朗普制(劳伊德·特朗普)
  - 大班教学(40%)
  - 小班研究(20%)
  - 个别教学(40%)
  - 三种教学形式结合起来
- (4)设计教学法(克伯屈)
  - ①以活动课程代替学科课程
  - ②学生在自己设计、自己负责的单元活动中获得有关的知识和能力
- (5)贝尔—兰喀斯特制(导生制):教师→年龄较大的学生(佼佼者)→年幼或成绩较差的学生
- (6)文纳特卡制(华虚朋)

知识点2　教学工作的基本环节　【单选、多选、判断、填空、简答、论述、案例】

基本环节

- 备课(起始环节)
  - 类型
    - 主体:个人备课、集体备课
    - 涉及内容的范围:学期备课、单元备课、课时备课
    - 形式:显性备课、隐性备课
  - 如何备课(要求)
    - 做好三方面工作
      - 钻研教材(备教材):懂、透、化三个阶段
      - 了解学生(备学生)
      - 设计教法(备教法)
    - 写好三计划
      - 学年(学期)教学计划
      - 课题(单元)计划
      - 课时计划(教案)
- 上课(中心环节)
  - 类型
    - 教学任务
      - ①性质不同:新授课、巩固课、技能课、检查课
      - ②数量不同:单一课、综合课
    - 主要教学方法:讲授课、演示课、练习课、实验课、复习课

基本环节
- 上课（中心环节）
  - 结构：组织教学(贯穿各个环节)、检查复习、讲授新教材(最主要、最基本、核心)、巩固新教材、布置课外作业
  - 上好课的基本要求
    - ①教学目标明确
    - ②教学内容准确
    - ③教学结构合理
    - ④教学方法适当
    - ⑤讲究教学艺术
    - ⑥板书有序
    - ⑦充分发挥学生的主体性(根本要求)

  主板内幕(目)已(艺)揭(结)发(法)。

- 作业的布置与反馈
  - 意义：教学反馈的主要渠道，课堂教学的延伸
  - 形式：阅读作业、口头作业、书面作业、实践作业
  - 布置作业的要求
    - ①作业内容符合课程标准的要求
    - ②考虑不同学生的能力需求
    - ③分量适宜、难易适度
    - ④作业形式多样，具有多选性
    - ⑤要求明确，规定作业完成时间
    - ⑥作业反馈清晰、及时
    - ⑦作业要具有典型意义和举一反三的作用
    - ⑧作业应有助于启发学生的思维，含有鼓励学生独立探索并进行创造性思维的因素
    - ⑨尽量同现代生产和社会生活中的实际问题结合起来，力求理论联系实际

- 课外辅导：上课的必要补充，适应学生个别差异、贯彻因材施教的重要措施
- 学业成绩的检查与评定：平时考查与考试

> **知识扩展**
>
> 上好一堂课的基本要求的其他说法
>
> 说法一：(1)目标明确；(2)重点突出；(3)内容正确；(4)方法得当；(5)表达清晰；(6)组织严密；(7)气氛热烈。
>
> 说法二：(1)目的明确；(2)内容正确；(3)方法恰当；(4)组织严密；(5)语言清晰；(6)积极性高。
>
> 说法三：(1)明确教学目的(前提)；(2)保证教学的科学性与思想性(基本质量要求)；(3)调动学生学习的积极性(内在动力)；(4)注重解惑纠错(关键)；(5)组织好教学活动(保障)；(6)布置好课外作业。

第五节 教学评价

知识点1 教学评价的功能 【单选、多选、判断、简答】

(1)诊断教学问题；(2)提供反馈信息；(3)调控教学方向；(4)检验教学效果。

也有人认为教学评价具有导向功能、诊断功能、激励功能、教学功能和管理功能。

知识点2 教学评价的原则 【单选、多选、判断、简答】

(1)客观性原则：评价标准、方法、态度客观。

(2)发展性原则：着眼于学生的学习进步和动态发展以及教师的教学改进和能力提高。

(3)整体性原则：评价标准全面；把握主次，区分轻重；结合分数评价、等级评价和语言评价等形式。

(4)指导性原则：帮助师生改进教学和学习，提高教学质量。

也有说法认为，教学评价具有客观性原则、发展性原则、指导性原则和计划性原则。

知识点3　教学评价的基本类型　【单选、多选、判断、案例】

基本类型
- 根据教学评价作用
  - ①诊断性评价(开始)：为了了解学生的学习准备状况及影响学习的因素而进行的评价；包括各种通常所称的摸底考试
  - ②形成性评价(过程)：为改进和完善教学活动而进行的评价；对学生的口头提问和书面测验
  - ③总结性评价(结束)：也称终结性评价，常在学期中、学期末进行，对学生的学习结果进行评价；期末考试
- 根据评价采用标准
  - ①绝对性评价(看标准)：60分及格，多一分浪费
  - ②相对性评价(看位置)：60分？不要，及格的人那么多，我们只要最优秀的人
  - ③个体内差异评价(看自己)：这次考试比上次考试有进步
- 按评价主体
  - ①内部评价(自我评价)
  - ②外部评价(专业人员评价)

知识点4　现代教育评价

1. 发展性评价　【单选、多选、不定项、判断】

(1)评价目的：根本目的在于促进发展。

(2)评价功能：体现第八次基础教育课程改革的精神。

(3)评价观念：关注全人的发展，强调评价的民主化和人性化的发展。

(4)评价内容与评价标准：评价内容综合化，评价标准分层化。

(5)评价方式：评价方式多样化，量化与质性相结合。

(6)评价主体：评价主体多元化，单方转为多方。

(7)评价过程：关注评价过程，形成性与终结性评价相结合。

2. 新课程教学评价倡导的基本理念　【单选、多选、判断】

(1)关注学生发展；

(2)强调教师成长；

(3)重视以学论教(以学定教)。

其中,"以学论教"主要从六个方面进行评价:①情绪状态;②注意状态;③参与状态;④交往状态;⑤思维状态;⑥生成状态。

第六节　教学模式

知识点1　当代国外主要的教学模式 【单选、多选、判断】

教学模式
- 探究式教学
  - ①内涵:以**问题解决**为中心,注重学生的独立活动、前认知、体验式教学
  - ②理论基础:皮亚杰和布鲁纳的建构主义理论
  - ③程序:问题—假设—推理—验证—总结提高
- **抛锚式教学**
  - ①内涵:教学建立在有感染力的**真实事件**或**真实问题**的基础上,学生到实际的环境中去感受和体验问题
  - ②理论基础:建构主义
  - ③程序:创设情境—确定问题—自主学习—协作学习—效果评价
- 范例教学模式
  - ①提出者:**瓦·根舍因**
  - ②内涵:通过典型的内容和方式,使学生从个别到一般,掌握带规律性的知识和方法
  - ③特点:
    - 基本性
    - 基础性
    - 范例性
    - 四个统一:
      - 知识教学与德育相统一
      - 问题教学与系统学习相统一
      - 掌握知识与发展能力相统一
      - 主体与客体相统一
- 暗示教学模式
  - ①提出者:**洛扎诺夫**
  - ②教学程序:创设情境—参与各类活动—总结转化
  - ③教学原则:愉快而不紧张、有意识和无意识相统一、暗示手段相互作用

知识点2　当代我国主要的教学模式　【单选、多选、判断】

1. 传递—接受式。以传授系统知识、培养基本技能为目标，强调教师的指导作用，注重教师的权威性，普遍应用于我国中小学。

2. 自学—指导式。主要用于具备一定阅读能力的学生。

3. 问题—探究式(引导—发现式)。注重学生独立活动，着眼于创造性思维能力和意志力培养。

4. 示范—模仿式。多用于以训练技能为目的的教学；步骤：定向—参与性练习—自主练习—迁移。

5. 目标—导控式。步骤：前提诊断—明确目标—达标教学—达标评价—根据评价结果进行强化补救。

6. 情境—陶冶式。有关实验有"情境教学""愉快教学""成功教学""快乐教学""情知教学"等。

知识点3　其他新兴的教学模式　【单选】

1. 翻转课堂

概念：学生课前观看和学习教学视频，师生在课堂上共同完成作业答疑、协作探究和互动交流等活动；通过对教学结构的颠倒安排，实现教学的个性化。

特点：先学后教，自主性、互动式、个性化。

2. 慕课(MOOC, Massive Open Online Course 的首字母简称)

概念：大规模开放在线课程。

特点：大规模、开放性、非结构性、自主性、网络性、交互性。

3. 微课

概念：以视频为主要载体，记录教师围绕某个知识点(重点、难点)或教学环节而开展的教与学活动的全过程。

核心组成内容：课堂教学视频(课例片段)。

要点回顾

1. 教学过程的特殊性的体现。
2. 教学过程的四条基本规律。
3. 教学过程的结构及中心环节。
4. 我国中小学常用的教学原则的概念与贯彻要求。
5. 我国中小学常用的教学方法的分类与要点。
6. 选择与运用教学方法的基本依据。
7. 班级授课制的优缺点。
8. 教学工作的五个基本环节。
9. 备课、上课与布置作业的意义与基本要求。
10. 诊断性评价、形成性评价与总结性评价的时间安排与目的。
11. 绝对性评价、相对性评价、个体内差异评价的划分依据及区分标准。
12. 抛锚式教学与范例教学模式的主要内容。

第七章 德育

思维导图

- 德育
  - 德育概述
    - 功能：社会性功能、个体性功能、教育性功能
    - 内容
      - 我国学校德育内容——政治、思想、道德、心理健康教育
  - 德育过程
    - 基本矛盾：教育者的德育要求VS受教育者已有品德水平
    - ★基本规律
      - 对学生知、情、意、行的培养与提高
      - 促进学生思想内部矛盾斗争，教育与自我教育相结合
      - 组织学生的活动和交往，统一多方面教育影响
      - 长期、反复、逐步提高
  - 德育原则
    - ★主要的德育原则
      - 导向性原则
      - 疏导原则
      - 因材施教原则
      - 知行统一原则
      - 集体教育和个别教育相结合原则
      - 尊重信任学生与严格要求学生相结合的原则
      - 正面教育与纪律约束相结合的原则
      - 依靠积极因素，克服消极因素的原则
      - 教育影响的一致性与连贯性原则
  - 德育的途径与方法
    - 基本途径：思想品德课与其他学科教学
    - ★方法
      - 说服教育法
      - 榜样示范法
      - 陶冶教育法
      - 实际锻炼法
      - 自我修养法
      - 品德评价法
  - 德育模式
    - 认知模式——重知
    - 体谅模式——重情
    - 社会模仿模式——重行

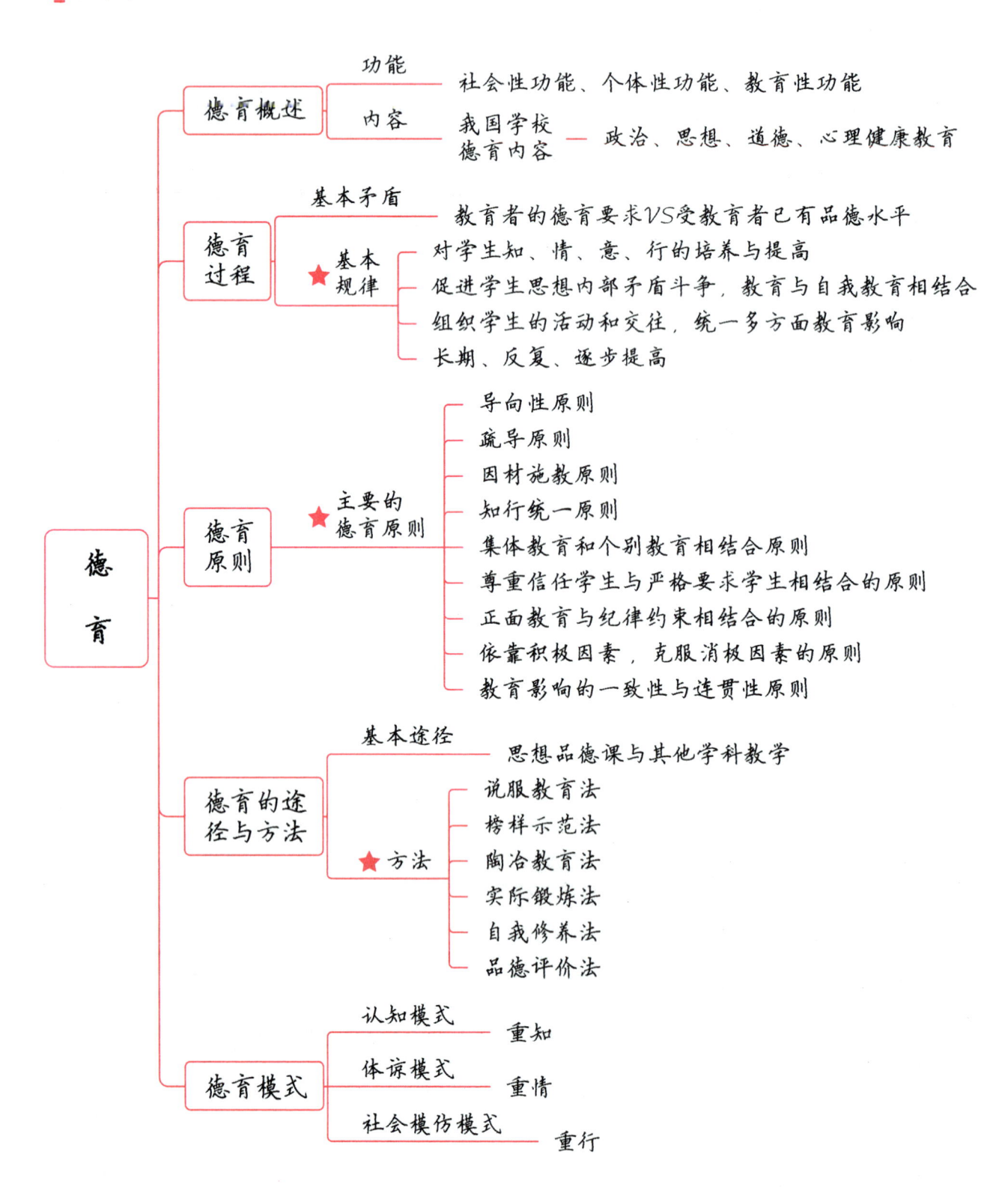

知识梳理

第一节 德育概述

知识点1 德育的内涵

1. 德育的概念 【单选、判断、名词解释】

广义的德育(有目的、有计划)包括社会德育、社区德育、学校德育、家庭德育等。

狭义的德育专指学校德育。

2. 德育的性质 【单选、多选】 （由特定的社会经济基础决定。）

(1)社会性；(2)历史性；(3)阶级性和民族性；(4)继承性。

3. 德育的意义 【单选、多选、判断、简答】

(1)社会主义现代化建设的重要条件和保证；

(2)青少年、儿童健康成长的条件和保证；

(3)实现我国教育目的的基础和保障。

知识点2 德育的功能 【单选、多选、判断】

功能
- 社会性功能
  - ①概念：德育能够在何种程度上对社会发挥何种性质的作用
  - ②内容：主要指学校德育的政治功能、经济功能、文化功能等
- 个体性功能
  - ①概念：德育对受教育者个体发展能够产生的实际影响
  - ②内容：生存功能、发展功能、享用性功能(最高境界)
- 教育性功能
  - ①德育的"教育"或价值属性
  - ②德育作为教育子系统对平行系统的作用(德育对智、体、美诸育的促进功能)：动机作用、方向作用、习惯和方法上的支持

知识点3 德育目标

1. 德育目标的概念 【单选、判断】

德育目标是德育工作的出发点，它不仅决定了德育的内容、形式和方法，而且制

约着德育工作的基本过程。

2.确立德育目标的依据【多选】

(1)青少年思想品德形成、发展的规律及心理特征；

(2)国家的教育方针和教育目的；

(3)民族文化及道德传统；

(4)时代与社会发展需要。

知识点4 德育内容

1.德育内容的选择依据【单选、多选】

选择依据：
- 德育目标(决定德育内容)
- 受教育者的身心发展特征(决定德育内容的深度和广度)
- 德育所面对的时代特征和学生思想实际(决定德育工作的针对性和有效性)
- 文化传统

2.我国学校德育内容【单选、多选、判断、填空、简答】

内容：
- 政治教育
- 思想教育 —— 爱国主义教育是德育的永恒主题
- 道德教育
- 心理健康教育(学习辅导、生活辅导和择业指导)

也有人认为，我国学校德育内容主要有政治教育、思想教育、道德教育、法制教育(也有人认为是法纪教育)和心理健康教育。

3.我国中小学德育的重点【单选】

(1)基本道德和行为规范的教育；——小学德育的重点是培养学生良好的道德行为习惯。

(2)公民道德与政治品质的教育；

(3)世界观、人生观和理想的基础教育(最高目标)。

知识点5 新时期德育发展的新主题【单选、多选】

(1)生存教育；(2)生活教育；(3)生命教育；(4)安全教育；(5)升学和就业指导教育。

生命教育、生存教育和生活教育又被称为"三生教育"。

第二节　德育过程

知识点1　德育过程的内涵

1. 德育过程的本质　【单选】

德育过程从本质上说是个体社会化与社会规范个体化的统一过程。

2. 德育过程的结构　【单选、多选、判断、填空】

德育过程通常由教育者、受教育者、德育内容和德育方法四个相互制约的要素构成，这四者的关系如下：

```
教育者    德育内容(中介)      受教育者
(主导) ←——————————————→ (客体、主体)
         德育方法(活动方式的总和)
```

3. 德育过程与品德形成过程的关系　【单选、多选、判断、辨析】

关系		德育过程	品德形成过程
联系		教育与发展的关系	
区别	活动方式	教育者与受教育者双边活动的过程	个体品德自我发展的过程
	影响因素	学生接受有目的、有计划、有组织的教育影响	学生受各种因素影响（自觉的、自发的）
	形成的结果	结果是有意识地培养学生形成符合社会要求的思想品德	结果可能与社会要求相一致，也可能不一致

知识点2　德育过程的基本(主要)矛盾　【单选、多选、判断、填空】

教育者提出的德育要求(社会所要求的道德规范)与受教育者已有品德水平之间的矛盾。这是德育过程中最一般、最普遍的矛盾，也是决定德育过程本质的特殊矛盾。

知识点3　德育过程的基本规律 【单选、多选、判断、填空、辨析、简答、论述、案例】

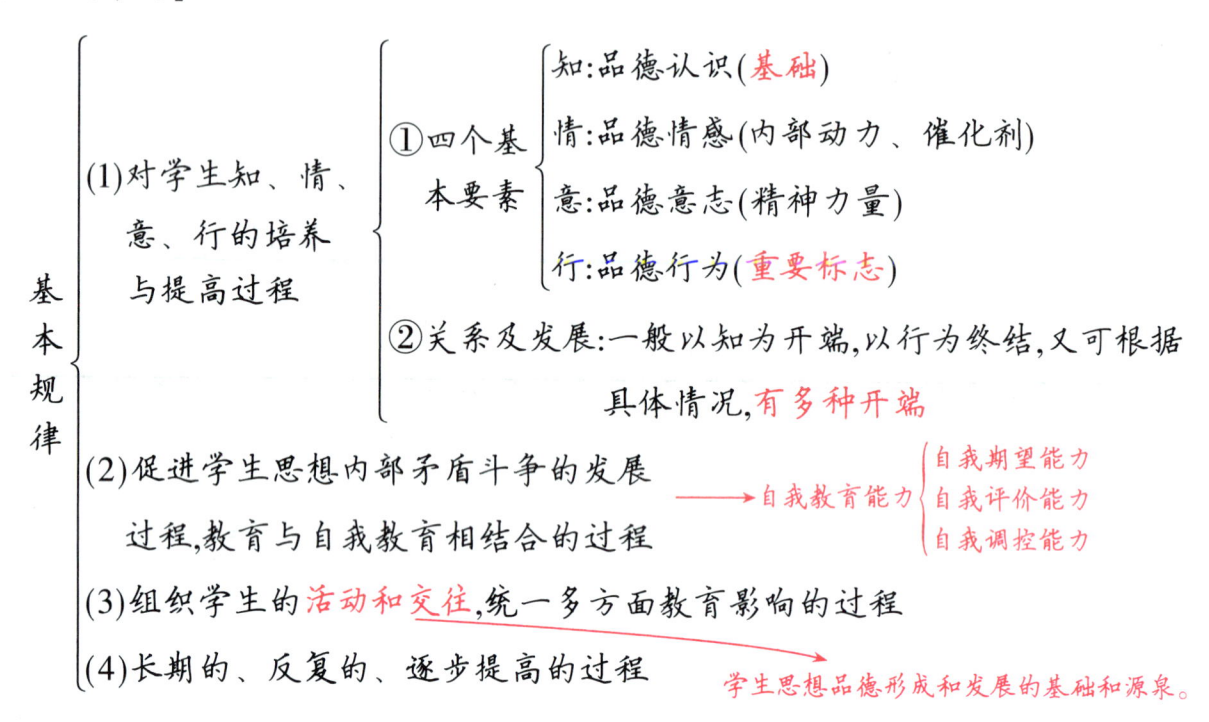

基本规律：
- (1) 对学生知、情、意、行的培养与提高过程
  - ① 四个基本要素
    - 知：品德认识（**基础**）
    - 情：品德情感（内部动力、催化剂）
    - 意：品德意志（精神力量）
    - 行：品德行为（**重要标志**）
  - ② 关系及发展：一般以知为开端，以行为终结，又可根据具体情况，**有多种开端**
- (2) 促进学生思想内部矛盾斗争的发展过程，教育与自我教育相结合的过程 → 自我教育能力｛自我期望能力／自我评价能力／自我调控能力｝
- (3) 组织学生的**活动和交往**，统一多方面教育影响的过程 → 学生思想品德形成和发展的基础和源泉。
- (4) 长期的、反复的、逐步提高的过程

第三节　德育原则

知识点1　德育原则的概念 【判断、填空】

德育原则是根据教育目的、德育目标和德育过程规律而提出的指导德育工作的基本要求。

知识点2　我国中小学主要的德育原则 【单选、多选、判断、填空、辨析、简答、案例】

两导两因一知行，尊重集体要正面，另外还有一教育。

德育原则	理解要点	贯彻要求	教育阐释
导向性原则	理想性与方向性	①坚持正确的政治方向；②德育目标必须符合新时期的方针政策和总任务的要求；③要把德育的理想性和现实性结合起来	德育要为学生的思想品德发展指明方向

续表

德育原则	理解要点	贯彻要求	教育阐释
疏导原则（循循善诱原则）	循循善诱、以理服人	①讲明道理，疏通思想；②因势利导，循循善诱；③以表扬、激励为主，坚持正面教育	颜回："夫子循循然善诱人，博我以文，约我以礼，欲罢不能"
因材施教原则（从学生实际出发原则）	尊重差异，区别教育	①以发展的眼光客观、全面、深入地了解学生，正确认识和评价青少年学生的思想特点；②根据不同年龄阶段学生的特点，选择不同的内容和方法进行教育，防止一般化、成人化、模式化；③注意学生的个别差异，因材施教	①"视其所以，观其所由，察其所安"；②"一把钥匙开一把锁"
知行统一原则	理论+实践，言行一致	①加强理论教育，提高学生的思想道德认识；②组织和引导学生参加社会实践，通过实践活动加深认识，增强情感体验，养成良好的行为习惯；③对学生的评价和要求要坚持知行统一的原则；④教育者要以身作则，严于律己，言行一致	①"读万卷书，行万里路"；②"纸上得来终觉浅，绝知此事要躬行"；③"力行近乎仁"
集体教育和个别教育相结合原则	集体+个别	①建立健全的学生集体；②开展丰富多彩的集体活动，充分发挥学生集体的教育作用；③加强个别教育，并通过个别教育影响集体，增强集体的生机和活力	马卡连柯的"平行教育原则"

续表

德育原则	理解要点	贯彻要求	教育阐释
尊重信任学生与严格要求学生相结合的原则	尊重信任+严格要求	①教育者要有强烈的事业心、责任感以及尊重热爱学生的态度；②教育者应根据教育目的和德育目标，对学生严格要求，认真管理；③教育者要从学生的年龄特征和品德发展状况出发，提出适度的要求，并坚定不渝地贯彻到底	马卡连柯："要尽量多地要求一个人，也要尽可能地尊重一个人"
正面教育与纪律约束相结合的原则	正面引导+纪律约束	①坚持正面教育原则，以客观的事实、先进的榜样和表扬鼓励为主的方法教育和引导学生；②坚持摆事实，讲道理，以理服人，启发自觉；③建立健全学校规章制度和集体组织的公约、守则等，并且严格管理，认真执行	夸美纽斯："学校没有纪律便如磨房里没有水"
依靠积极因素，克服消极因素的原则（长善救失原则）	发扬优点，克服缺点	①"一分为二"地看待与评价学生；②创造条件，将消极因素转化为积极因素；③提高学生自我认识与评价的能力，启发他们自觉思考，克服缺点，发扬优点	《学记》："教也者，长善而救其失者也"

续表

德育原则	理解要点	贯彻要求	教育阐释
教育影响的一致性与连贯性原则	相互配合、协调一致、前后连贯	①充分发挥教师集体的作用,统一学校内部的多种教育力量,使之成为一个分工合作的优化群体; ②争取家长和社会的配合,主动协调好与家庭、社会教育的关系,逐步形成以学校为中心的"三位一体"的德育网络; ③保持德育工作的经常性和制度化,处理好衔接工作,保证对学生影响的连续性、系统性,使学生的思想品德得以循序渐进地持续发展	"爹打娘护" "5+2=0"现象

第四节 德育的途径与方法

知识点1 德育的途径 【单选、多选、不定项、判断、填空、简答、论述】

途径
- 思想品德课(思想政治课)与其他学科教学
- 社会实践活动
- 课外、校外活动
- 共青团、少先队组织的活动
- 校会、班会、周会、晨会、时事政策的学习
- 班主任工作

学霸点睛

德育的以下几个途径需分清:
(1) **基本途径**——思想品德课与其他学科教学;
(2) 最基本途径——思想品德课之外的其他各科教学;
(3) **重要而特殊**的途径——班主任工作。

知识点2　德育方法

1. 常用的德育方法【单选、多选、不定项、判断、填空、简答、论述、案例】

德育方法	内涵	贯彻要求	示例
说服教育法（说理教育法） ↓ 基本方法。	①概念：通过语言说理，使学生明晓道理，分清是非，提高品德认识； ②方式：语言文字说服、事实说服	①明确目的性和针对性； ②富有知识性、趣味性； ③注意时机； ④以诚待人	①"动之以情，晓之以理"； ②"参观革命纪念馆"
榜样示范法	①概念：用榜样人物的优秀品德来影响学生的思想、情感和行为； ②榜样：伟人的典范、教育者的示范、学生中的好榜样	①选好学习的榜样； ②激起学生对榜样的敬慕之情； ③狠抓落实，引导学生用榜样来调节行为，提高修养	①"上行下效"； ②"其身正，不令而行，其身不正，虽令不从"
陶冶教育法（情感陶冶法）	①概念：利用环境和自身的教育因素，对学生进行潜移默化的熏陶和感染，使其在耳濡目染中受到感化； ②方式：环境陶冶、人格陶冶和艺术陶冶等	①创设良好的情境； ②与启发引导相结合； ③引导学生参与情境的创设	①"让学校的每一面墙壁都开口说话"； ②"仁言，不如仁声之入人深也"； ③"孟母择邻"

续表

德育方法	内涵	贯彻要求	示例
实际锻炼法	①概念：有目的地组织学生参加各种实际活动，使其在活动中锻炼思想，增长才干，培养优良的思想和行为习惯；②方式：学习活动、社会活动、生产劳动和课外文体科技活动	①目的明确，计划周密，加强指导，坚持严格要求；②生动活泼，灵活多样，调动学生的主动性；③注意检查和持之以恒，随时总结	"天将降大任于是人也，必先苦其心志，劳其筋骨，饿其体肤，空乏其身，行拂乱其所为，所以动心忍性，曾益其所不能"
自我修养法	①概念：在教师引导下学生经过自觉学习、反思和自我改进，使自身品德不断完善；②方式：立志、学习、反思、箴言、慎独	①培养学生自我修养的兴趣与自觉性；②指导学生掌握修养的标准；③引导学生积极参加社会实践	①"吾日三省吾身"；②"君子博学而日参省乎己，则知明而行无过矣"；③"君子必慎其独"
品德评价法	①概念：通过对学生品德进行肯定或否定的评价而予以激励或抑制，促使其品德健康形成和发展；②方式：奖励、惩罚、评比和操行评定	①公平、正确、合情合理；②发扬民主，获得群众支持；③注重宣传与教育；④奖励为主，抑中带扬	老师采取画小红花、插小红旗等方式鼓励学生

此外，还有角色扮演法和合作学习法等。

> **学霸点睛**
>
> 榜样示范法和陶冶教育法的区别在于:榜样示范法通常有明确的学习对象,有目的、有计划地以"明示"的方式进行;而陶冶教育法通常没有明确的学习对象,无意识、潜移默化地以"暗示"的方式进行。

2.选择德育方法的依据 【多选】

(1)德育目标;(2)德育内容;(3)学生的年龄特点和个性差异。此外,选择德育方法还要考虑到所面对的时代特征、学生的思想实际、学校和教师的实际情况,以及文化传统的作用。

知识点3　当前我国中小学德育存在的问题及改革

1.当前我国中小学德育存在的问题

(1)中小学教育中重智育、轻德育的现象依然存在。

(2)德育目标脱离实际且杂乱无序。

(3)德育内容与学生的思想实际、生活实际和发展需要脱节。

(4)知与行分离。

(5)形式主义和简单化盛行,缺乏吸引力和感染力。

2.我国中小学德育改革的主要趋势 【单选、多选】

(1)落实德育工作在素质教育中的首要位置。

(2)确立符合中小学生思想品德发展实际的德育目标。

(3)坚持贴近实际、贴近生活、贴近学生的德育方式,改进德育内容。

(4)积极改进中小学思想品德的教育方法和形式。

(5)坚持知和行统一。

(6)因地制宜开展德育活动。

第五节　德育模式

德育模式

- **认知模式（重知）** 〔最为广泛、占据主导地位。〕
  - ① 代表人物：皮亚杰（提出）、科尔伯格（进一步深化）
  - ② 主要观点：人的道德判断力按照一定的阶段和顺序从低到高不断发展，道德教育的目的就在于促进儿童道德判断力的发展及其行为的发生
  - ③ 特征：
    - 人的本质是理性的
    - 必须注重个体认知发展与社会客体的相互作用
    - 注重研究个体道德认知能力的发展过程

- **体谅模式（重情）**
  - ① 代表人物：彼得·麦克费尔（20世纪70年代）
  - ② 主要观点：把道德情感的培养置于中心地位；教育即学会关心〔"己所不欲，勿施于人"。〕
  - ③ 特征：
    - 坚持性善论
    - 坚持人具有一种天赋的自我实现趋向
    - 把培养健全人格作为德育目标
    - 大力倡导民主的德育观

- **社会模仿模式（重行）**
  - ① 代表人物：班杜拉（观察学习）
  - ② 主要观点：人与环境是一个互动体，人既能对刺激做出反应，也能主动地解释并作用于情境

- **价值澄清模式**
  - ① 代表人物：拉斯、哈明、西蒙
  - ② 主要观点：着眼于价值观教育，试图帮助人们减少价值混乱并通过评价过程促进统一的价值观的形成

- **集体教育模式**
  - ① 代表人物：马卡连柯
  - ② 主要观点：教育工作的主要方式是集体教育，基本对象是集体，任务是培养集体主义者；在集体中、通过集体、为了集体的教育体系
  - ③ 教育原则：集体教育原则和前景教育原则

要点回顾

1. 我国学校德育内容。
2. 德育过程的基本矛盾。
3. 德育过程的基本规律及其内容。
4. 疏导原则、因材施教原则、知行统一原则、长善救失原则的理解要点及贯彻要求。
5. 德育的基本途径。
6. 常用的德育方法的内涵与贯彻要求。
7. 认知模式与体谅模式的代表人物及主要观点。

第八章　班级管理与班主任工作

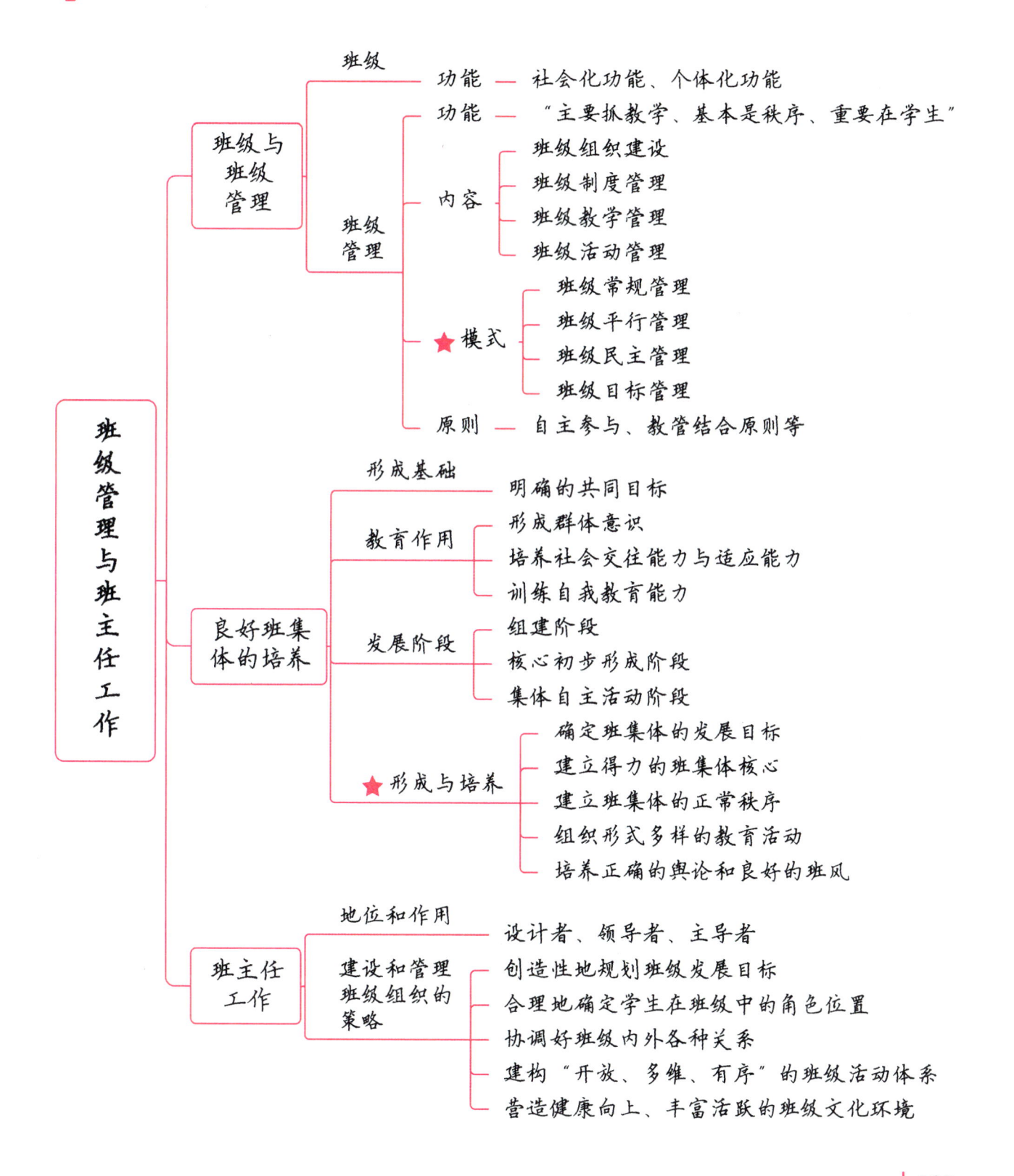

思维导图

班级管理与班主任工作
- 班级与班级管理
  - 班级
    - 功能——社会化功能、个体化功能
  - 班级管理
    - 功能——"主要抓教学、基本是秩序、重要在学生"
    - 内容
      - 班级组织建设
      - 班级制度管理
      - 班级教学管理
      - 班级活动管理
    - ★模式
      - 班级常规管理
      - 班级平行管理
      - 班级民主管理
      - 班级目标管理
    - 原则——自主参与、教管结合原则等
- 良好班集体的培养
  - 形成基础——明确的共同目标
  - 教育作用
    - 形成群体意识
    - 培养社会交往能力与适应能力
    - 训练自我教育能力
  - 发展阶段
    - 组建阶段
    - 核心初步形成阶段
    - 集体自主活动阶段
  - ★形成与培养
    - 确定班集体的发展目标
    - 建立得力的班集体核心
    - 建立班集体的正常秩序
    - 组织形式多样的教育活动
    - 培养正确的舆论和良好的班风
- 班主任工作
  - 地位和作用——设计者、领导者、主导者
  - 建设和管理班级组织的策略
    - 创造性地规划班级发展目标
    - 合理地确定学生在班级中的角色位置
    - 协调好班级内外各种关系
    - 建构"开放、多维、有序"的班级活动体系
    - 营造健康向上、丰富活跃的班级文化环境

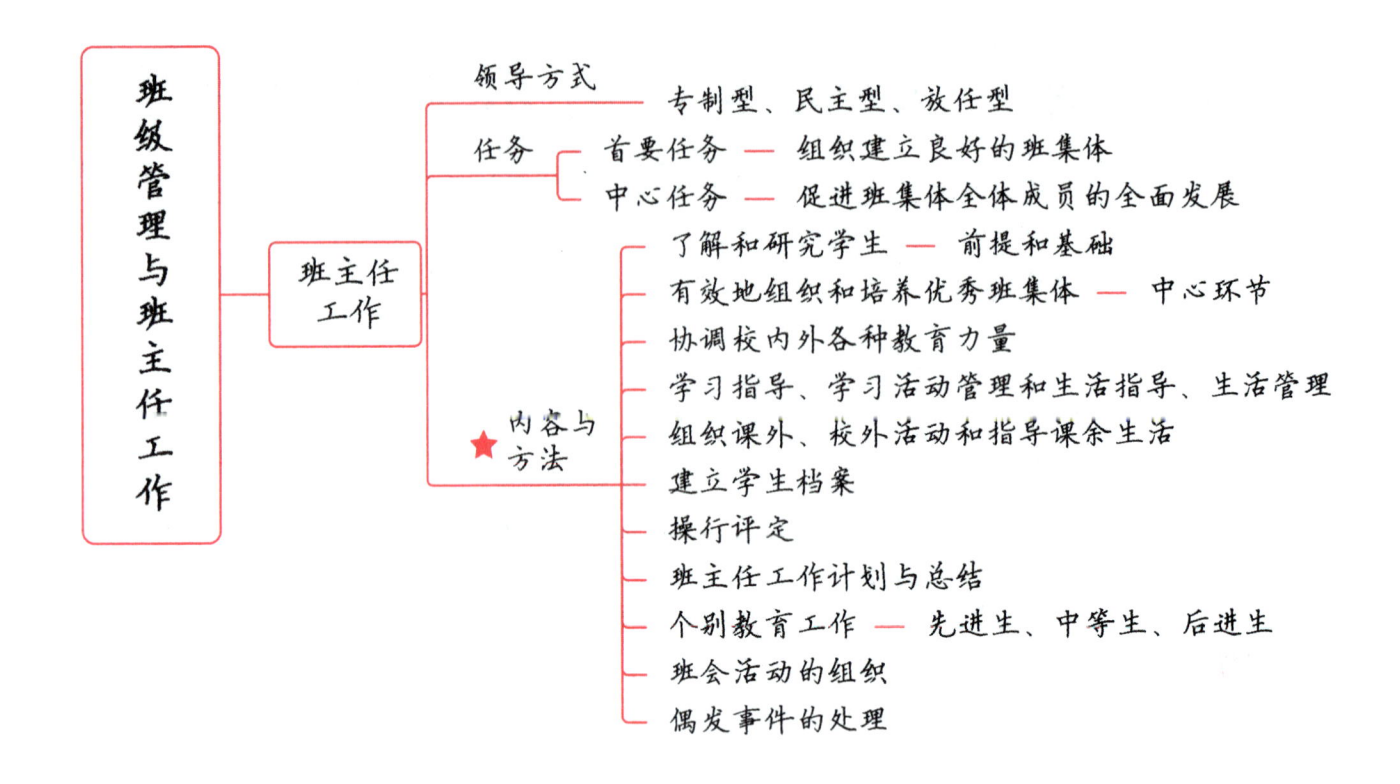

```
班级管理与班主任工作
├─ 班主任工作
   ├─ 领导方式 ── 专制型、民主型、放任型
   ├─ 任务
   │   ├─ 首要任务 ── 组织建立良好的班集体
   │   └─ 中心任务 ── 促进班集体全体成员的全面发展
   └─ ★内容与方法
       ├─ 了解和研究学生 ── 前提和基础
       ├─ 有效地组织和培养优秀班集体 ── 中心环节
       ├─ 协调校内外各种教育力量
       ├─ 学习指导、学习活动管理和生活指导、生活管理
       ├─ 组织课外、校外活动和指导课余生活
       ├─ 建立学生档案
       ├─ 操行评定
       ├─ 班主任工作计划与总结
       ├─ 个别教育工作 ── 先进生、中等生、后进生
       ├─ 班会活动的组织
       └─ 偶发事件的处理
```

知识梳理

第一节 班级与班级管理

知识点1 班级

1. 班级的概念 【单选、判断】

班级是学校行政体系中最基层的行政组织,是开展教学活动的基本单位。文艺复兴时期的埃拉斯莫斯(又译伊拉斯谟)最先提出"班级"一词。

2. 班级组织的发展 【单选】

(1)夸美纽斯的《大教学论》:奠定理论基础;

(2)赫尔巴特:进一步设计和实施班级教学;

(3)导生制:极大地推动了班级组织的发展。

3. 班级组织的功能 【单选、多选、填空、简答】

功能
- 社会化功能
  - 传递社会价值观,指导生活目标
  - 传授科学文化知识,形成社会生活的基本技能
  - 教导社会生活规范,训练社会行为方式
  - 提供角色学习条件,培养社会角色
- 个体化功能
  - 促进发展的功能
  - 满足需求的功能
  - 诊断功能
  - 矫正功能

知识点2 班级管理

1. 班级管理的概念 【单选、判断】

班级管理的**根本目的**是实现教育目标,使学生得到充分的、全面的发展;班级管理的主要对象是学生;班级管理的主要手段有计划、组织、协调和控制。

2. 班级管理的功能 【单选、多选、不定项、判断】

→ 主要抓教学、基本是秩序、重要在学生。

功能
- **主要功能**:有助于实现教学目标,提高学习效率
- **基本功能**:有助于维持班级秩序,形成良好的班风
- **重要功能**:有助于锻炼学生能力,学会自治自理

3. 班级管理的内容 【单选、多选、不定项、判断、辨析、简答】

内容 — 班级组织建设
- ①微观建制形式:直线式、职能式、直线职能式 ← 我国中小学多采用。
- ②原则
  - 有利于教育原则(**首要原则**)
  - 目标一致原则
  - 有利于身心发展原则
- ③结构
  - 正式组织:班干部、小组长、小组一般成员
  - 非正式组织:积极型、娱乐型、消极型、破坏型

内容
├─ 班级制度管理
│   ├─ ① 成文制度：政府、学校、班级制定的规章制度
│   └─ ② 非成文制度：班级传统、舆论、风气、习惯等
├─ 班级教学管理
│   ├─ ① **核心**：教学质量管理
│   └─ ② 内容
│   ├─ 明确教学管理的目标和任务
│   ├─ 建立行之有效的班级教学秩序
│   ├─ 建立班级管理指挥系统
│   └─ 指导学生学会学习
└─ 班级活动管理

4.班级管理的模式【单选、多选、判断、填空、简答】

> 常规对制度，集体个人互平行，民主都参与，目标分大小。

模式	内涵	点拨
班级常规管理	通过制定和执行规章制度来管理班级	开展以班级规章制度为核心的常规管理，是班主任工作的重要内容之一
班级平行管理	集体和个人相互影响，把对集体和个人的管理结合起来	班级平行管理的理论源于马卡连柯的"平行影响"的教育思想
班级民主管理	班级成员在服从班集体的正确决定和承担责任的前提下参与班级全程管理	实质是调动学生自我教育的力量，发挥每一个学生的主人翁精神
班级目标管理	班级总体目标转化为小组目标和个人目标，与班级总体目标融为一体，形成目标体系，以此推动班级管理活动，实现班级目标	目标管理是由美国的德鲁克提出的

5.班级管理的原则【单选、多选、不定项、判断、案例】

(1)方向性原则(方向正确、思想正确)；

(2)全面管理原则(面向全体，全面发展)；

(3)自主参与原则(发挥学生主体作用);

(4)教管结合原则(教育+管理); "班干部能做的班主任不做,学生能做的班干部不做"。

(5)全员激励原则(激励全体,发挥潜能);

(6)平行管理原则(集体+个人)。

6.班级管理的方法 【单选】

(1)调查研究法;(2)目标管理法(目标分层,逐级落实。);(3)情境感染法;(4)规范制约法;(5)舆论影响法;(6)心理疏导法;(7)行为训练法;(8)心理暗示法。

7.当前我国学校班级管理中存在的问题及解决策略 【单选、多选、判断、案例】

(1)当前班级管理中存在的问题

①班主任的班级管理方式偏重于专断型;

②班级管理制度缺乏活力,学生参与班级管理的程度较低。

(2)解决策略

建立以学生为本的班级管理机制 { 以满足学生的发展为目的(核心)
确立学生在班级中的主体地位(宗旨)
有目的地训练学生自我管理班级的能力

第二节 良好班集体的培养

知识点1 班集体的概念 【单选】

班集体是按照班级授课制的培养目标和教育规范组织起来的,以共同学习活动和直接性人际交往为特征的社会心理共同体。班集体是班级群体的高级形式。

知识点2 班集体的特征 【单选、多选、判断、简答】

(1)明确的共同目标,这是班集体形成的基础。

(2)一定的组织结构,有力的领导集体。

(3)共同生活的准则,健全的规章制度。

(4)正确的集体舆论以及团结、和谐、向上的人际关系。

知识点3　班集体的教育作用　【单选、多选、不定项、简答】

(1)有利于形成学生的群体意识。

(2)有利于培养学生的社会交往能力与适应能力。

(3)有利于训练学生的自我教育能力。

班集体是训练班级成员自己管理自己、自己教育自己、自主开展活动的最好载体。

知识点4　班集体的发展阶段　【单选、多选、判断】

(1)组建阶段:班级的核心和动力是班主任,对班主任的依赖性较强;

(2)核心初步形成阶段:班级积极分子涌现出来并在班主任指导下主动组织班级工作,对班主任的依赖性降低;

(3)集体自主活动阶段:学生普遍热爱集体,能够自主开展集体活动。

还有其他说法认为,班集体的发展阶段包括:初建期的松散群体阶段、形成期的合作群体阶段、成熟期的集体阶段;或组建阶段、形核阶段、发展阶段、成熟阶段。

知识点5　班集体的形成与培养　【单选、多选、不定项、判断、填空、简答、案例】

(1)确定班集体的发展目标(方向和动力、首要工作)。

(2)建立得力的班集体核心(班干部、积极分子)。

(3)建立班集体的正常秩序(基本条件、重要保证)。

(4)组织形式多样的教育活动。

(5)培养正确的舆论和良好的班风(重要标志)。

> 定目标、建核心、建秩序、搞活动、树班风。

班集体的正常秩序包括必要的规章制度、共同的生活准则以及一定的生活规律。教师在班集体的组建阶段,就应着手正常秩序的建立工作,特别是当接到一个教育基础较差的班级时,首先就要做好这项工作。

第三节 班主任工作

知识点1　班主任的概念　【单选、判断、填空】

班主任是班集体的组织者和领导者,是学校贯彻国家教育方针,促进学生健康成长的骨干力量。教育部印发的《中小学班主任工作规定》指出:"班主任是中小学日常思想道德教育和学生管理工作的主要实施者,是中小学生健康成长的引领者,班主任要努力成为中小学生的人生导师。"

知识点2　班主任在班级管理中的地位和作用　【单选、多选、不定项、判断、简答】

地位和作用
- 班级建设的设计者
- 班级组织的领导者
  - 职权影响力(权威、权力和地位)
  - 个性影响力(个性特征与人格魅力)
- 协调班级人际关系的主导者(艺术家)

交往是班级人际关系形成和发展的重要手段。

知识点3　班主任建设和管理班级组织的策略　【单选、多选、不定项、判断、简答】

策略	要点
创造性地规划班级发展目标	既要注重提高班级的整体发展水平,又要为班级中的每个成员精心规划其个性发展目标
合理地确定学生在班级中的角色位置	①科学地诊断班级人际关系的现状; ②实行班干部轮换制; ③丰富班级管理角色; ④正确对待班级中的非正式群体

续表

策略	要点
协调好班级内外各种关系	①协调班级内的各组织和成员的关系； ②协调与各任课教师及学校其他部门、其他班级的关系； ③协调班级与社会、家庭的关系； ④协调班级内的各种活动和事务
建构"开放、多维、有序"的班级活动体系	基本原则： ①设计和组织应当具有系统性和目的性； ②内容的多样性决定其形式的多样化； ③处理好教师主导作用和学生主体地位之间的辩证关系
营造健康向上、丰富活跃的班级文化环境	内涵：最为显性的班级环境布置、最为隐性的班级人际关系和班风、处于中间状态的班级制度与规范
	类型：①班级物质文化；②班级行为文化；③班级制度文化；④班级精神文化
	方法：①营造文化性物质环境；②营造社会化环境；③营造良好的人际环境；④营造正确的舆论和班风；⑤营造健康的心理环境

知识点4　班主任的领导方式

1.班主任领导方式的类型　【单选、多选、判断】

领导方式	特点	指导类型
专制型	侧重于在领导与服从的关系上实施影响	支配性指导
民主型	善于倾听学生的意见，以间接的方式引导学生	综合性指导
放任型	主张对班级管理不做过多干预	不干预性指导

2. 班主任在具体操作过程中的两种领导方式 【单选】

(1)"教学中心"(用得较多)：只见教学不见学生,只看分数不看发展。

(2)"集体中心"：信赖集体,用集体领导的手段管理班级。

知识点5　班主任工作的任务 【单选、多选、判断】

任务
- 基本任务：带好班级、教好学生
- 工作重点和经常性的工作：对学生进行思想品德教育
- 首要任务：组织建立良好的班集体
- 中心任务：促进班集体全体成员的全面发展

知识点6　班主任工作的内容与方法 【单选、多选、判断、填空、名词解释、简答、论述、案例】

（了解组织多协调，指导课外建档案，操行评定需总结，个别班会偶处理。）

内容与方法
- ①了解和研究学生（前提和基础）
  - 观察法(最基本、最常用方法)
  - 谈话法
  - 调查法
  - 书面材料分析法(最简易方法)
- ②有效地组织和培养优秀班集体(中心环节)
- ③协调校内外各种教育力量
- ④学习指导、学习活动管理和生活指导、生活管理
- ⑤组织课外、校外活动和指导课余生活
- ⑥建立学生档案：收集—整理—鉴定—保管
- ⑦操行评定
  - 概念：以教育目的为指导思想,以"学生守则"为基本依据,对学生一个学期内的学习、劳动、生活、品行等方面进行的小结与评价
  - 步骤：学生自评—小组评议—班主任评价—信息反馈
- ⑧班主任工作计划与总结
  - 计划
    - 说法一：学期计划、月或周计划以及具体的活动计划
    - 说法二：学期计划和具体的活动计划
  - 总结：全面总结和专题总结

内容与方法
⑨个别教育工作
- 先进生工作：严格要求，防止自满；不断激励，弥补挫折；消除嫉妒，公平竞争；发挥优势，全班进步
- 中等生工作：努力使中间因素向积极方面转化；有的放矢地进行个别教育
- 后进生工作：关心爱护后进生，尊重他们的人格；培养和激发学习动机

⑩班会活动的组织
- 特征：集体性、自主性和针对性
- 类型：常规班会、生活班会和主题班会(主要形式)

⑪偶发事件的处理：教育性原则、客观性原则、有效性原则、可接受性原则、冷处理原则

知识点7　班主任的责任 【单选、多选、判断】

责任
- 教育的责任：教学生学会做人、学会做事
- 培养的责任：使学生健康和谐地发展
- 发现的责任：发现学生个性、挖掘潜力
- 激活的责任：给予学生成功体验，形成自我教育能力
- 夯实的责任：为学生发展打下坚实的基础

要点回顾

1. 班级管理的具体内容。
2. 班级管理的几种模式的内涵。
3. 班集体的特征。
4. 班集体形成与培养的方法。
5. 班主任建设和管理班级组织的策略。
6. 班主任工作的主要内容。
7. 班主任了解学生的方法。
8. 学生操行评定的概念与一般步骤。
9. 班主任进行个别教育工作的对象。

第九章　课外、校外教育与三结合教育

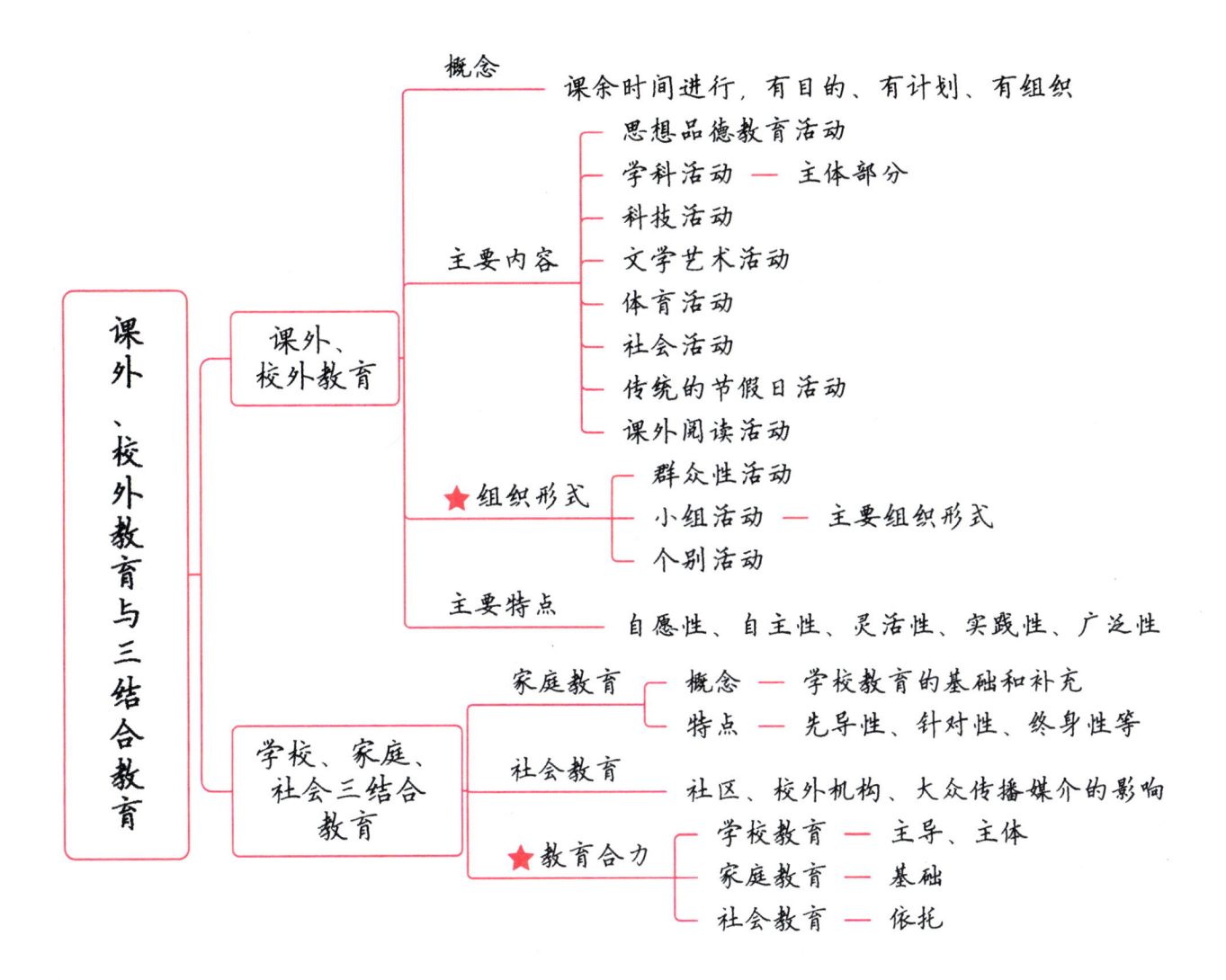

思维导图

- 课外、校外教育与三结合教育
  - 课外、校外教育
    - 概念——课余时间进行，有目的、有计划、有组织
    - 主要内容
      - 思想品德教育活动
      - 学科活动——主体部分
      - 科技活动
      - 文学艺术活动
      - 体育活动
      - 社会活动
      - 传统的节假日活动
      - 课外阅读活动
    - ★组织形式
      - 群众性活动
      - 小组活动——主要组织形式
      - 个别活动
    - 主要特点——自愿性、自主性、灵活性、实践性、广泛性
  - 学校、家庭、社会三结合教育
    - 家庭教育
      - 概念——学校教育的基础和补充
      - 特点——先导性、针对性、终身性等
    - 社会教育——社区、校外机构、大众传播媒介的影响
    - ★教育合力
      - 学校教育——主导、主体
      - 家庭教育——基础
      - 社会教育——依托

知识梳理

第一节 课外、校外教育

知识点1 课外、校外教育概述

1.课外、校外教育的概念【单选、多选、判断、名词解释】

课外、校外教育是指在课程计划和学科课程标准以外,利用课余时间,对学生施行的各种有目的、有计划、有组织的教育活动。选修课、自习课不属于课外教育。

2.课外、校外教育与课堂教学的关系【单选、多选、判断】

(1)联系:目的一致,有计划、有组织。

(2)区别:实施范围不同,课外、校外教育不局限于课堂教学的内容和教学大纲的范围。课外、校外教育不是课堂教学活动的延伸。

3.课外、校外教育的意义【单选、多选、判断】

(1)有利于学生开阔眼界,获得知识;

(2)有利于发展学生智力,培养学生的各种能力;

(3)是进行德育的重要途径;

(4)是因材施教,发展学生个性特长的广阔天地。

知识点2 课外、校外教育的主要内容【单选、多选、判断、案例】

(1)思想品德教育活动;

(2)学科活动(**主体部分**);

(3)科技活动; —— 无线电小组、航模小组、园艺小组、五小活动等。

(4)文学艺术活动;

(5)体育活动;

(6)社会活动;

(7)传统的节假日活动;

(8) 课外阅读活动。

知识点3　课外、校外教育的组织形式　【单选、多选、判断、填空】

组织形式
- 群众性活动
  - 性质：面向多数或全体学生，带有普及性质
  - 具体活动方式：集会、竞赛、参观、访问、游览、调查、文体活动、墙报和黑板报、社会公益劳动、主题系列活动
- 小组活动(主要组织形式)
  - 自愿组合
  - 小型分散　特点
  - 灵活机动
- 个别活动(个人活动)：课外活动的基础，因材施教

知识点4　课外、校外教育的主要特点　【单选、多选、不定项、判断】

(1) 自愿性：学生自由选择、自愿参加，强调非强制性。

(2) 自主性：学生自己组织、设计和动手，强调"学生主体、教师辅助"。

(3) 灵活性：活动内容、形式多样。

自愿领(灵)饭(泛)食(实)。

(4) 实践性：学生通过自身实践获得知识和技能。

(5) 广泛性：内容不受课程计划、课程标准的限制。

第二节　学校、家庭、社会三结合教育

知识点1　家庭教育

1. 家庭教育的概念　【单选】

家庭教育是学校教育的基础和补充，具有不可替代的教育作用。

2. 家庭教育的特点　【单选、多选、不定项、判断】

(1) 先导性；(2) 感染性；(3) 权威性；(4) 针对性；(5) 终身性；(6) 个别性。

开始最早。　　"知子莫如父，知女莫若母"。　持续时间最长。

还有其他学者认为家庭教育的特点有：内容的生活化、方式的情感化、方法的多样化。

3.家庭教育的基本要求 【多选】

(1)环境和谐;(2)方法科学;(3)以身作则;(4)爱严相济;(5)要求一致;(6)全面关心。

知识点2 社会教育 【单选、判断】

社会教育
- 内涵:学校、家庭环境以外的社区、文化团体和组织等给予儿童和青少年的影响
- 途径
  - 社区
  - 各种校外机构
  - 报刊、广播、电影、电视、戏剧等大众传播媒介

知识点3 学校、家庭、社会三结合,形成教育合力 【单选、多选、判断、填空、简答、案例】

教育合力是指学校、家庭、社会三种教育力量相互联系、相互协调、相互沟通,统一教育方向,形成以学校教育为<u>主体</u>,以家庭教育为<u>基础</u>,以社会教育为<u>依托</u>的共同育人的力量,使学校、家庭、社会教育一体化,以提高教育活动实效。

(1)学校教育占<u>主导地位</u>。

(2)家庭、社会和学校三者协调一致,互相配合。

(3)学校可以通过与家庭相互访问、建立通讯联系、定时举行家长会、组织家长委员会、举办家长学校等途径加强与家庭之间的联系。

(4)加强学校与社会教育机构之间的相互联系。

要点回顾

1. 课外、校外教育与课堂教学的关系。
2. 课外、校外教育的主要内容。
3. 群众性活动的性质以及小组活动的特点。
4. 家庭教育的特点。
5. 三结合教育的内容及各教育的地位。

第十章 教育研究

思维导图

- 教育研究
  - 教育研究概述
    - 内涵：以教育问题为对象，发现和总结教育规律
    - 类型
      - 基础研究、应用研究、开发研究
      - 定量研究、定性研究
      - 发展性研究、评价性研究、预测性研究
    - 基本过程
      - 选择研究课题
      - 教育文献检索与综述
      - 制订研究计划
      - 教育研究资料的收集、整理与分析
      - 教育研究论文与报告的撰写
  - 教育研究方法
    - ★常用方法
      - 观察研究法
      - 调查研究法
      - 实验研究法
      - 个案研究法
      - 比较法
    - 新兴方法
      - ★行动研究法
      - 质性研究法
      - 教育叙事研究
      - 教育随笔
    - 校本教研——基本要素
      - 自我反思
      - 同伴互助
      - 专业引领

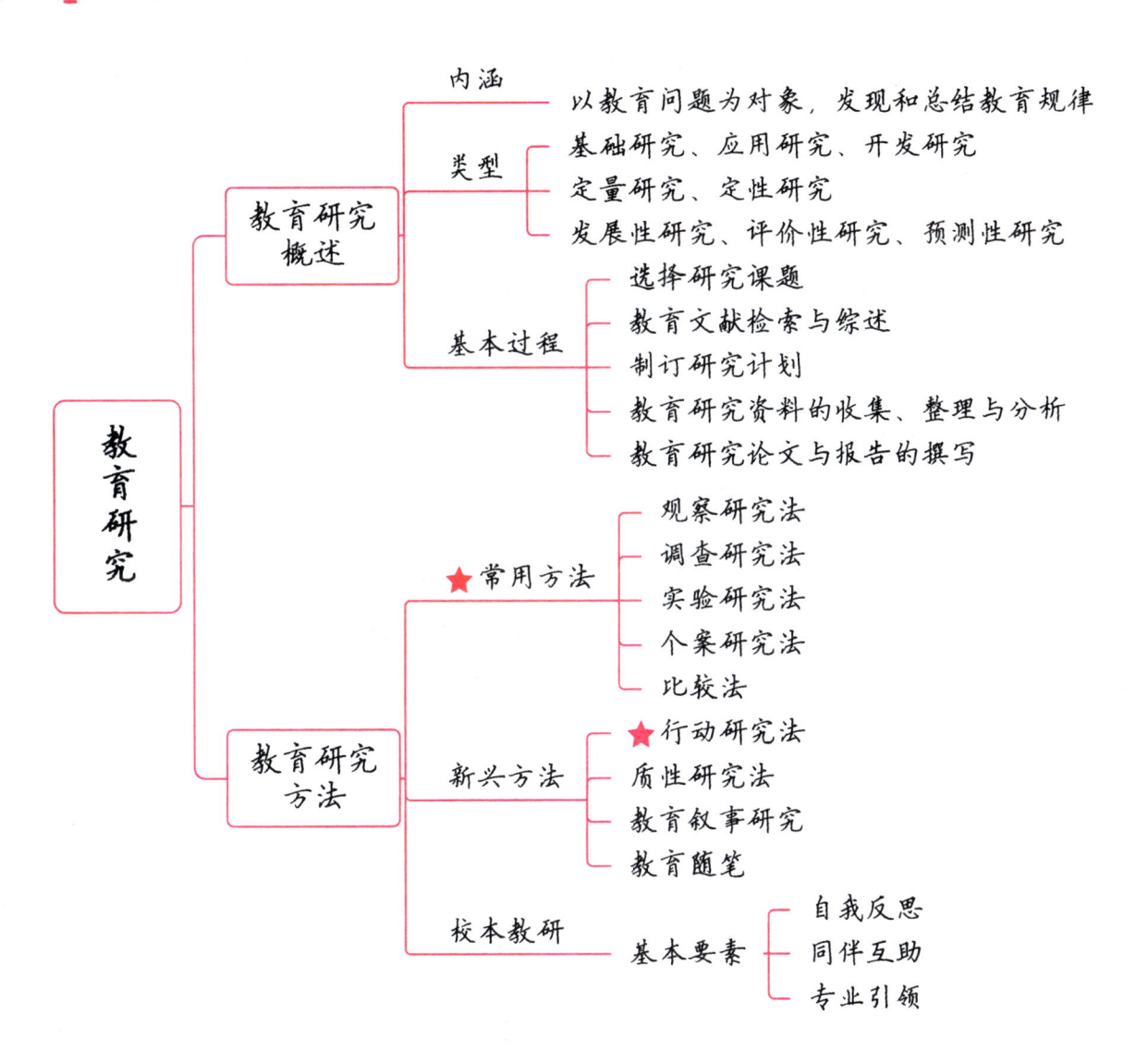

知识梳理

第一节 教育研究概述

知识点1　教育研究的内涵【单选、多选、判断】

教育研究是以教育问题为对象，运用科学的方法，遵循一定的研究程序，收集、

整理和分析有关资料,以发现和总结教育规律的一种认识活动。

教育研究由三个要素组成,即客观事实、科学理论和方法技术。

知识点2 教育研究的类型 【单选、多选】

类型
- 研究目的
  - 基础研究:对研究领域具有直接增加知识的价值
  - 应用研究:解决某些特定的问题或提供直接有用的知识
  - 开发研究:将研究的成果与经验加以运用、推广和普及
- 方法论
  - 定量研究(量化研究):"是多少"
  - 定性研究(质化研究):"为什么"
- 研究功能
  - 发展性研究:"如何改进"
  - 评价性研究:"怎么样"
  - 预测性研究:"将会怎么样"

知识点3 教师的教育研究

1. 教师教育研究的特点 【单选、多选、判断】

教师教育研究的特点可以通过比较专门研究者的教育研究和教师的教育研究之间的区别来理解和认识:

主体	教师的教育研究	专门研究者的教育研究
区别	改进教育的研究	描述和解释教育的研究
	置身教育之中的研究	置身教育之外的研究
	为了教育的研究	关于教育的研究

2. 教师进行教育研究的优势 【不定项】

(1)教师工作于真实的教育教学情境之中,最了解教学的困难、问题与需求,能及时清晰地知觉到问题的存在;

(2)教师能准确地从学生的学习中了解到自己教学的成效,了解到师生互动需要改进的方面;

(3)教师是教育教学实践的主体,针对具体的、真实的问题所采取的变革尝试,

能够在实践中得到检验。

3.教师参与教育研究的意义 【多选】

(1)教师自我反思、重新学习、不断调整和改善知识结构的过程；

(2)教师与他人沟通交流、扩大视野的过程；

(3)教师挑战自我、提高教育研究能力的过程。

知识点4 教育研究的基本过程 【单选、多选、不定项、判断】

一选二检三制订，整理分析写报告。

基本过程
- 选择研究课题（第一步）
  - 好的研究课题的特点：
    - 有价值
    - 有科学的现实性
    - 明确具体
    - 新颖，有独创性
    - 有可行性
- 教育文献检索与综述
  - 文献类型：
    - ①一次文献：原始性文献；专著、论文、调查报告、档案材料等
    - ②二次文献：检索性文献；题录、书目、索引、提要、文摘等
    - ③三次文献：参考性文献；动态综述、专题述评、数据手册、年度百科大全以及专题研究报告等
  - 文献检索(贯穿研究全过程)：网络检索(最快捷)
  - 文献综述：叙述性文献综述、述评性文献综述
- 制订研究计划
- 教育研究资料的收集、整理与分析
- 教育研究论文与报告的撰写

学霸点睛

在区分教育文献的三种类型时，可抓住它们的关键特征来识记。如：一次文献强调作者原创，内容更具体；二次文献多具有检索功能；三次文献的综合性、浓缩性更高。

第二节 教育研究方法

知识点1 常用的教育研究方法 【单选、多选、判断、填空、简答】

常用的教育研究方法

- **(1) 观察研究法**
  - ① 概念：有目的、有计划地通过**感官和辅助仪器**，对处于自然状态下的客观事物进行系统考察，获取经验事实
  - ② 类型
    - 观察的情境条件
      - 自然情境中的观察
      - 实验室的观察
    - 观察的方式（是否借助仪器设备）
      - 直接观察（感官）
      - 间接观察（仪器设备）
    - 观察者是否直接参与被观察者所从事的活动
      - 参与性观察（直接参与）
      - 非参与性观察（旁观者）
    - 观察实施的方法（是否有观察项目和要求）
      - 结构式观察（可控性观察）
      - 非结构式观察（非控制性观察）

- **(2) 调查研究法**
  - ① 概念：通过运用**观察、列表、问卷、访谈、个案研究**及**测验**等方式收集资料，做出分析，提出建议
  - ② 类型
    - 调查目的：历史调查、现状调查、发展调查、常规调查、相关调查和原因调查等
    - 调查性质：事实调查和意见调查
    - 调查范围：综合调查和专题调查
    - 调查对象：全面调查、重点调查、抽样调查和个案调查
    - 调查内容：科学性的典型调查、反馈性的普遍调查和预测性的抽样调查

- **(3) 实验研究法**：各类研究中**唯一能确定因果关系**的研究
- **(4) 个案研究法**：对**单一对象**的某个或某些方面进行广泛深入研究
- **(5) 比较法**：对比不同国家的教育制度、教育理论或教育实践

知识点2　新兴的教育研究方法　【单选、多选、判断、填空、简答】

新兴的教育研究方法
- 行动研究法
  - ①最早提出者：科特·勒温（"行动研究之父"）
  - ②概念：实际工作者基于解决实际问题的需要，与专家、学者及本单位的成员共同合作，将实际问题作为研究主题，进行系统研究，以解决实际问题
  - ③特点：为教育行动而研究、在教育行动中研究、由教育行动者研究
  - ④环节：计划、行动、考察、反思
- 质性研究法：研究者本人基于经验和直觉，在与研究对象的互动中理解和解释其行为和意义建构
- 教育叙事研究：抓住人类经验的故事性特征进行研究，用故事呈现研究结果
- 教育随笔：短小精悍、取材广泛、迅速及时

知识拓展

教师提高教学研究技能的途径

阅读，即教师自己阅读有关教学理论和教学研究方法的论著；

合作，即与大学或研究机构的教学研究专家合作进行实验研究；

行动研究（最有实效），即教师针对实际问题自己思考解决问题的办法。

知识点3　校本教研

1.校本教研的概念　【单选、填空】

校本教研（又称校本研究）指以学校自身条件为基础，以学校校长、教师为主力军，针对学校现实存在的问题而开展的有计划的研究活动。

2.校本教研的特点　【单选、多选】

（1）校本教研是一种实践研究。

（2）校本教研以校为基础和前提：为了学校；在学校中；基于学校。

3.校本教研的基本理念　【单选、判断】

（1）学校是校本教研的主阵地；

(2)教师是校本教研的主体；

(3)解决教学的实际问题是校本教研的核心。

4.校本教研的基本要素 【单选、多选、判断】

(1)自我反思(教师专业发展和自我成长的核心因素，开展校本研究的基础和前提)；

(2)同伴互助；

(3)专业引领。

要点回顾

1. 教育研究的基本过程。
2. 观察研究法的概念与基本类型。
3. 调查研究法与个案研究法的概念。
4. 行动研究法的概念与环节。
5. 校本教研的基本要素。

第二部分 心理学

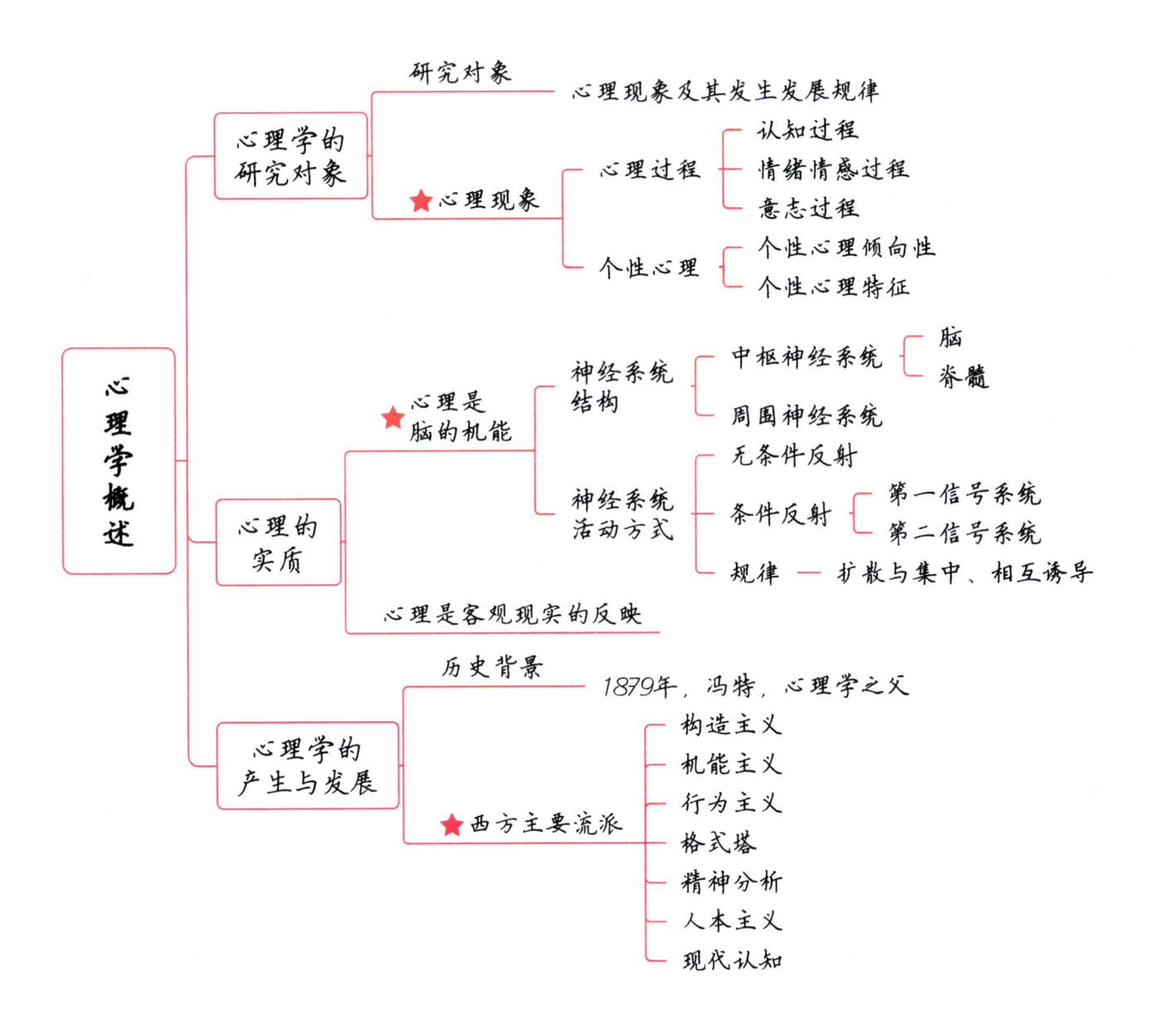

第一章 心理学概述

思维导图

- 心理学概述
  - 心理学的研究对象
    - 研究对象 —— 心理现象及其发生发展规律
    - ★心理现象
      - 心理过程
        - 认知过程
        - 情绪情感过程
        - 意志过程
      - 个性心理
        - 个性心理倾向性
        - 个性心理特征
  - 心理的实质
    - ★心理是脑的机能
      - 神经系统结构
        - 中枢神经系统
          - 脑
          - 脊髓
        - 周围神经系统
      - 神经系统活动方式
        - 无条件反射
        - 条件反射
          - 第一信号系统
          - 第二信号系统
        - 规律 —— 扩散与集中、相互诱导
    - 心理是客观现实的反映
  - 心理学的产生与发展
    - 历史背景 —— 1879年，冯特，心理学之父
    - ★西方主要流派
      - 构造主义
      - 机能主义
      - 行为主义
      - 格式塔
      - 精神分析
      - 人本主义
      - 现代认知

知识梳理

第一节 心理学的研究对象

知识点1 心理学的研究对象和性质 【单选】

1. 研究对象：心理现象（又称心理活动）及其发生发展规律。既研究动物的心理，也研究人的心理。

2. 性质：兼有自然科学和社会科学的性质，是一门中间（边缘）科学。

知识点2 心理现象及其结构 【单选、多选、判断】 感知记相（想）思。

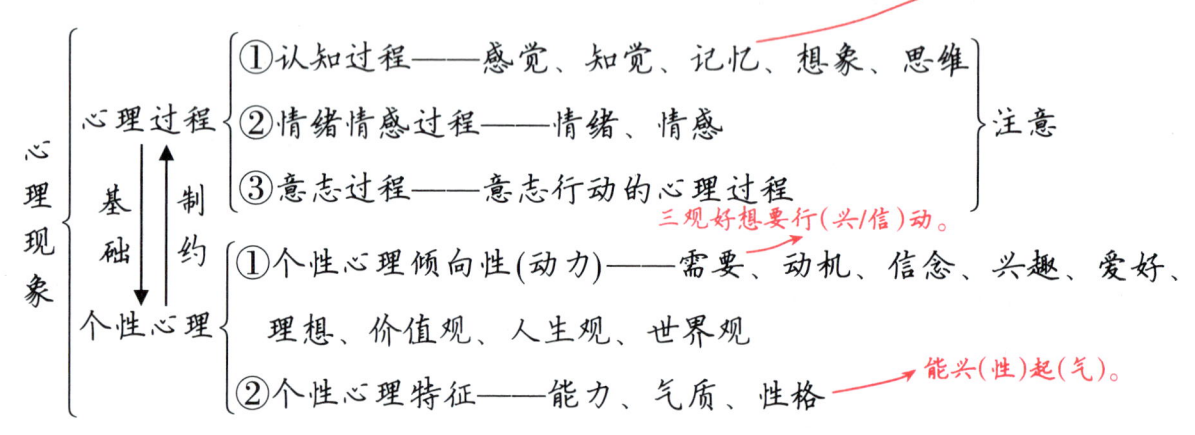

```
          ┌ 心理过程 ┌ ①认知过程——感觉、知觉、记忆、想象、思维 ┐
          │         │ ②情绪情感过程——情绪、情感                │ 注意
心理      │         └ ③意志过程——意志行动的心理过程           ┘
现象  基础↕制约
          │         ┌ ①个性心理倾向性（动力）——需要、动机、信念、兴趣、爱好、
          └ 个性心理│   理想、价值观、人生观、世界观
                    └ ②个性心理特征——能力、气质、性格
```

三观好想要行（兴/信）动。

能兴（性）起（气）。

注：注意不是一种独立的心理过程，也不属于某一种心理过程，而是伴随各种心理过程存在的特殊心理状态。

第二节 心理的实质

知识点1 心理是脑的机能

心理是脑的机能，脑是心理的器官。

1. 神经系统的结构 【单选、多选】

额顶枕颞，动感视听。

```
神经系统    ┌ 中枢神经系统   ┌ 脑 ┌ 功能分区 ┌ 枕叶（视觉中枢）
（物质基础）│  （司令部）    │    │          │ 颞叶（听觉中枢）
            │                │    │          │ 顶叶（触压、温度、痛觉等）
                                              └ 额叶（意志活动）
```

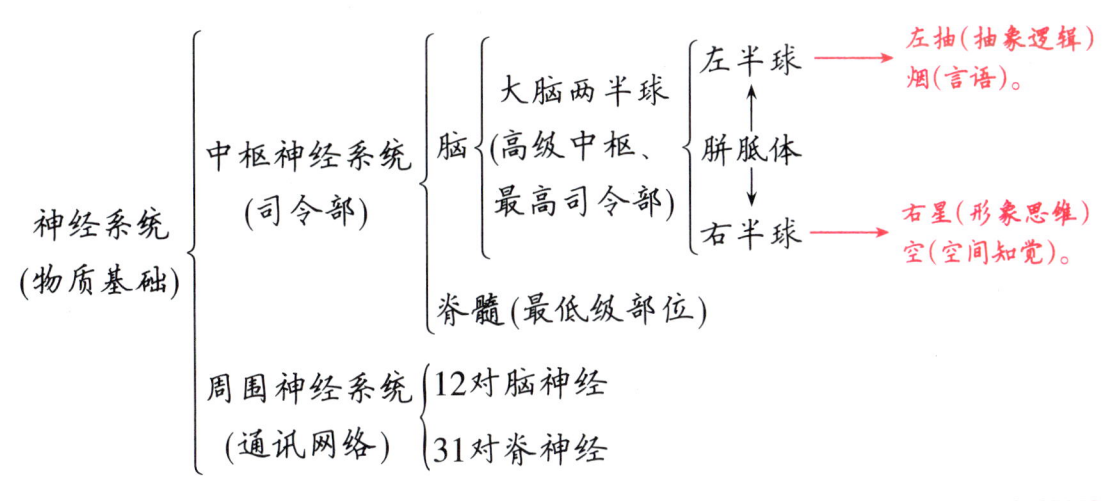

神经系统(物质基础) ┬ 中枢神经系统(司令部) ┬ 脑 ┬ 大脑两半球(高级中枢、最高司令部) ┬ 左半球 → 左抽(抽象逻辑)烟(言语)。
　　　　　　　　　　　　　　　　　　　　　　　　　├ 胼胝体
　　　　　　　　　　　　　　　　　　　　　　　　　└ 右半球 → 右星(形象思维)空(空间知觉)。
　　　　　　　　　　　　　└ 脊髓(最低级部位)
　　　　　　└ 周围神经系统(通讯网络) ┬ 12对脑神经
　　　　　　　　　　　　　　　　　　 └ 31对脊神经

学霸点睛

大脑左右半球负责的功能如下所示：

(1)科学脑——大脑左半球，主要负责言语、阅读、书写、运算和推理等；

(2)艺术脑——大脑右半球，主要负责知觉物体的空间关系、情绪情感、欣赏音乐和艺术等。

2.神经系统的活动方式 【单选、多选、判断】

(1)反射与反射弧

①反射是神经系统活动的基本形式；脑的反射活动是人类心理活动的基础。

②反射弧是实现反射活动的生理结构，由感受器、传入神经、神经中枢、传出神经、效应器组成。

③反射的种类

反射 ┬ 无条件反射：**先天的**，即无意识的**本能**行为；如吮吸反射、膝跳反射
　　 └ 条件反射 ┬ 第一信号系统：**具体事物**作为条件刺激；人和动物共有 —— 望梅生津。
　　　　　　　　└ 第二信号系统：**语词**作为条件刺激；人类特有 —— 谈虎色变。

(2)神经活动的基本过程和规律

①基本过程 ┬ 兴奋：神经细胞的活动状态
　　　　　 └ 抑制：神经细胞处于暂时性的减弱或停止的状态

②基本规律:兴奋和抑制的扩散与集中;兴奋和抑制的相互诱导。

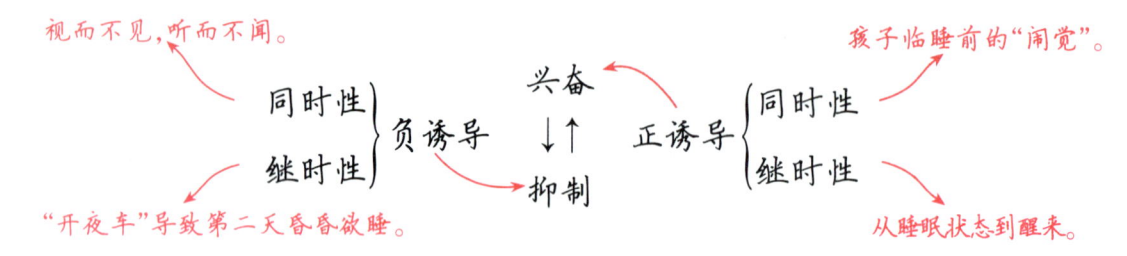

- 视而不见,听而不闻。→ 同时性 ⎱ 负诱导
- 继时性 ⎰
- "开夜车"导致第二天昏昏欲睡。

兴奋 ↕ 抑制

- 正诱导 ⎱ 同时性 ← 孩子临睡前的"闹觉"。
- 继时性 ← 从睡眠状态到醒来。

知识点2　心理是客观现实的反映

(1)客观现实决定人的心理 ⎰ ①人的心理是客观现实的反映
⎱ ②社会环境和社会生活条件对人的心理起决定作用

(2)心理是人脑对客观现实的**主观**映象,如仁者见仁,智者见智。

(3)心理是人脑对客观现实的**能动**的反映,如我命由我不由天。

第三节　心理学的产生与发展

知识点1　心理学产生的历史背景

1.历史上第一部论述各种心理现象的著作是亚里士多德的《论灵魂》。

2.科学心理学的诞生

诞生 ⎰ 人物:**冯特**(心理学之父、科学心理学之父)
时间:**1879年** ← 冯特生的(德国)一把气球(1879年)。
事件:在德国莱比锡大学创建世界上第一个心理学实验室
意义:科学心理学诞生的标志

注:冯特的代表作有《生理心理学原理》《民族心理学》《心理学大纲》等。

知识点2　西方主要的心理学流派　【单选、多选、判断】

流派	代表人物	主要观点	点拨
构造主义	冯特 铁钦纳	①研究对象：直接经验即意识（分为感觉、意象、激情三种元素）； ②主张采用实验内省法； ③基本任务：理解正常成人的一般心理规律	铁粉（冯特）内省造元素
机能主义	詹姆士 杜威 安吉尔	①提出"意识流"； ②研究意识的作用与功能； ③意识的作用：适应环境	危（杜威）机（安吉尔）适（詹姆士）应意识流
行为主义	华生	①诞生标志：1913年华生发表的《在行为主义者看来的心理学》； ②反对研究意识，主张研究行为； ③反对内省，主张采用实验方法	华生行为双第一（行为主义第一人；"第一势力"）
格式塔（完形）	韦特海默 苛勒 考夫卡	强调心理作为一个整体、一个组织的意义	完形整体为（韦特海默）科（苛勒）考
精神分析	弗洛伊德	①研究异常行为和无意识； ②研究方法主要有自由联想、个案法、释梦等	弗洛伊德居第二（"第二势力"）
人本主义	马斯洛 罗杰斯	①注重人的全面发展； ②强调自我实现	罗马人本居第三（"第三势力"）

续表

流派	代表人物	主要观点	点拨
现代认知主义（信息加工）	奈塞尔 皮亚杰	①诞生标志：1967年奈塞尔出版的《认知心理学》；②以信息加工为核心	信息加工认赖（奈塞尔）皮

要点回顾

1. 心理过程的结构。
2. 个性心理的结构。
3. 大脑的结构和功能分区。
4. 无条件反射与条件反射的特点。
5. 相互诱导的分类。
6. 科学心理学的诞生标志。
7. 西方主要的心理学流派的观点及代表人物。

第二章　认知过程

思维导图

认知过程
- 感觉和知觉
  - 种类
    - 知觉
      - 物体知觉 — 似动知觉
      - 社会知觉 — 社会知觉偏差
  - ★规律
    - 感觉
      - 感受性与感觉阈限
      - 相互作用
        - 同一感觉
          - 感觉适应
          - 感觉对比
          - 感觉后效
        - 不同感觉 — 联觉
    - 知觉 — 选择性、理解性、整体性、恒常性
  - 规律应用 — 感知规律
- 记忆
  - 品质 — 准确性、准备性、敏捷性、持久性
  - ★分类
    - 形象、情景、语义、情绪、动作记忆
    - 陈述性、程序性记忆
    - 外显、内隐记忆
  - 过程
    - ★遗忘
      - 艾宾浩斯遗忘规律
      - 原因
        - 消退说
        - 干扰说
        - 压抑说
        - 提取失败说
        - 同化说
    - 回忆 — 种类
      - 无意、有意回忆
      - 直接、间接回忆
- 表象与想象
  - 表象
    - 特征 — 直观性、概括性、可操作性
  - 想象
    - 种类
      - 无意想象
      - 有意想象
        - 再造想象
        - 创造想象 — 幻想
    - 加工方式 — 黏合、夸张、拟人化、典型化

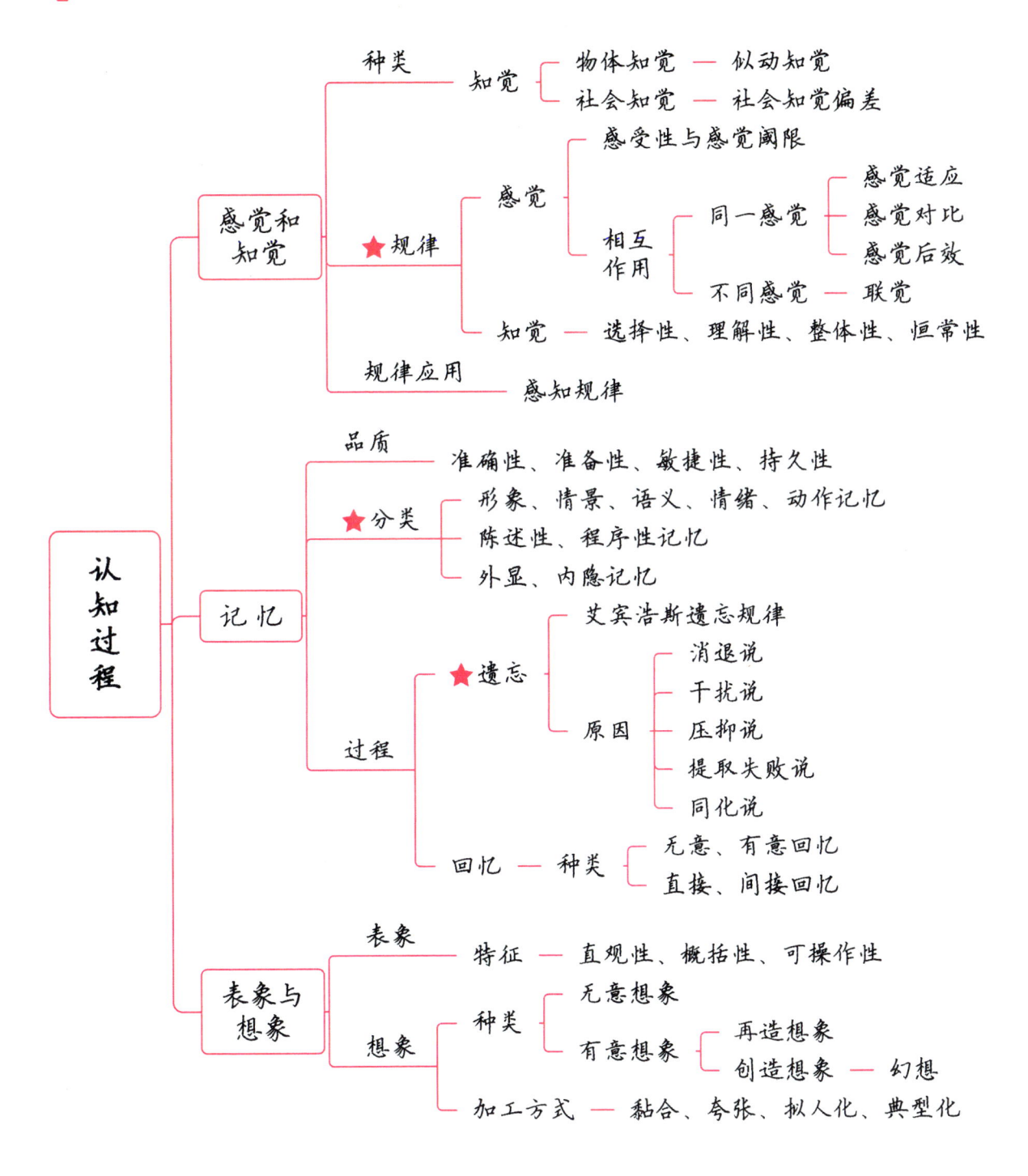

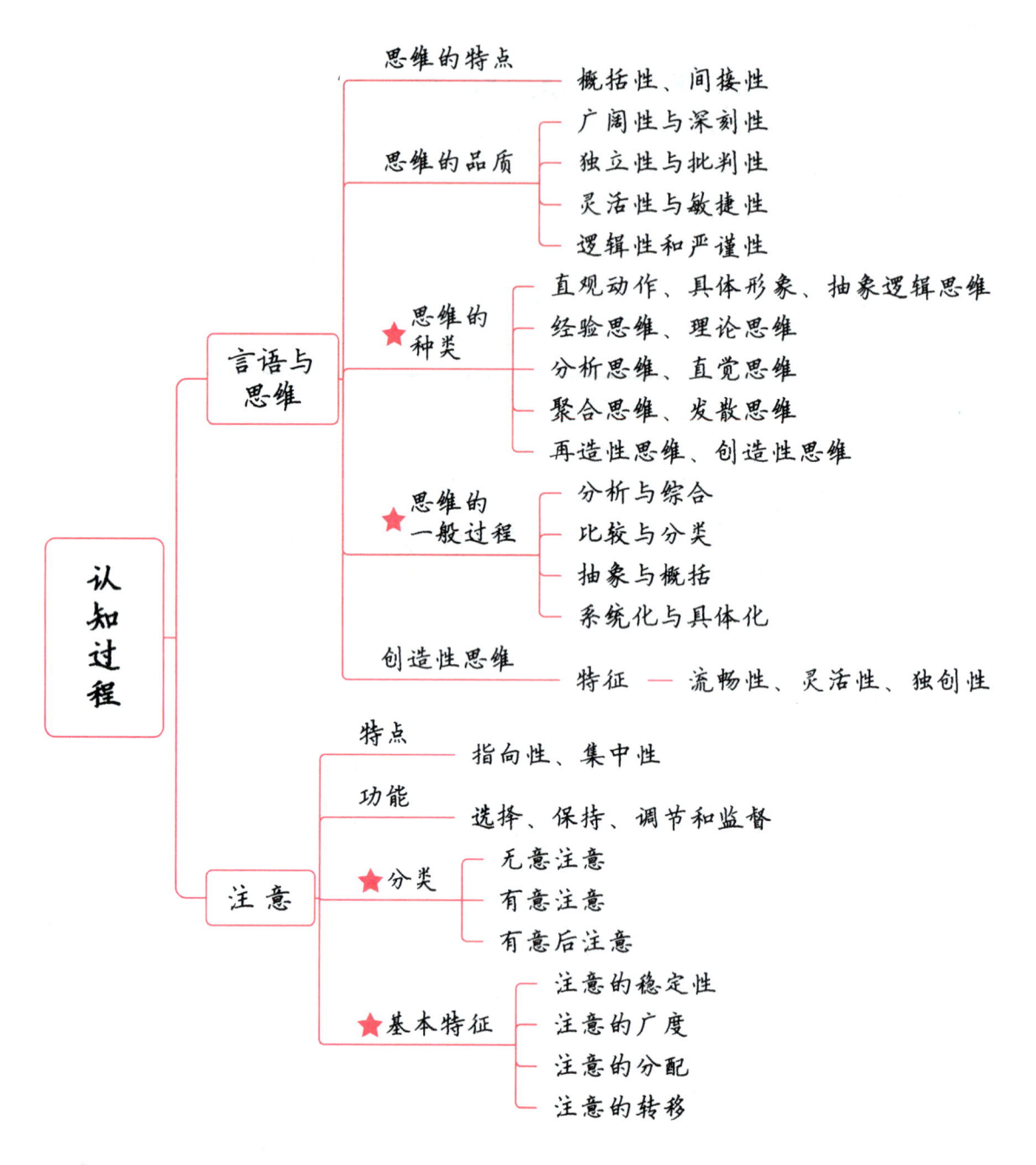

```
                                   ┌─ 思维的特点 ──── 概括性、间接性
                                   │                ┌─ 广阔性与深刻性
                                   │                ├─ 独立性与批判性
                                   ├─ 思维的品质 ───┤
                                   │                ├─ 灵活性与敏捷性
                                   │                └─ 逻辑性和严谨性
                                   │                ┌─ 直观动作、具体形象、抽象逻辑思维
                    ┌─ 言语与      │ ★思维的       ├─ 经验思维、理论思维
                    │   思维       ├─  种类       ─┼─ 分析思维、直觉思维
                    │              │                ├─ 聚合思维、发散思维
                    │              │                └─ 再造性思维、创造性思维
认                  │              │ ★思维的       ┌─ 分析与综合
知 ─┤               │              ├─  一般过程   ─┼─ 比较与分类
过                  │              │                ├─ 抽象与概括
程                  │              │                └─ 系统化与具体化
                    │              └─ 创造性思维 ── 特征 ── 流畅性、灵活性、独创性
                    │
                    │              ┌─ 特点 ──── 指向性、集中性
                    │              ├─ 功能 ──── 选择、保持、调节和监督
                    └─ 注 意  ────┤              ┌─ 无意注意
                                   │ ★分类     ─┼─ 有意注意
                                   │              └─ 有意后注意
                                   │              ┌─ 注意的稳定性
                                   │ ★基本特征 ─┼─ 注意的广度
                                   │              ├─ 注意的分配
                                   │              └─ 注意的转移
```

知识梳理

第一节　感觉和知觉

知识点1　感知觉的概念和关系

1.感知觉的概念　【单选、判断】

（1）感觉的概念

人脑对直接作用于感觉器官的客观事物的个别属性的反映。

(2)知觉的概念

人脑对直接作用于感觉器官的客观事物的整体属性的反映。

2.感觉与知觉的关系

关系	感觉	知觉
区别	个别属性	整体属性
	个别感觉器官	多种感觉器官
	受感觉系统的生理因素影响	受感觉系统的生理因素、人的过去经验、心理特点的制约,与词联系在一起
联系	①都是刺激物直接作用于感觉器官而产生的,都是对现实的感性反映形式;②都是人类认识世界的初级形式,反映的都是事物的外部特征和外部联系	

> 学霸点睛
>
> (1)感觉是一切知识和经验的基础,是认识世界的开端。
>
> (2)感觉反映事物的个别属性,例如"味道""颜色"等。知觉反映事物的整体属性,关键词有"命名""认出"等。

知识点2 感知觉的种类

1.感觉的种类

从感觉器官的角度分 { 外部感觉:视觉、听觉、嗅觉、味觉、肤觉 → 头(视觉、听觉、嗅觉、味觉)加肤。
内部感觉:平衡觉、机体觉、运动觉 → 很(平衡)激(机体)动。

2.知觉的种类

(1)物体知觉 【单选、多选】

物体知觉 { 空间知觉:形状知觉、大小知觉、方位知觉、深度知觉 → 视崖实验。
时间知觉
运动知觉 { 真正运动的知觉
似动知觉

似动知觉的主要形式有：

分类	特点	举例
动景运动	两静相继呈现，看起来是连续运动	电影、电视的活动画面
诱导运动	一动一静同时呈现，看起来像是静的在运动	月动云静
自主运动（游动效应）	一个静止的物体，看久了像是在运动	在暗室中注视烟头或熏香
运动后效	先动后静，静的向相反的方向运动	在注视飞速开过的火车之后，会觉得附近的树木向相反的方向运动

(2) 社会知觉 【单选、判断】

常见的社会知觉偏差有：

类别	内涵	举例
社会刻板效应（刻板印象）	将团体特征推及个体	地域歧视
晕轮效应（光环效应）	根据个体的某种特征，对他的其他特征做相似判断	认为外表有魅力的老师教学能力强
首因效应（最初效应）	最初获得的信息影响更大	第一印象
近因效应（最近效应）	新近获得的信息影响更大	多年不见的朋友，在自己脑海中的印象最深的往往就是临别时的情景
投射效应	由己推人	"以小人之心，度君子之腹"

(3)错觉 —→ 不可避免,并非幻觉。

错觉 { 不正确的、歪曲的知觉
只要条件具备,必然产生,主观努力难以克服
既有积极作用,又有消极作用 }

知识点3　感知觉的一般规律

1.感觉的规律 【单选、多选、判断、填空】

(1)感受性与感觉阈限的种类

种类 {
　感受性（反比）{ 绝对感受性:觉察最小刺激量的能力
　　　　　　　　 差别感受性:觉察最小差异量的能力 }（非固定）
　感觉阈限 { 绝对感觉阈限:刚能引起感觉的最小刺激量
　　　　　　 差别感觉阈限:刚能引起差别感觉的最小差异量 }
}

> **学霸点睛**
>
> 在区分感受性和感觉阈限时需要注意:
>
> (1)感受性是一种能力,感觉阈限是刺激量的范围;(2)绝对感受性和绝对感觉阈限强调感觉从无到有的过程,差别感受性和差别感觉阈限强调感觉的变化过程。

(2)感觉的相互作用规律

①同一感觉的相互作用

分类	内涵	表现	典例
感觉适应（所有感觉均有）	由于刺激对感受器的**持续作用**而使感受性变化的现象	暗适应（明→暗）	从室外进入电影院,需要适应一会儿才能看清东西
		明适应（暗→明）	刚从电影院里出来,觉得光线很强,数秒后则逐渐适应
		嗅觉适应	"入芝兰之室,久而不闻其香"

续表

分类	内涵	表现	典例
感觉对比	同一感受器接受不同的刺激,而使感受性变化的现象	同时对比	月明星稀
		继时对比	吃过糖之后吃橘子,会觉得橘子特别酸
感觉后效（感觉后像） 余音绕梁,三日不绝于耳。	刺激作用停止后感觉暂时保留的现象	正后像 性质一样。	注视发光的灯泡几秒钟,再闭上眼睛,就会感到眼前有一个同灯泡差不多的光源出现在黑暗的背景里
		负后像 性质不一样。	在上述正后像出现后把视线转向白色的背景,就会感到在明亮的背景上有黑色的斑点,即负后像

② 不同感觉的相互作用

分类	内涵	典例
不同感觉的相互影响	一种感受器的感受性因其他感受器的影响而有所变化	感冒时鼻子不通气,吃不出食物的香味
不同感觉的相互补偿	某种感觉系统的机能丧失后,由其他感觉系统的机能来弥补	盲人的听觉很敏锐
联觉	一种感觉兼有另一种感觉	红色给人以热烈的感觉；欢快的歌曲

2.知觉的规律 【单选、多选、判断】

特征	关键词	主要影响因素	典例
选择性	从背景中区分出对象	①强度律； ②差异律； ③活动律； ④新颖奇特性； ⑤组合律	①变色龙； ②万绿丛中一点红
理解性	原有知识经验	知觉者已有的知识经验	①外行看热闹,内行看门道； ②仁者见仁,智者见智
整体性	部分与整体的关系	①知觉对象的特点； ②各部分的强度关系； ③各部分的结构关系； ④知觉者的知识与经验	"窥一斑而见全豹"
恒常性	条件变化,知觉映象不变	视觉线索	颜色、亮度(明度)、形状、大小恒常性

学霸点睛

(1)选择性——同一个人针对两个以上的事物；

(2)理解性——经验不同,不同人对同一事物的认识不同；

(3)整体性——经验帮助我们把残缺的东西补全,形成整体；

(4)恒常性——针对不同知觉条件下的同一个事物。

知识点4　感知觉规律在教学中的应用

1. 遵循感知规律，开展直观教学

规律	内涵
强度律	作为知识的物质载体的直观对象（实物、模像或言语）必须达到一定强度，才能被清晰感知，过强、过弱都会影响效果
差异律	对象和背景的差异越大，对象从背景中区分开来就越容易
活动律	活动的对象较之静止的对象容易感知
组合律	空间上接近、时间上连续、形状上相同、颜色上一致的事物，易于构成一个整体被人们清晰地感知

2. 学生观察力的发展与培养　【单选、不定项、简答】

(1) 观察的品质
- 观察的目的性
- 观察的精确性 —— 目精面刻。
- 观察的全面性
- 观察的深刻性

（知觉的高级形式。）

(2) 学生观察力的发展

小学生的发展特点	中学生的发展特点
①观察的目的性较差； ②观察缺乏精确性；——混淆字形相近的字。 ③观察缺乏顺序性； ④观察缺乏深刻性	①具有明确的目的性； ②持久性明显发展； ③精确性提高； ④概括性增强

(3) 学生观察力的培养方法 —— 明确目的与任务，做好准备与计划，个别指导要跟上，引导记录与汇报。

①引导学生明确观察的目的与任务，是良好观察的重要条件；

②充分的准备、周密的计划、提出观察的具体方法,是引导学生完成观察的重要条件;

③在实际观察中应加强对学生的个别指导,有针对性地培养学生良好的观察习惯;

④引导学生学会记录整理观察结果,在分析研究的基础上,写出观察报告、日记或作文;

⑤引导学生开展讨论、交流并汇报观察成果,不断提高学生的观察能力,培养良好的观察品质。

此外,还应努力培养学生的观察兴趣与优良的性格特征。

第二节 记 忆

知识点1 记忆的概念与品质 【单选、多选、判断】

1. 记忆的概念

(1)记忆是人脑对过去经验的保持和再现。

(2)记忆是人的心理过程在时间上的持续。

2. 记忆的品质 → 准备劫(敏捷性)持。

品质	要点	典例
敏捷性(记得快)	速度、效率	过目成诵
持久性(记得长)	保持	终身不忘
准确性(记得清)	正确、精确	倒背如流
准备性(想得快)	提取、应用	①出口成章(正例); ②茶壶里煮饺子,倒不出来(反例)

知识点2　记忆的分类　【单选、多选、判断、填空】

依据	分类	内涵	典例
记忆内容和经验的对象	形象记忆	感知过的事物形象	余音绕梁，三日不绝于耳
	情景记忆	与亲身经历的事件有关	想起自己参加过的一个聚会
	语义记忆（语词逻辑记忆）	概念、公式、原理、规律等	记忆物理公式
	情绪记忆	情绪、情感	①一朝被蛇咬，十年怕井绳；②谈虎色变
	动作记忆（运动记忆）	运动状态、动作技能	打太极拳、游泳
信息加工和存储的内容不同	陈述性记忆	对事实和事件的记忆	知识、生活常识
	程序性记忆	对如何做事情的记忆	打篮球
记忆时意识参与的程度	外显记忆	有意识、主动	回忆
	内隐记忆	不需要意识参与	阅读再认法

知识点3　记忆过程及其规律

记忆过程：识记、保持、再现(再认或回忆)。

从信息加工的角度来看，记忆过程可分为：编码(识记)、存储(保持)、提取(再现)。

1.识记　【单选】

(1)识记的概念

识记是记忆过程的第一个基本环节，是个体获得知识经验的过程；具有选择性。

(2)识记的分类

依据	分类	内涵	典例
识记有无目的性	无意识记	无预定目的、无需方法和意志努力	看小说记得情节
	有意识记	有预定目的、需意志努力	背课文
识记材料的性质和识记方法	机械识记	①不理解,死记硬背; ②效果差,遗忘得快	记忆无意义音节、地名
	意义识记	①需理解识记对象的意义 ②能充分利用过去的知识经验 ③有多种记忆方法,效果好,遗忘得慢	将"π"记作"山巅一寺一壶酒……"

学霸点睛

机械识记存在一定的必要性。例如以下情形:

(1)识记本身没有意义或缺乏内在联系的材料;

(2)识记者缺乏应有的理解,只能先进行机械识记,如幼儿学习古诗。

(3)识记的规律(影响识记效果的因素)

①识记的目的与任务;

②识记的态度和情绪状态;

③活动任务的性质;

④材料的数量和性质;

⑤识记的方法。

2.保持与遗忘 【单选、多选、判断、简答、论述】

(1)保持及其规律

①保持的概念

保持是指已获得的知识经验在人脑中巩固的过程,是记忆过程的<u>第二个</u>环节。

②保持的规律

规律
- 在数量上的变化
  - 减少或遗忘
  - 记忆恢复(记忆回涨)
- 在质量上的变化
  - 简略、概括、合理化
  - 增添某些特征使其成为易理解的"事物"

> **知识扩展**
>
> 记忆恢复现象在下列情况中更易出现:(1)在儿童中比成人更普遍;(2)在学习难度大的材料中比学习容易的材料更容易出现;(3)在学习得不够熟练的材料中比熟练的材料更易发生。

(2)遗忘及其规律

①遗忘的概念

遗忘是与保持相反的心理过程,是指对识记过的材料<u>不能</u>回忆或再认,或者表现为<u>错误</u>的回忆或再认。

遗忘不等于信息完全丧失,而是所保持的信息不能在使用时顺利地提取出来。按照信息加工的观点,遗忘是信息提取不出或提取错误。

②遗忘的种类

种类
- 根据遗忘的时间
  - 暂时性遗忘(假性遗忘):干扰造成的信息提取障碍
  - <u>永久性遗忘</u>(真性遗忘):衰退引起的存储性障碍
- 根据是否主动
  - 主动性遗忘:为减轻心理不安
  - 被动性遗忘:消退、干扰、腐蚀、衰减
- 根据遗忘的内容
  - 部分遗忘
  - 整体遗忘

③艾宾浩斯遗忘规律

艾宾浩斯遗忘规律
- 提出者:德国心理学家<u>艾宾浩斯</u>
- 研究材料:无意义音节
- 规律:遗忘的进程是不均衡的,其趋势是先快后慢、先多后少、呈负加速,且到一定程度就几乎不再遗忘了

④影响遗忘进程的因素

因素
- 学习材料的性质
- 系列位置效应
  - 首因效应：开头部分记忆效果好
  - 近因效应：结尾部分记忆效果好
- 识记材料的数量和学习程度
- 记忆任务的长久性与重要性
- 识记的方法
- 时间因素
- 情绪和动机

> 度量动情时间的方式(系)很任性。

> 过度学习指学习达到恰能背诵之后再继续学习。过度学习达到50%，即熟练程度达到150%时，学习的效果最好。

⑤遗忘的原因

> 最古老的遗忘学说。

学说	主要观点	典例
消退说（永久性遗忘）	得不到强化、不复习	用进废退
干扰说	相互干扰	前摄抑制、倒摄抑制
压抑(动机)说（精神分析学派）	情绪或动机的压抑	考试焦虑
提取失败说（认知心理学派）	编码不准确，失去了检索线索或线索错误	"舌尖现象" "话到嘴边现象"
同化说（认知结构说）	认知结构简化、用高级代替低级	由记忆3×4=4×3到只记忆A×B=B×A

学霸点睛

遗忘的原因是常考点，考试常以实例的形式考查：

(1)对消退说的考查常出现"遗忘是不复习的结果"等实例；

(2)对干扰说的考查常出现记忆材料相互干扰的实例，可结合前摄抑制、倒摄抑制进行理解；

(3)压抑说认为遗忘是情绪或动机的压抑引起的,"因紧张导致遗忘"为常考实例;

(4)提取失败说常考实例有"舌尖现象"或"话到嘴边现象",即失去提取线索,知道却回忆不出来。

3.再认或回忆 【单选、判断】

(1)再认 →解答选择题、判断题。

再认是指人们对感知过、思考过或体验过的事物,当它再度呈现时,仍能认识的心理过程。

(2)回忆 →解答填空题、简答题、论述题。

①回忆的概念

回忆又被称为"重现",是过去经历过的事物不在面前,人们在头脑中把它重新呈现出来的过程。

②回忆的种类

分类依据	类别	内涵	典例
是否有预定的目的,任务和意志努力的程度	无意回忆	没有目的、不需要意志努力	触景生情、自由联想
	有意回忆	有目的、有任务、需要意志努力	课堂上学生回答老师提问
回忆时的条件和方式的不同	直接回忆	由当前事物直接引起	对熟记的外语单词的回忆
	间接回忆	需借助判断、推理	根据一些提示和推断回想起钥匙所遗落的地方

注:追忆是需要一定努力,克服一定困难的有意回忆。

(3)再认和回忆的关系

能再认的不一定能回忆,能回忆的一定能再认,因此,再认不能作为检查记忆牢固程度的可靠指标。

知识点4 依据记忆规律有效地组织复习 【单选、多选、判断、简答、论述】

十(时机)次方知(品质)味(卫生)。

1. 复习时机要得当
   - ① 及时复习：在初期大量遗忘开始之前复习
   - ② 合理分配复习时间
     - 第一次复习：学习结束5~10分钟
     - 第二次：当天晚些时候或第二天
     - 第三次：一星期后
     - 第四次：一个月后
     - 第五次：半年后
   - ③ 间隔复习
   - ④ 循环复习

法官返(反复识记)回山(分散复习)中。

多数时候分散优于集中。

2. 复习方法要合理
   - ① 分散复习与集中复习相结合
   - ② 复习方法多样化
   - ③ 运用多种感官参与复习
   - ④ 尝试回忆与反复识记相结合

视觉占绝大多数。

3. 复习次数要适宜
   - ① 复习内容的数量要适当
   - ② 适当的过度学习

4. 重视对记忆品质的培养。

5. 注意用脑卫生。

知识点5 学生记忆的发展 【单选】

小学生	中学生
① 无意记忆→有意记忆； ② 机械记忆→意义记忆； ③ 具体形象记忆(主要形式)→抽象逻辑记忆	① 高中生处于记忆发展的"黄金"时代； ② 有意记忆、抽象记忆占主导地位； ③ 以理解记忆为主要记忆手段

第三节　表象与想象

📖 知识点1　表象【单选】

表象（记忆范畴）
- 概念：事物不在面前时，人们在头脑中出现的关于事物的形象
- 特征：直观性、概括性、**可操作性** → 心理旋转实验。
- 分类：
  - 感觉通道
    - 视觉表象：想起母亲的笑脸
    - 听觉表象：想起吉他的声音
    - 运动表象：想起舞蹈动作
  - 创造程度
    - 记忆表象：通常讲的表象
    - 想象表象：新形象
  - 感知范围
    - 个别表象：个别事物的特征
    - 一般表象：一类事物共有的特征

📖 知识点2　想象　→ 思维范畴。

1. 想象的概念

想象：人脑对已储存的表象进行加工改造，形成**新形象**的心理过程。

2. 想象的种类【单选、多选、判断】

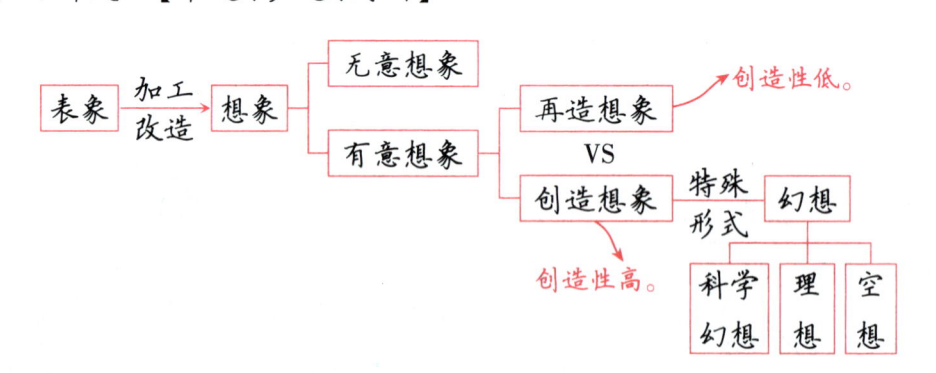

表象 —加工改造→ 想象
- 无意想象
- 有意想象
  - 再造想象　→ 创造性低。
  - VS
  - 创造想象　→ 创造性高。　特殊形式 → 幻想
    - 科学幻想
    - 理想
    - 空想

接下来对想象的种类展开讲解：

(1) 想象
- 无意想象：无目的、不由自主　→ 梦是无意想象的极端表现。
- 有意想象：有目的、自觉

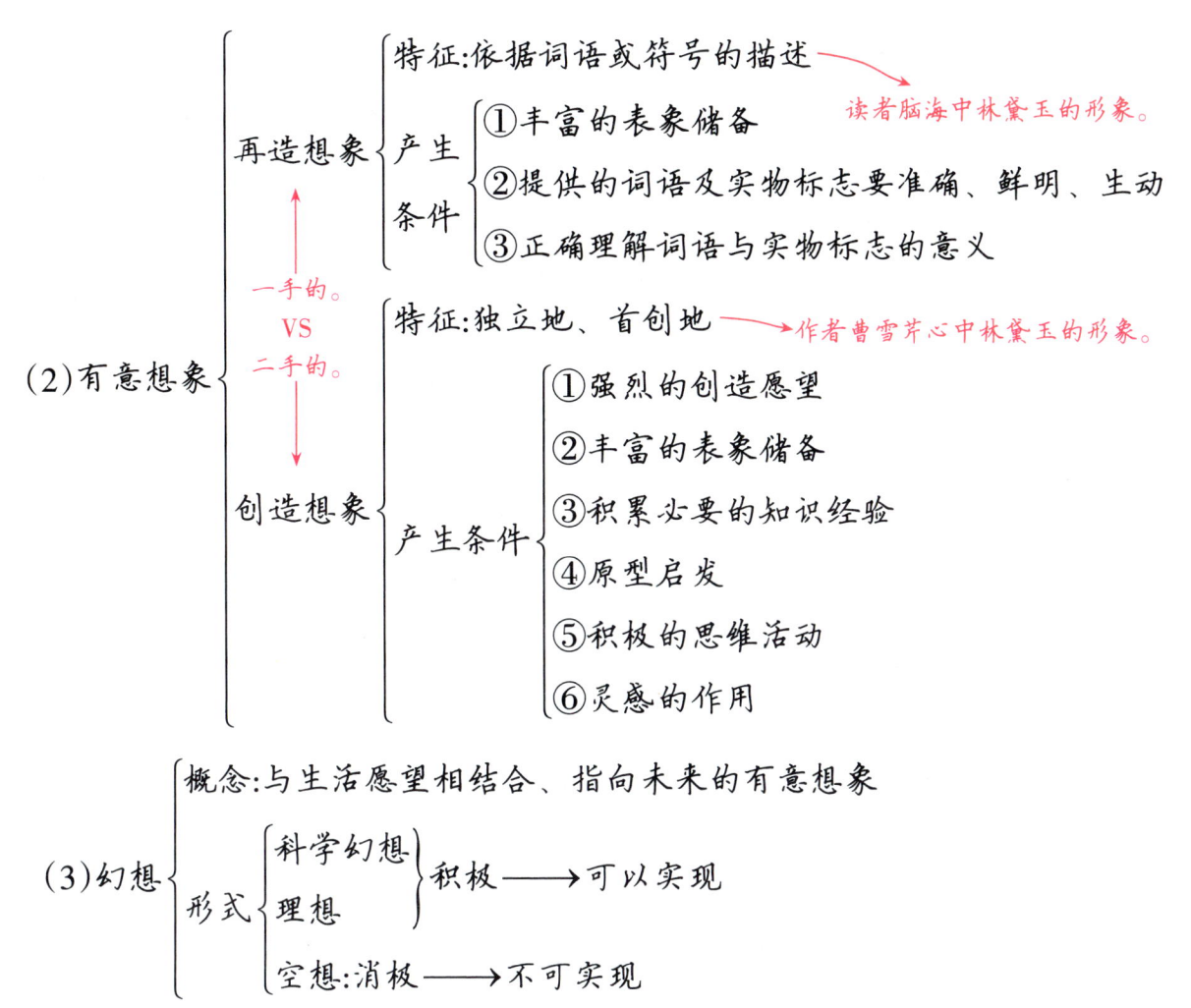

$$\text{(2) 有意想象} \begin{cases} \text{再造想象} \begin{cases} \text{特征:依据词语或符号的描述} \quad \rightarrow \text{读者脑海中林黛玉的形象。} \\ \text{产生条件} \begin{cases} \text{①丰富的表象储备} \\ \text{②提供的词语及实物标志要准确、鲜明、生动} \\ \text{③正确理解词语与实物标志的意义} \end{cases} \end{cases} \\ \quad\quad \updownarrow \text{一手的。 VS 二手的。} \\ \text{创造想象} \begin{cases} \text{特征:独立地、首创地} \quad \rightarrow \text{作者曹雪芹心中林黛玉的形象。} \\ \text{产生条件} \begin{cases} \text{①强烈的创造愿望} \\ \text{②丰富的表象储备} \\ \text{③积累必要的知识经验} \\ \text{④原型启发} \\ \text{⑤积极的思维活动} \\ \text{⑥灵感的作用} \end{cases} \end{cases} \end{cases}$$

$$\text{(3) 幻想} \begin{cases} \text{概念:与生活愿望相结合、指向未来的有意想象} \\ \text{形式} \begin{cases} \left.\begin{array}{l}\text{科学幻想}\\ \text{理想}\end{array}\right\} \text{积极} \longrightarrow \text{可以实现} \\ \text{空想:消极} \longrightarrow \text{不可实现} \end{cases} \end{cases}$$

3.想象的加工方式(过程)【单选】

加工方式	内涵	典例
黏合	把两种或两种以上客观事物的属性拼接形成新形象	孙悟空、美人鱼
夸张	突出强调一个方面:增大、缩小、数量加多、色彩加浓	千手观音
拟人化	将客观事物人格化	雷公、电母
典型化	一类事物的代表	祥林嫂

4.想象的功能

(1)预见功能;(2)补充功能;(3)替代功能;(4)调节功能。

5.学生想象的发展 【单选】

学生想象的发展
- 小学生
  - 有意性不断提高
  - 现实性逐渐提高 ← 从爱听童话故事到爱听英雄模范故事。
  - 再造想象 → 创造想象
  - 概括性有一定发展
- 中学生
  - 有意性迅速增长
  - 现实性不断发展
  - 创造性成分日益增多

6.学生想象力的培养

(1)在教学中发展学生的再造想象

①扩大表象储备;②真正弄懂关键性词句和实物标志的含义;③唤起学生对教材的想象,加深对知识的理解和巩固。

(2)在教学中培养学生的创造想象

①丰富表象储备;②积极思考;③增加知识经验;④发展语言能力;⑤有目的地训练;⑥积极的幻想。

第四节　言语与思维

知识点1　言语的种类 【单选、多选】

种类
- 外部言语
  - 口头言语
    - 对话言语:情境性、反应性、简略性
    - 独白言语:展开性、准备性、计划性
  - 书面言语:随意性、展开性、计划性
- 内部言语:隐蔽性、简略性

知识点2　思维及其品质 【单选、多选、判断】

1.思维的概念和特点

(1)思维的概念

人脑对客观事物的本质属性与内在联系的概括的、间接的反映。

(2)思维的特点

特点	要点	典例
间接性	由表及里,借助媒介,是规律的应用	"夜来风雨声,花落知多少"
概括性	同一类事物本质特征的概括	将枣树、梨树、苹果树统称为"果树"
	事物之间的内在联系的概括	"月晕而风,础润而雨"

学霸点睛

区分思维的间接性和概括性应注意:

(1)把握题干中的关键词。间接性的关键词是:"根据""推断";概括性的关键词是:"对……的认识""得出……结论"。

(2)遇到谚语时不能一概而论,要具体分析题目强调哪方面的意思。题目强调"间接地推测事物",选间接性;题目强调人们通过自身多年劳动经验,总结归纳出一套生活的规律,选概括性。

2.思维的品质

品质	内涵	典例
广阔性与深刻性	广阔性:既考虑整体,又考虑部分(横向)	既见树木又见森林
	深刻性:透过现象抓本质(纵向)	打破砂锅问到底、一针见血
独立性与批判性	独立性:不受他人暗示,不人云亦云	独立地解决问题
	批判性:取其精华,去其糟粕;客观评价	吾爱吾师,吾更爱真理

续表

品质	内涵	典例
灵活性与敏捷性（不同角度、当机立断） 灵活性："变"	随机应变、足智多谋
	敏捷性：又"快"又"准"	眉头一皱，计上心来
逻辑性和严谨性（中心环节）	考虑和解决问题时思路鲜明，条理清楚，严格遵循逻辑规律	推理严密、主次分明、论证充分、有说服力

3.良好思维品质的培养

(1)加强科学思维方法的训练；(2)运用启发式方法调动学生思维的积极性、主动性；(3)加强言语交流训练；(4)发挥定势的积极作用；(5)培养学生解决实际问题的思维品质。

知识点3　思维的种类【单选、多选、判断】

划分依据	分类	典例
思维的内容凭借物、任务的性质、发展水平以及解决问题的方式	直观动作思维	儿童掰手指算数
	具体形象思维	儿童看到男性叫叔叔，看到女性叫阿姨
	抽象逻辑思维	学生证明某一命题、定理
以日常经验还是以理论为指导	经验思维	不听老人言，吃亏在眼前
	理论思维	"心理是客观现实在人脑中的主观映象"
是否有明确的思考步骤和思维过程中意识的清晰程度和逻辑性	分析思维	福尔摩斯探案
	直觉思维	灵光乍现
思维的指向性	聚合思维	从各种解题方法中筛选出一种最佳解法
	发散思维	举一反三
思维的创造程度	再造性思维	套公式解题
	创造性思维	曹冲称象

注:从个体思维发展的经历来看,儿童总是先发展直观动作思维和具体形象思维,在此基础上才能逐步发展抽象逻辑思维。

知识点4　思维的基本形式

思维的基本形式
- 概念:人脑对客观事物本质特征的认识
- 判断:认识概念与概念之间的联系
- 推理
  - 归纳推理:从具体到一般
  - 演绎推理:从一般到具体

1. 概念的类型　【单选、多选】

类型
- 合取概念:一类事物;单个或多个相同属性形成 —→ 毛笔。
- 析取概念:不同标准;单个或多个属性的结合形成 —→ 好学生。
- 关系概念:事物之间的相互关系 —→ 上下、左右。

2. 概念学习的过程

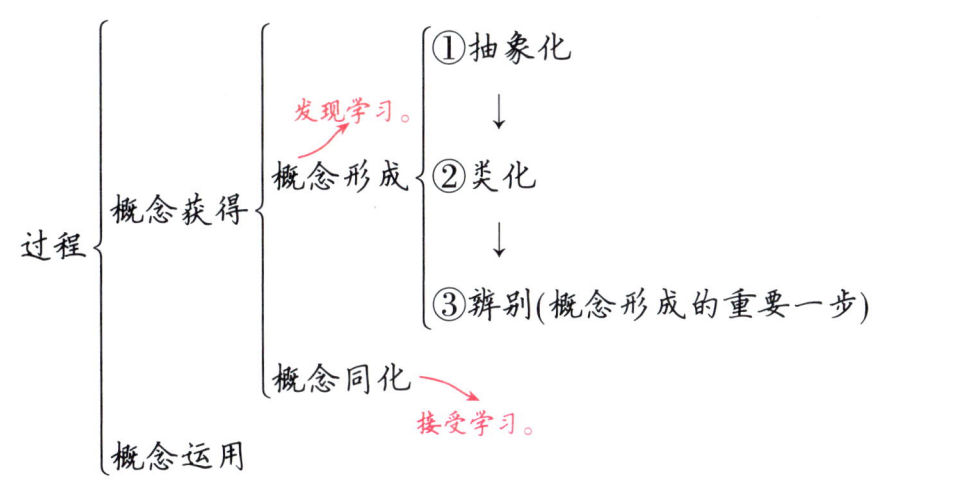

过程
- 概念获得
  - 概念形成（发现学习。）
    - ①抽象化
    - ↓
    - ②类化
    - ↓
    - ③辨别(概念形成的重要一步)
  - 概念同化（接受学习。）
- 概念运用

3. 错误概念的转变

(1)促进错误概念的转变环节:①揭示、洞察学生原有的概念;②引发认知冲突;③通过讨论分析,使学生调整原来的看法或形成新概念。

(2)促进错误概念的转变需注意:①创设开放的、相互接纳的课堂气氛;②倾听、洞察学生的经验世界;③引发认知冲突;④鼓励学生交流讨论。

知识点5　思维的一般过程　【单选、多选、判断、填空】

一般过程	特点	典例
分析与综合（基本过程）	分析：从整体到部分	总→分：分析每个段落的大意
	综合：从部分到整体	分→总：概括文章的中心思想
比较与分类	比较：对比事物或现象的异同点	对比苏轼和李清照的词的风格
	分类：根据事物的异同，区分为不同种类	区分苏轼和李清照属于哪一派别
抽象与概括	抽象：提炼共同的、本质的特征，舍弃个别的、非本质的特征	抽取鸽子、鸡等鸟类的本质特征，舍弃那些"会不会飞""颜色"等非本质特征
	概括：把共同的、本质的特征抽象出来加以综合	人们把那些"有羽毛的动物"统称为鸟类
系统化与具体化	系统化：把具有相同本质特征的事物归为一类	掌握了整数、分数后，将它们归纳为有理数
	具体化：将理论运用到实际中	用某数学公式解一道具体应用题

知识点6　创造性思维

1. 创造性思维的概念

(1) 创造性思维是指用独特、新颖的方法解决问题的思维过程。

(2) 创造性思维是人类思维的高级形态，是智力的高级表现。

2. 创造性思维的特征　【单选、多选、判断、简答】

(1) 新颖独特性是创造性思维最本质的特征。

(2) 创造性思维是多种思维的结晶（以发散思维为核心）。

流畅性、灵活性（变通性）、独创性（独特性）。

(3) 创造性想象的积极参与。

(4) 灵感状态。

3.创造性思维的过程

(1)准备期:收集信息。

(2)酝酿期:加工信息。

(3)豁朗期(启发期):豁然开朗。

(4)验证期:实践检验。

4.创造性思维能力的培养 【单选、判断、简答、论述】

(1)运用启发式教学,保护学生的好奇心,激发学生的求知欲,培养创造性动机,调动学生学习的积极性和主动性;

(2)培养学生的发散思维,并将发散思维和集中思维相结合;

(3)发展学生的创造性想象能力;

(4)组织创造性活动,正确评价学生的创造性;

(5)开设具体创造性课程,教授学生创造性思维策略和创造技法;

(6)结合各学科特点进行创造性思维训练。

知识拓展

头脑风暴法

1.概念

头脑风暴法又称脑激励法,由心理学家奥斯本提出。头脑风暴法通常以集体讨论的方式进行,鼓励参加者尽可能快地提出各种各样异想天开的设想或观点,相互启迪,激发灵感,从而引发创造性思维的连锁反应,形成解决问题的新思路。

2.应遵循的四条基本原则

(1)让参与者畅所欲言,对提出的所有方案禁止批评,延迟评价;(2)鼓励标新立异、与众不同的观点;(3)以获得方案的数量而非质量为目的,即鼓励多种想法,多多益善;(4)鼓励提出改进意见或补充意见。

知识点7　学生思维的发展　【单选】

1. 小学生思维的发展

发展 { 特点：从具体形象思维为主逐步向抽象逻辑思维为主过渡
关键期：小学四年级(约10~11岁)

2. 中学生思维的发展

(1) 抽象逻辑思维逐渐占据主导地位，从初中二年级开始，进入中学生思维发展的关键期。

(2) 形式逻辑思维逐渐发展，在高中阶段处于优势。

(3) 辩证逻辑思维迅速发展。

第五节　注　意

知识点1　注意的概念、特点及功能　【单选、多选、判断】

1. 概念：心理活动或意识对一定对象的指向和集中。

2. 特点 { 指向性(学生听课时，注意指向教师的讲述)
集中性(视而不见，听而不闻)

3. 功能 { 选择功能 → 最基本。
保持功能
调节和监督功能 → 最重要。

学霸点睛

在区分注意的指向性和集中性时，可以从以下方面入手：

(1) 注意的指向性是在接收信息时，只选择一定的对象加以反映；

(2) 注意的集中性是心理活动只关注所指向的事物，抑制了与当前注意对象无关的活动。

知识点2　注意的分类　【单选、多选、判断】

根据有无目的和意志努力，注意可以分为以下三种：

种类	目的性	意志努力	典例
无意注意（不随意注意）	没有	没有	正在上课的学生被窗外鸟叫声吸引
有意注意（随意注意）	有	有	学生认真听讲
有意后注意（随意后注意）	有	没有	织毛衣时谈话/看电视

知识点3　注意的理论　【单选】

理论	要点
过滤器理论	加工信息的容量有限，被阻隔的信息完全丧失
衰减理论	不被注意的信息强度减弱，并非完全消失
后期选择理论	多条通道信息全部进入意识领域，得到知觉加工和识别后选择
资源限制理论	认知资源有限，完全被占用时，新的刺激将得不到加工（注意）
双加工理论	认知加工分为自动化加工和受意识控制的加工

知识点4　注意的规律

1.注意产生和维持的条件　【单选、简答】

（1）引起无意注意的条件

强行(新异性)壁(对比)咚(活动)。

	引起无意注意的条件	典例
客观条件	刺激物的强度（强度律）	一道强烈的光线
	刺激物之间显著的对比关系（差异律）	万绿丛中一点红
	刺激物的活动和变化（活动律）	多媒体课件中的动画

续表

引起无意注意的条件		典例
客观条件	刺激物的新异性	新张贴的广告
主观条件	①当时的需要；②当时的特殊情绪状态；③当时的直接兴趣；④个体的知识经验	球迷容易察觉到犯规动作

(2)维持有意注意的条件

条件 ｛ 加深对目的任务的理解
　　　合理组织活动　　　　　（重要条件。）
　　　对兴趣的依从性(要培养学生的间接兴趣)
　　　排除内外因素的干扰

2.注意的基本特征(品质)【单选、多选、判断】

基本特征/品质	内涵	典例
注意的稳定性	注意保持在某一对象或某一活动上的时间长短特性	上课时，听课、记笔记等活动都服从于听课这一总任务
注意的广度（注意的范围）	在同一时间内，人们能够清楚地知觉出的对象的数目	一目十行
注意的分配	人在进行两种或多种活动时能把注意指向不同对象	一心二用或一心多用
注意的转移	根据新的任务，主动地把注意从一个对象转移到另一个对象或由一种活动转移到另一种活动	完成一项工作后主动转移到下一项工作中

学霸点睛

(1)伴随注意的稳定性特征出现的有注意的起伏和分散，在区分时需要注意：

①注意的起伏是由生理过程的周期性变化引起的,但注意没有离开当前的对象,所以并不影响注意的稳定性。

②注意的分散,即平常所说的分心,与注意的稳定性相反。注意的分散是指注意离开了心理活动所要指向的对象,而被无关的对象吸引去的现象。

(2)注意的转移不同于注意的分散,注意转移是根据任务的要求主动地转移注意;注意的分散却是受无关事物的吸引,心理活动离开了当前应当完成的任务。

(3)注意的分配是有条件的,并不是任意两项活动都能进行注意的分配。

知识点5　注意规律在教学中的应用　【单选、多选、简答、论述】

1.运用注意规律组织教学

(1)根据注意的外部表现了解学生的听课状态。

(2)运用无意注意的规律组织教学
- ①创造良好的教学环境（不宜过于华丽、繁杂。）
- ②注重讲演、板书技巧和教具的使用
- ③注重教学内容的组织和教学形式的多样化

(3)运用有意注意的规律组织教学
- ①明确学习的目的和任务
- ②培养间接兴趣
- ③合理组织课堂教学,防止学生分心
- ④运用多种教学手段

(4)运用两种注意相互转换的规律组织教学。

2.在教学过程中培养学生良好的注意品质

(1)要增强注意的稳定性,就要防止注意的分散。

(2)要扩大注意的广度,需要学生积累本学科相应的知识经验和具备一定的素养。

(3)注意的分配在教学中有实践意义。

(4)注意的转移同人的先天的神经活动类型有关,但也可以通过对外在因素的控制和后天训练加以改善和提高。

知识点6　学生注意力的发展　【多选】

小学生
- ①小学生无意注意的发展先于有意注意,从无意注意向有意注意过渡
- ②具体生动、直观形象的事物容易引起小学生的注意
- ③注意有明显的情绪色彩
- ④小学生注意的品质逐渐提高

中学生
- ①有意注意发展明显
- ②不论何种注意,都在逐步深化
- ③注意特征存在个体差异

要点回顾

1. 常见的社会知觉偏差的内涵。
2. 感觉的相互作用规律。
3. 知觉的规律。
4. 记忆的分类。
5. 遗忘的规律、影响因素和原因。
6. 有效组织复习的方法。
7. 想象的种类和加工方式。
8. 思维的种类。
9. 思维的一般过程。
10. 创造性思维能力的培养方法。
11. 注意的分类。
12. 注意的基本特征。
13. 运用注意规律组织教学的方法。

第三章　情绪情感和意志过程

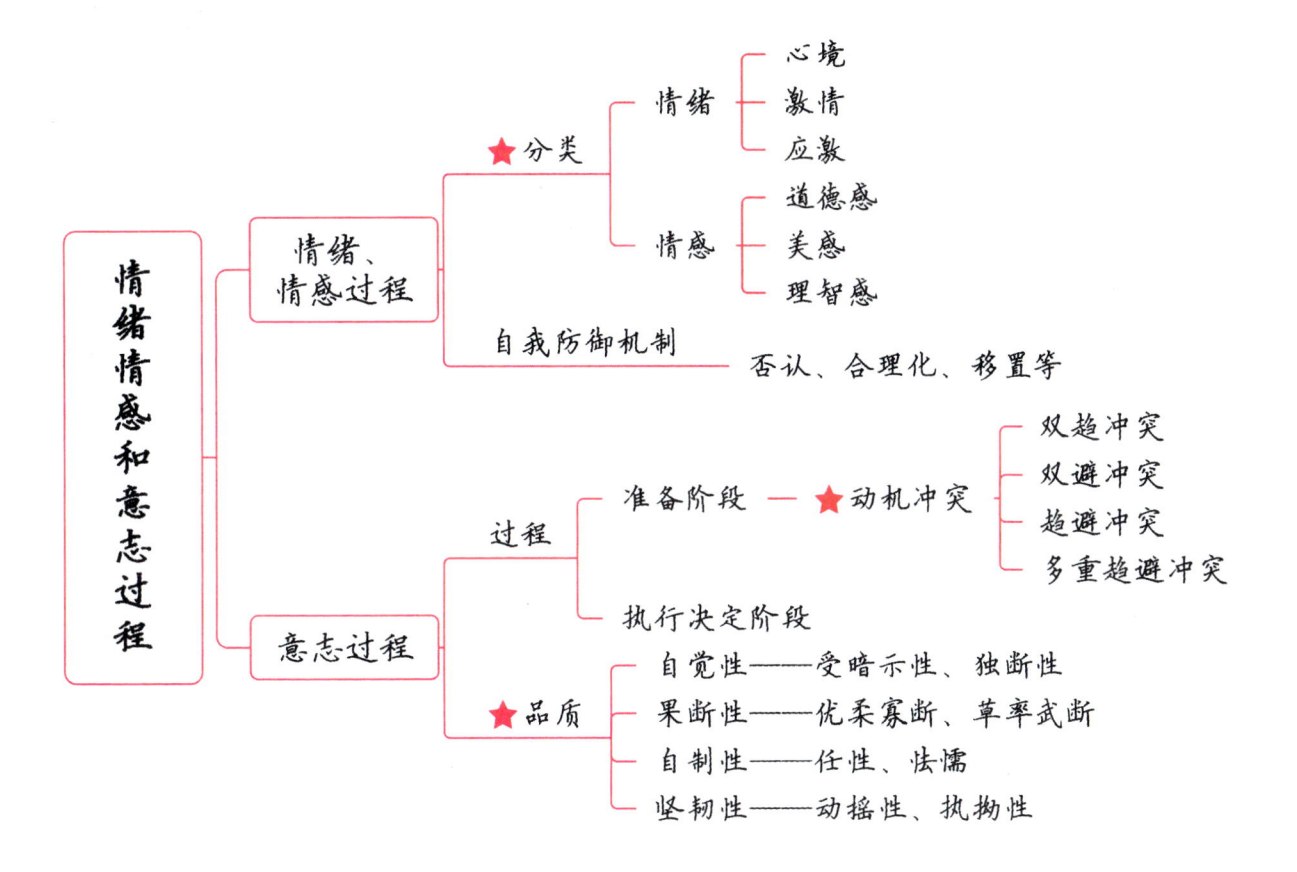

思维导图

- 情绪情感和意志过程
  - 情绪、情感过程
    - ★分类
      - 情绪
        - 心境
        - 激情
        - 应激
      - 情感
        - 道德感
        - 美感
        - 理智感
    - 自我防御机制——否认、合理化、移置等
  - 意志过程
    - 过程
      - 准备阶段——★动机冲突
        - 双趋冲突
        - 双避冲突
        - 趋避冲突
        - 多重趋避冲突
      - 执行决定阶段
    - ★品质
      - 自觉性——受暗示性、独断性
      - 果断性——优柔寡断、草率武断
      - 自制性——任性、怯懦
      - 坚韧性——动摇性、执拗性

知识梳理

第一节　情绪、情感过程

知识点1　情绪、情感的概念及关系

1.概念

情绪和情感是人对客观事物的态度体验及相应的行为反应。认知是情绪和情感产生的基础，需要是引发情绪和情感的中介。

2.关系

关系	情绪	情感
区别	原始的、低级的、与生理需要是否满足相联系	后继的、高级的、与社会需要是否满足相联系
	人和动物共有	人类特有
	情境性、易变性	稳定性、持久性
	冲动、外显	内隐、深沉
联系	①情绪是情感的基础，情感离不开情绪；②情绪是情感的外在表现，情感是情绪的本质内容	

知识点2　情绪和情感的分类　【单选、多选、判断】

1.情绪的分类

划分依据	分类	特点	典例
持续性、强度、紧张度	心境	微弱、持久，具有弥漫性	①感时花溅泪，恨别鸟惊心；②林黛玉的多愁善感
	激情 ↓ 可控制、可调节。	爆发式的、猛烈而时间短暂的	①范进中举；②恐惧、绝望；③欣喜若狂
	应激	突发情况引起的紧张状态	急中生智

注：四种基本情绪为喜、怒、哀、惧。

2.情感的分类

划分依据	分类	典例
社会内容角度	道德感	爱国主义情感、集体主义情感、责任感、事业心、荣誉感

续表

划分依据	分类	典例
社会内容角度	美感	欣赏名画
	理智感	求知欲、好奇心、追求真理

知识点3　情绪和情感的规律　【单选、判断】

1.情绪和情感的组成成分

情绪和情感是由独特的主观体验、外部表现和生理唤醒三种成分组成的。

(1)主观体验(认识层面)是个体对不同情绪状态的自我感受。

(2)情绪和情感的外部表现(表达层面)，通常称为表情。它包括面部表情、姿态表情和语调表情，其中面部表情是鉴别情绪的主要标志。

(3)生理唤醒(生理层面)。

2.情绪和情感的功能

功能	特点	典例
适应功能	适应外在环境,生存	动物遇到危险时,产生害怕的呼救
动机功能	激励人的活动,从静到动	适度的紧张能使考试发挥得更好
组织功能	影响认知和行为操作,有正反两方面作用	积极的情绪有调节作用,消极的情绪有干扰作用
信号功能	通过表情实现	点头微笑表示赞赏
健康功能	影响人的身心健康	一个小丑进城胜过一打医生
感染功能	"共鸣"	掬一把同情泪
	"移情"	爱屋及乌

知识点4 情绪的理论 【单选】

分类	理论	主要观点
情绪的早期理论	詹姆斯—兰格理论	情绪刺激引起身体的生理反应,而生理反应进一步导致情绪体验的产生,如哭泣引起悲伤,发抖引起恐惧
	坎农—巴德学说	情绪中枢在丘脑,丘脑同时向大脑和植物性神经系统发出神经冲动,情绪体验和生理变化是同时产生的
情绪的认知理论	阿诺德的评定—兴奋说	情绪产生的过程是:刺激情境—评估—情绪,如"笼里老虎—不危险—不害怕,野外老虎—危险—害怕"
	沙赫特和辛格的情绪理论	情绪状态是由认知过程、生理状态、环境因素在大脑皮层中整合的结果;情绪产生三因素:生理唤醒、认知唤醒、环境因素
	拉扎勒斯的认知—评价理论	情绪是个体对环境知觉到有害或有益的反应;个体不断评价刺激事件与自身的关系,分为初评价、次评价、再评价

知识点5 情绪的调节与控制

1.教会学生形成适宜的情绪状态。

2.丰富学生的情绪体验。

3.引导学生正确看待问题(调整认知)。

4.教会学生情绪调节的方法
①认知调节法
②合理宣泄法(自我排解)
③意志调节法(升华作用)
④转移注意法
⑤幽默法

5.通过实际锻炼提高学生的情绪调节能力。

知识点6　压力与自我防御机制

1.压力

(1)压力的概念：个体面对具有威胁性的刺激情境时，伴有躯体机能以及心理活动改变的一种身心紧张状态，也称应激状态。

(2)影响压力的因素：①经验；②准备状态；③认知；④性格；⑤环境。

2.自我防御机制　【单选、判断、简答】

分类	特点	典例
否认	无意识地加以否定	掩耳盗铃
压抑	主动、选择性的遗忘	对痛苦体验或创伤性事件的选择性遗忘
合理化	找借口	酸葡萄心理、甜柠檬心理
移置	转移情绪	踢猫效应
投射	由己推人	以小人之心，度君子之腹
退行	由成熟变幼稚	"老小孩""老顽童"
升华	最积极、富有建设性	屈原放逐，乃赋《离骚》
幽默	笑对一切	个子矮被嘲笑，一句"浓缩的就是精华"化解尴尬与嘲笑
认同	由人推己	我爸能干好的事我也能干好
反向形成	内心的难以接受的观念或情感以相反的态度与行为表现出来	反复告诉他人很爱自己的父母，其实是为了隐藏无意识中的憎恨

续表

分类	特点	典例
过度代偿	缺陷得到超乎寻常的纠正	口吃者成为演说家
抵消	用与事实相反的行为缓解情绪	除夕打碎了碗,习惯上说句"岁岁平安"

知识点7　学生情绪、情感的发展　【单选】

1.小学生情绪、情感的发展

(1)情感体验的内容日益丰富;(2)情感表现的深刻性逐步增加;(3)友谊感逐渐发展;(4)情感的动力特征明显;(5)高级情感得到进一步发展;(6)情绪、情感的稳定性明显增强;(7)情绪、情感的自控力不断增强。

2.中学生情绪、情感的发展

(1)中学生情绪的发展

初中生
①强烈、狂暴性与温和、细腻性共存
②可变性与固执性共存
③内向性与表现性共存

高中生
①情绪的延续性
②情绪的丰富性
③情绪的特异性
④情绪体验的深刻性
⑤情绪体验的细腻性

(2)中学生情感的发展

①情感丰富多彩、富有朝气;②情感两极性明显;③情感不断深刻;④情感逐渐稳定;⑤情感的外露和表达已趋于理性化。

第二节　意志过程

知识点1　意志概述

1. 意志的概念

意志是指人自觉地确定目的,有意识地根据目的、动机调节支配行动,努力克服困难,实现目标的心理过程。

2. 意志行动的特征

特征 ①自觉确定目的 ← 首要特征。
　　　②对活动有调节支配作用
　　　③克服内部和外部的困难
　　　④以随意动作为基础 ← 最重要的特征。

3. 意志过程的规律

(1)认识过程与意志的关系

认知过程 ⇌(前提、基础 / 反作用) 意志

(2)情感过程与意志的关系

情感 ⇌(动力/阻力 / 调节、控制) 意志

知识点2　意志行动的过程

1. 准备阶段

(1)动机冲突　【单选、多选、判断】

分类	特点	典例
双趋冲突	二喜,不可兼得	鱼与熊掌不可兼得
双避冲突	二恶,必取其一	既不想学习又怕考试不及格
趋避冲突	一个目标,好恶兼备	既想吃糖又怕胖
多重趋避冲突	多个目标,好恶兼备	大学毕业生择业

> **学霸点睛**
>
> 动机冲突常结合实例进行考查,通常可以根据题意,运用以下关键词组进行理解:
>
> (1)双趋冲突:表述中含有"既想……又想……"的含义;
>
> (2)双避冲突:表述中含有"既怕……又怕……"的含义;
>
> (3)趋避冲突:表述中含有"既想……又怕……"的含义;
>
> (4)多重趋避冲突:表述中的冲突因素为两个以上。

(2)确定目标

(3)选择行动方法和制订行动计划

2.执行决定阶段

执行决定阶段是达到目的的**关键步骤**,是意志行动的中心环节,是意志努力的集中表现。

知识点3 意志品质及其培养

1.意志的品质 【单选、多选、判断、简答】

强调主动选自觉,约束自己是自制,犹豫不决缺果断,坚持不懈是坚韧。

意志的品质	特征	与之相反的意志品质	正例
自觉性	独立、主动去做	受暗示性(盲从)和独断性	无人督促自觉做作业
果断性	既快又好	优柔寡断和草率武断	当机立断
自制性	自己控制、克制自己	任性和怯懦	上课认真听讲不走神
坚韧性(坚持性)	坚持决定、百折不挠	动摇性和执拗性	坚持每天背书

2.意志品质的培养 【论述】

自(自制能力)我(自我锻炼)难(困难环境)约(纪律约束)正(正确对待挫折)异(差异)性(目的性)。

(1)加强生活目的性教育,树立科学的世界观、远大的理想和信念,培养学生行

为的目的性,减少其行动的盲目性。

(2)加强养成教育,培养小学生的自制能力。

(3)组织实践活动,在困难环境中锻炼学生的意志,让学生取得意志锻炼的直接经验。

(4)教育学生正确地对待挫折。

(5)根据学生意志品质上的差异,采取不同的锻炼措施。

(6)发挥教师、班集体和榜样的模范作用,给予必要的纪律约束。

(7)加强自我锻炼,从点滴小事做起。

知识点4　挫折教育　【单选、论述】

1.提高学生挫折承受力的方法

方法 ①帮助学生树立正确的挫折观
　　　②帮助学生确定适当的抱负水平
　　　③适度感受挫折,锻炼挫折承受力

2.教会学生积极适应挫折的方法和技术

(1)理智的压抑;(2)升华;(3)补偿;(4)幽默;(5)合理宣泄;(6)认知重组。

要点回顾

1.情绪和情感的种类。

2.情绪和情感的功能。

3.常见的自我防御机制的特点。

4.动机冲突各分类的特点。

5.意志的品质及其对应的相反品质。

第四章 个性心理

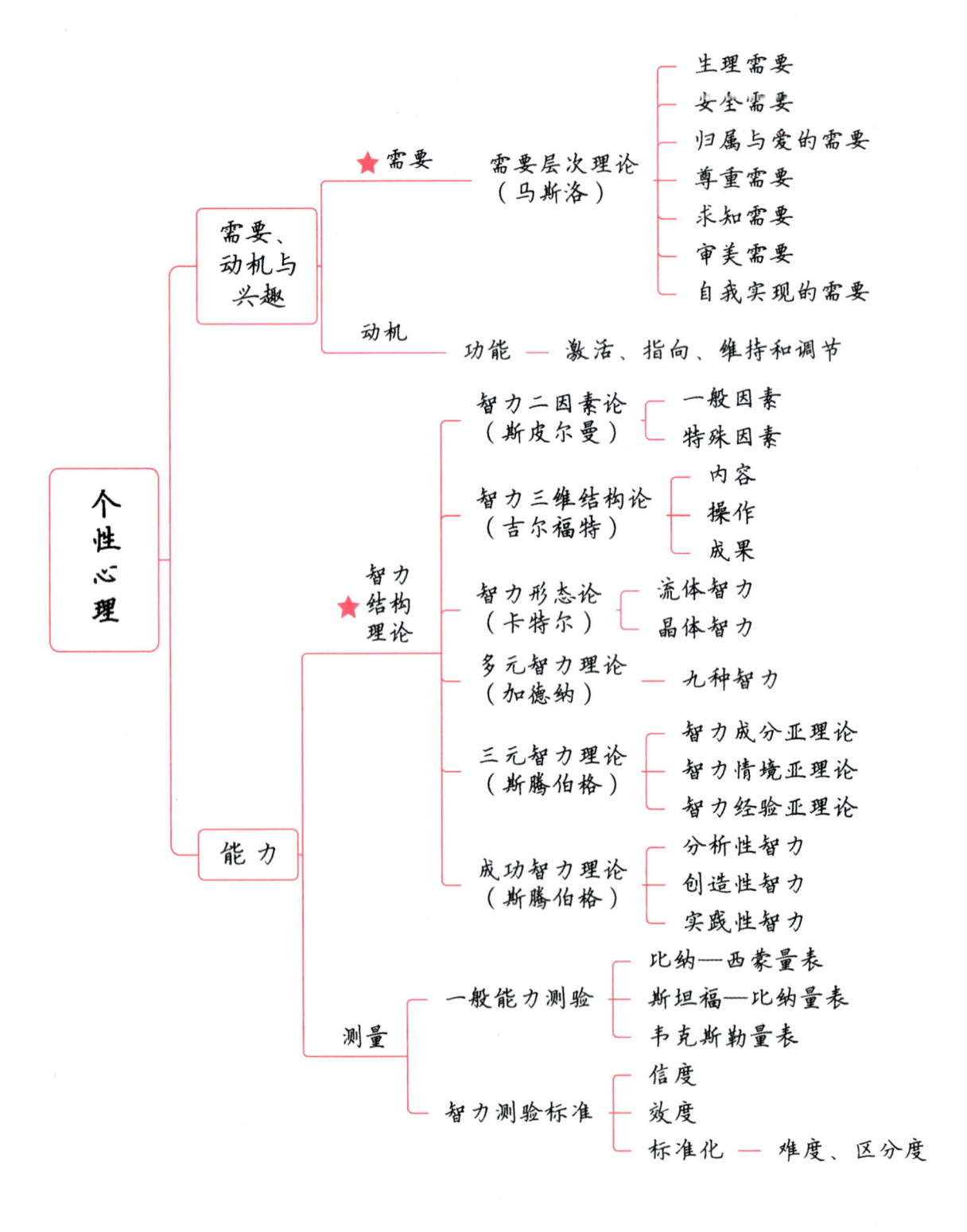

思维导图

- 个性心理
  - 需要、动机与兴趣
    - ★需要
      - 需要层次理论（马斯洛）
        - 生理需要
        - 安全需要
        - 归属与爱的需要
        - 尊重需要
        - 求知需要
        - 审美需要
        - 自我实现的需要
    - 动机
      - 功能——激活、指向、维持和调节
  - 能力
    - ★智力结构理论
      - 智力二因素论（斯皮尔曼）
        - 一般因素
        - 特殊因素
      - 智力三维结构论（吉尔福特）
        - 内容
        - 操作
        - 成果
      - 智力形态论（卡特尔）
        - 流体智力
        - 晶体智力
      - 多元智力理论（加德纳）——九种智力
      - 三元智力理论（斯腾伯格）
        - 智力成分亚理论
        - 智力情境亚理论
        - 智力经验亚理论
      - 成功智力理论（斯腾伯格）
        - 分析性智力
        - 创造性智力
        - 实践性智力
    - 测量
      - 一般能力测验
        - 比纳—西蒙量表
        - 斯坦福—比纳量表
        - 韦克斯勒量表
      - 智力测验标准
        - 信度
        - 效度
        - 标准化——难度、区分度

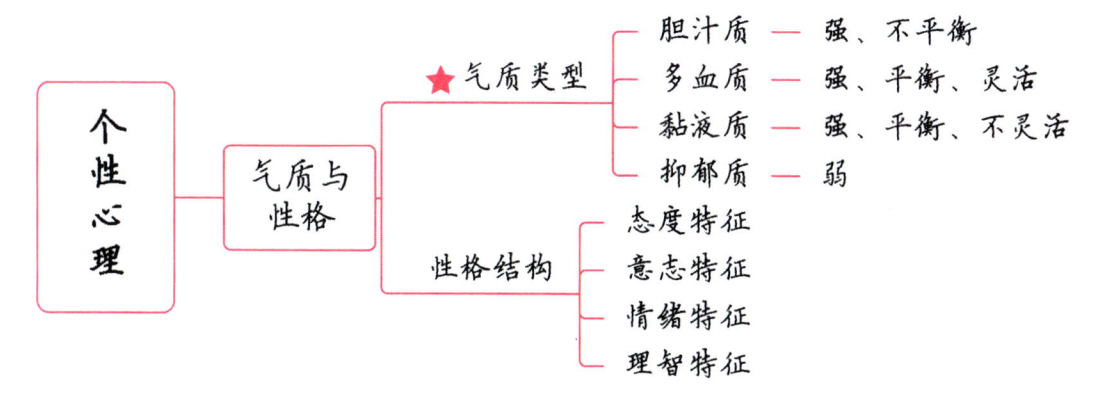

```
                                                ┌ 胆汁质 ─ 强、不平衡
                              ┌ ★气质类型 ┤ 多血质 ─ 强、平衡、灵活
                              │              │ 黏液质 ─ 强、平衡、不灵活
个性心理 ─ 气质与性格 ┤              └ 抑郁质 ─ 弱
                              │              ┌ 态度特征
                              └ 性格结构 ┤ 意志特征
                                             │ 情绪特征
                                             └ 理智特征
```

知识梳理

第一节 需要、动机与兴趣

知识点1 需要

1. 需要及其种类

(1)概念:有机体感到某种缺乏或不平衡状态而力求获得满足的心理倾向。

(2)种类

划分依据	类型	典例
需要的起源	生理性需要	饮食、睡眠、休息的需要
	社会性需要	与人交往、学习、审美的需要
需要的对象	物质需要	对房子、车、衣服的需要
	精神需要	对知识、文化艺术的需要

2. 马斯洛的需要层次理论 【单选、多选、判断、填空、简答、案例】

李(生理)安蜀(归属与爱)中(尊重)求美食(自我实现)。　　　　最基本、最原始、最强有力。

划分	层次	典例
缺失需要	生理需要	人对食物、水分、空气、睡眠、性等的需要
	安全需要	人们购买各种保险

续表

划分	层次	典例
缺失需要	归属与爱的需要（社交需要）	和谐人际关系、被团体接纳、成为团体一员
	尊重需要	渴望赏识与高度评价、重视威望和名誉
成长需要	求知需要	想要去学习
	审美需要	"爱美之心人皆有之"
	自我实现的需要	人生价值、理想得到实现 —→ 最高层次。

注：较低级的需要至少必须部分满足后才会出现对较高级需要的追求。

知识点2　动机【单选、多选、判断】

1. **概念及条件**
   - 概念：激发和维持有机体的行动，并使该行动朝向一定目标的心理倾向或内部驱力
   - 产生条件
     - 内在条件是需要
     - 外在条件是诱因

2. **种类**
   - 生理性动机（初级的、原发性）
   - 社会性动机（后天习得）
     - 原始的三种驱动力
       - 好奇心
       - 探索
       - 操作
     - 人类特有的
       - 成就动机
       - 学习动机
       - 权力动机
       - 社会交往动机

3. **功能**
   - 激活功能
     - 特点：无→有
     - 典例：口渴会使人做出觅水的行为活动
   - 指向功能
     - 特点：指向具体的对象和目标
     - 典例：为了学习去图书馆
   - 维持和调节功能（强化功能）：行为的坚持性

知识点3 兴趣

1.兴趣及其种类

(1)兴趣的概念

兴趣是人对事物的一种认识倾向,伴随着积极的情绪体验,对个体活动,特别是对个体的认知活动有巨大的推动作用。兴趣具有定向和动力功能。

(2)兴趣的种类 【单选】

种类	特点	典例
直接兴趣	由事物本身引起	看电视、小说
间接兴趣	由目的和结果引起	学生为了考上好大学而努力学习
中心兴趣	对某一方面有浓厚而稳定的兴趣	学者长时间钻研某一门学问
广阔兴趣	对多方面有兴趣	学生不仅喜欢学习课本知识,还喜欢跳舞、跑步
个体兴趣	对某件事长期感兴趣	美术是某人一生的爱好
情境兴趣	当时环境起作用	某人最近突然对游泳感兴趣

2.兴趣的品质 【单选】

(1)兴趣的广度:即兴趣广泛与否;

(2)兴趣的中心(倾向性):即兴趣的针对性;

(3)兴趣的稳定性:即对事物具有持续、稳定的兴趣;

(4)兴趣的效能:即兴趣对认知的推动作用。

3.学习兴趣的培养和激发   千(迁移)年广告(提高),激(积极的评价)活知识。

(1)开展各种活动;

(2)提高教学水平;

(3)引导学生将广阔兴趣与中心兴趣相结合;

(4)把握学生的年龄特征;

(5)把握学生的知识基础；

(6)进行积极的评价；

(7)原有兴趣的迁移。

第二节　能　力

📖 知识点1　能力及其类型

1.能力的概念及其与其他概念的关系　【单选、多选、判断】

(1)概念：直接影响人的活动效率,促使活动顺利完成的个性心理特征。

(2)与才能、天才的关系　{能力1, 能力2, ……, 能力n} → 才能 —高度发展→ 天才

(3)能力与知识、技能的关系

联系	能力的高低影响到知识掌握的深浅、难易和技能水平的高低
	能力在掌握知识和技能的过程中形成和发展
	掌握知识和技能的速度和质量可以看出能力的高低
区别	能力与知识、技能的概括水平不同
	知识和技能的发展无止境,能力的发展有限度
	知识、技能的掌握和能力的发展不同步 → 高分低能。

2.能力的分类　【单选、判断】

划分依据	分类	内涵	典例
适应活动范围	一般能力	在不同种类的活动中表现出的能力	观察力、记忆力、抽象概括能力(核心)
	特殊能力	专业领域中表现出来的能力	音乐能力、绘画能力

续表

划分依据	分类	内涵	典例
创造性程度	模仿能力	观察模仿	观察学习
	创造能力	新颖、独特	发明、创造
功能	认知能力	存储、加工和提取信息的能力	观察力、记忆力、想象力
	操作能力	用肢体完成	劳动能力、实验操作能力
	社交能力	情商	沟通能力

知识点2 智力结构理论 【单选、多选、不定项、判断、简答】

1.智力的概念

智力(智能)是使人能顺利完成某种活动所必需的各种认知能力的有机结合，包括观察力、记忆力、注意力、想象力、思维力(核心)、创造力(最高表现)等。

2.智力理论

(1)斯皮尔曼的智力二因素论

结构	内容
一般因素(G因素)	一个人智力水平的高低取决于G因素的数量
特殊因素(S因素)	特殊能力(绘画、唱歌)

(2)吉尔福特的智力三维结构论

结构	特点	内容
内容	思维的对象	视觉、听觉、符号、语义、行为
操作	智力活动的反应方式(代表智力的高低)	认知、记忆、发散思维、辐合思维、评价
成果	智力活动的产物	单元、类别、关系、系统、转换、寓意

(3)卡特尔的智力形态论

分类	影响因素	与年龄的关系
流体智力	先天遗传	与年龄有密切的关系；20岁以后达到顶峰，30岁以后降低 ——→"河流"。
晶体智力	后天经验	与年龄的变化没有密切关系；可能随着年龄的增长而升高 ——→"结晶"。

(4)加德纳的多元智力理论

① 多元智力理论的主要内容

语数自，音体美，还有一堂是社会。

智力维度	内涵	典型人群
言语智力	说话、阅读、书写的能力	作家、演说家
逻辑—数学智力	数字运算、逻辑思考、科学分析的能力	数学家
视觉—空间智力	认识环境、辨别方向的能力	画家、建筑师
音乐智力	对声音的辨识与韵律表达的能力	作曲家、歌手
运动智力	支配肢体以完成精密作业的能力	运动员、外科医生
人际智力（社交智力）	与人交往并和睦相处的能力	教师、心理咨询师、政治家
自知智力（内省智力）	认识自己并选择自己生活方向的能力	哲学家、心理学家
认识自然智力（自然观察智能）	认识自然，并对我们周围环境中的各种事物进行分类的能力	考古学家、收藏家
存在智力	陈述、思考有关生与死、身体与心理等问题的倾向性	哲学家、宗教人士（可能）

②多元智力理论与新课程改革

积极乐观的学生观;科学的智力观;因材施教的教学观;多样化人才观和成才观。

(5)斯腾伯格的智力理论

理论	结构	内容
三元智力理论	智力成分亚理论	元成分(核心);操作成分;知识获得成分
	智力情境亚理论	适应环境、塑造环境和选择新环境的能力
	智力经验亚理论	解决相对新颖的问题;自动化
成功智力理论	分析性智力	知觉、记忆、比较、分析、解释、评价和判断的能力
	创造性智力	想象、假设、构思、创造和发明的能力
	实践性智力	示范、展现、操作、使用和应用的能力

知识点3　能力的测量

1. 一般能力测验　【单选、填空】

量表名称	编制者	相关概念	计算公式
比纳—西蒙智力量表（1905年;最早）	比纳、西蒙（法国）	智龄	用智力年龄来表示智力水平
斯坦福—比纳量表（最著名）	推孟（美国）	用比率智商代表智力水平(后改为离差智商)	IQ=智龄/实龄×100
韦克斯勒智力量表	韦克斯勒（美国）	用离差智商代表智力水平	$IQ=100+15Z$ $Z=(X-\bar{X})/SD$

注:Z——个体的标准分;X——个体测验得分(原始分数);$\bar{X}$——相应年龄群体的平均分;SD——群体得分的标准差。

2.智力测验标准 【单选、多选、判断】

标准
- 信度：量表的**可靠程度**(或可信程度)。它以反复测验时能否提供相同的结果来说明
- 效度：测验的**有效性**、准确程度 —— 智力测验的效度系数多在0.3~0.6之间。
- 标准化(**最基本要求**)
  - 代表性题目
    - 难度：**难易程度**
    - 区分度：**鉴别力**
  - 代表性被试(确立标准化样本)
  - 施测程序标准化
  - 统计结果,建立常模

> **知识拓展**
>
> **信度与效度的关系**
>
> 信度是效度的必要不充分条件：
> (1)信度低,效度不可能高；
> (2)信度高,效度未必高；
> (3)效度低,信度可能高；
> (4)效度高,信度也必然高。

知识点4 影响能力形成与发展的因素 【单选、简答】

(1)遗传(生物前提)与营养；(2)早期经验；(3)教育与教学(主导作用)；(4)社会实践；(5)主观努力(内在因素)。

知识点5 学生能力的培养

> 早期能力要注重；后期教育要加强；三教学,一实践；非智力因素要注意。

(1)注重对学生早期能力的培养。

(2)在教学中要加强知识与技能的学习与训练。

(3)在教学中要针对学生的能力差异因材施教。

(4)在教学中要积极培养学生的元认知能力和创造能力。

(5)社会实践活动是培养学生能力的基本途径。

(6)要注意培养学生的非智力因素。

第三节　气质与性格

知识点1　气质

1.气质及其类型

(1)气质的概念和特点

气质是表现在心理活动的强度、速度、灵活性与指向性等方面的一种稳定的心理特征,即我们平时所说的脾气、禀性。

气质的特点有稳定性、可塑性、动力性等。

(2)气质的类型　【单选、多选、判断、填空、简答】

气质类型	高级神经活动过程	高级神经活动类型	特点	代表人物
胆汁质	强、不平衡	不可遏制型（兴奋型）	精力旺盛、易感情用事、脾气暴躁	张飞、李逵
多血质	强、平衡、灵活	活泼型（灵活型）	活泼好动、情绪不稳定	王熙凤
黏液质	强、平衡、不灵活	安静型（不灵活型）	稳重踏实、死板	沙僧、林冲
抑郁质	弱	弱型（抑制型）	敏锐、体验深刻、怯懦	林黛玉

> **知识拓展**
>
> 艾森克的气质理论
>
> | 维度 | 气质类型 | 表现 | 相当于 |
> | --- | --- | --- | --- |
> | 内倾与外倾、情绪的稳定与不稳定 | 稳定内倾型 | 温和、镇定、安宁、善于克制自己 | 黏液质 |
> | | 稳定外倾型 | 活泼、悠闲、开朗、富于反应 | 多血质 |
> | | 不稳定内倾型 | 严峻、慈爱、文静、易焦虑 | 抑郁质 |
> | | 不稳定外倾型 | 冲动、好斗、易激动 | 胆汁质 |

2.气质与教育 【单选、多选、案例】

(1)克服气质偏见。

(2)针对学生气质差异因材施教
- 胆汁质：直截了当
- 多血质：多种教育方式、定期提醒
- 黏液质：耐心教育
- 抑郁质：委婉暗示

(3)帮助学生进行气质的自我分析、自我教育,培养良好的气质品质。

(4)特别重视胆汁质和抑郁质学生。

(5)组建学生干部队伍时,应考虑学生的气质类型。

知识点2 性格

1.性格及其结构、类型 【单选、多选、判断】

(1)性格的概念

性格是指人的比较稳定的态度与习惯化了的行为方式相结合而形成的人格特征。它是个性心理特征中最具核心意义的心理特征。

(2)性格的结构 → 太(态度)易(意志)清(情绪)理。

结构	特点	典例
态度特征(核心)	对周围人、周围事的态度	谦虚或自负,利他或利己

续表

结构	特点	典例
意志特征	调节支配行动达到目标	顽强拼搏、当机立断
情绪特征	稳定、独特的情绪活动方式	情绪稳定、善于控制
理智特征	认知特点和风格的差异	主动感知或被动感知

(3) 性格的类型

类型
- 根据理智、情绪、意志哪种占优势
  - 理智型：用理智衡量一切
  - 情绪型：易感情用事
  - 意志型：自制力强或固执
- 按心理活动指向（荣格）
  - 外向型：热情大方
  - 内向型：谨慎多思
- 按个体活动的独立程度
  - 独立型：我行我素，自信心强
  - 顺从型：唯唯诺诺，服从周围人的意见

2. 性格评定的方法

方法
- 自陈法
  - 明尼苏达多相人格测验(MMPI)
  - 爱德华个人兴趣量表(EPPS)
  - 卡特尔16种人格因素测验(16PF)
- 投射法
  - 罗夏克墨渍测验(RIBT)
  - 主题统觉测验(TAT)
  - 句子完成测验(SCT)

3. 性格与能力的关系

关系	性格	能力
区别	人的活动指向什么，采取什么态度，怎样进行	活动能否进行

关系	性格	能力
联系	①性格制约着能力的形成与发展。即性格影响能力的发展水平；性格对能力有补偿作用。 ②能力的形成与发展也会促使相应的性格特征随之发展。 ③不良的性格特征，也会阻碍能力的发展，甚至使能力衰退	

4.性格与气质的关系 【单选、多选、辨析、简答】

关系	性格	气质
区别	受社会影响大	受生理影响大
	可塑性强	稳定性强
	性格特征表现较晚	气质特征表现较早
	有优劣之分	无所谓好坏
联系	①性格与气质都属于稳定的人格特征； ②性格与气质相互渗透，彼此制约，二者相互影响	

> 气质影响性格，性格掩蔽、改造气质。

5.影响性格形成与发展的因素

(1)家庭；

(2)学校教育；

(3)同伴群体；

(4)社会实践；

(5)自我教育；

(6)社会文化因素。

6.学生优良性格的培养

(1)加强人生观、世界观和价值观的培养。

(2)及时强化学生的积极行为。

> 强三观、强良行、利用榜样和集体、自我教育要提高、个别指导要及时、实际锻炼少不了。

(3)充分利用榜样人物的示范作用。

(4)利用集体的教育力量。

(5)提供实际锻炼的机会。

(6)及时进行个别指导。

(7)提高学生的自我教育能力。

要点回顾

1. 马斯洛的需要层次理论。
2. 斯皮尔曼的智力二因素论。
3. 卡特尔的智力形态论。
4. 加德纳的多元智力理论。
5. 斯腾伯格的三元智力理论和成功智力理论。
6. 智力测验的标准。
7. 气质的类型。
8. 针对学生气质差异因材施教的方法。
9. 性格与气质的关系。

第三部分　教育心理学

第一章　教育心理学概述

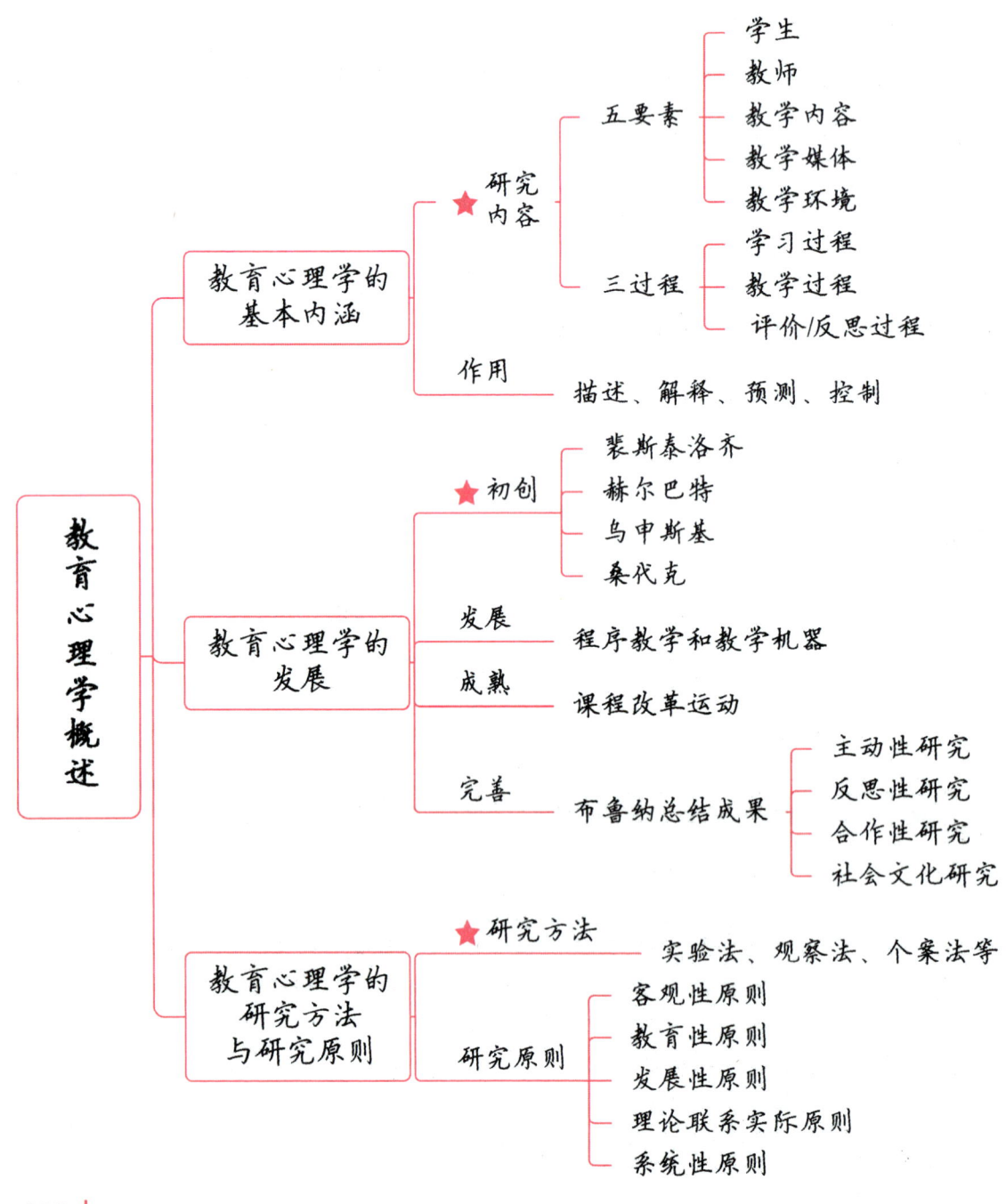

思维导图

- 教育心理学概述
  - 教育心理学的基本内涵
    - ★研究内容
      - 五要素
        - 学生
        - 教师
        - 教学内容
        - 教学媒体
        - 教学环境
      - 三过程
        - 学习过程
        - 教学过程
        - 评价/反思过程
    - 作用——描述、解释、预测、控制
  - 教育心理学的发展
    - ★初创
      - 裴斯泰洛齐
      - 赫尔巴特
      - 乌申斯基
      - 桑代克
    - 发展——程序教学和教学机器
    - 成熟——课程改革运动
    - 完善——布鲁纳总结成果
      - 主动性研究
      - 反思性研究
      - 合作性研究
      - 社会文化研究
  - 教育心理学的研究方法与研究原则
    - ★研究方法——实验法、观察法、个案法等
    - 研究原则
      - 客观性原则
      - 教育性原则
      - 发展性原则
      - 理论联系实际原则
      - 系统性原则

知识梳理

第一节　教育心理学的基本内涵

知识点1　教育心理学的概念、学科性质及研究内容

1.教育心理学的概念

教育心理学是一门研究教育教学情境中学与教的基本心理规律的科学。

2.教育心理学的学科性质

(1)学科范畴 { 心理学的一个分支学科 / 教育学与心理学结合而产生的交叉学科

(2)学科作用 { 理论性学科(具有基础性) / 应用性较强的学科(具有实践指导性),以应用为主

3.教育心理学的研究内容　【单选、多选】

五要素:学生、教师、教学内容、教学媒体和教学环境。

三过程:学习过程、教学过程、评价/反思过程。

常考内容	要点
学生	①群体差异,包括年龄、性别和社会文化差异等; ②个体差异,包括先前知识基础、学习方式、智力水平、兴趣和需要等
教学内容	①学与教中有意传递的主要信息部分; ②教学中的客体
教学环境	①物质环境:课堂自然条件、教学设施以及空间布置等;(如温度和照明。如桌椅和黑板。如座位的排列。) ②社会环境:课堂纪律、课堂氛围、师生关系、同学关系、校风以及社会文化背景等

常考内容	要点
学习过程	教育心理学研究的核心内容

知识点2 教育心理学的作用 【多选、简答】

教育心理学对教育实践具有描述、解释、预测和控制作用,具体包括:

(1)帮助教师准确地了解问题。

(2)为实际教学提供科学的理论指导。

(3)帮助教师预测并干预学生。

(4)帮助教师结合实际教学进行教育研究。

第二节 教育心理学的发展

知识点1 教育心理学的发展历程 【单选、判断】

教育心理学的发展史,就是心理学与教育学相结合并逐步形成一门独立的心理学分支的历史,大致经历以下四个时期。

1.初创时期(20世纪20年代以前)

> 裴赫首提出,乌申俄奠基;世界第一卡普捷,西方第一桑代克。

国别	人物	贡献
瑞士	裴斯泰洛齐	第一次提出"教育教学的心理学化"的思想
德国	赫尔巴特	首次提出把教学理论的研究建立在心理学这个科学基础之上
俄国	乌申斯基 (俄罗斯教育心理学的奠基人)	1868年出版《人是教育的对象》,对当时的心理学发展成果进行了总结
俄国	卡普捷列夫	1877年发表《教育心理学》,这是世界上最早正式以"教育心理学"命名的著作

续表

国别	人物	贡献
美国	桑代克 （教育心理学之父）	1903年出版了《教育心理学》,这是西方第一本以"教育心理学"命名的著作,确立了西方教育心理学的名称和体系
中国	房东岳	1908年翻译日本小原又一著的《教育实用心理学》,这是我国出版的第一本教育心理学著作

> **知识拓展**
>
> 桑代克教育心理学的内容体系
>
> 桑代克的《教育心理学》由以下三卷组成:(1)人的本性;(2)学习心理学;(3)个体差异及其原因。这构成了桑代克教育心理学的内容体系。

2.发展时期(20世纪20年代至50年代末)

时间	重要事件
20世纪20年代至30年代	①学科心理学的发展; ②1924年,廖世承编写了我国第一本《教育心理学》教科书
20世纪40年代	弗洛伊德的理论广为流传
20世纪50年代	程序教学和教学机器兴起

3.成熟时期(20世纪60年代至70年代末)

时间	重要事件
20世纪60年代	①布鲁纳发起了课程改革运动; ②罗杰斯提出了"以学生为中心"的主张

时间	重要事件
20世纪70年代	①奥苏贝尔阐述了有意义学习的条件； ②加涅对人类的学习进行了系统分类； ③计算机辅助教学(CAI)受到人们的重视

4. 完善时期(20世纪80年代以后)

1994年美国心理学家**布鲁纳**总结的成果：
- 主动性研究
- 反思性研究
- 合作性研究
- 社会文化研究

（注：政(反思性)合(合作性)会动。）

知识点2　教育心理学的发展趋势

(1)转变教学观念，关注教与学两方面的心理问题，教学心理学兴起。

(2)关注影响教育的社会心理因素。

(3)注重实际教学中各种策略和元认知的研究。

(4)年龄特点、个别差异、测量以及个别化教学研究继续受到重视。

第三节　教育心理学的研究方法与研究原则

知识点1　教育心理学的研究方法　【单选、填空】

研究方法：
- 实验法
  - 概念：强调对变量的操纵和控制
  - 类型：实验室实验(实验室内)和现场实验(自然情境)
  - 地位：**应用最广、成就最大**
- 观察法
  - 优点：获得的资料比较真实
  - 缺点：有时只能观察到事物的表面
  - 地位：**最基本、最普遍**

研究方法 {
- 调查法:常用的调查方法有<u>问卷法、访谈法</u>等
- 个案法:收集个体的相关资料,分析其心理特征
- 测验法:运用标准化的量表来测量某种心理品质
- 教育经验总结法:分析和概括教育现象,揭示教育规律
- 产品(作品)分析法:主要通过分析<u>学生的活动产品</u>进行研究
}

知识点2　教育心理学的研究原则　【单选、多选】

> 教官喜(系)理发。

1. <u>客观性原则</u>:应采取实事求是的态度,是进行科学研究的<u>前提条件</u>。

2. <u>教育性原则</u>(道德性原则):促进被试心理的<u>良性发展</u>,这是所有关于人的心理学研究中都应遵从的一个基本伦理道德原则。

3. <u>发展性原则</u>:牢记被试的心理是不断发展变化的,应该采用<u>动态的、变化的</u>指标进行衡量。

4. 理论联系实际原则(实践性原则):从实际需要出发,解决实际心理问题。

5. 系统性原则:以全面的、发展的和整体的观点去观察、分析和解决问题。

要点回顾

1. 教育心理学研究内容的五要素和三过程。
2. 教育心理学的作用。
3. 教育心理学初创时期的人物及其贡献。
4. 教育心理学各研究方法的概念和地位。
5. 教育心理学的研究原则的内容。

第二章 心理发展及个别差异

思维导图

- 心理发展及个别差异
  - 心理发展
    - ★一般规律
      - 连续性与阶段性
      - 定向性与顺序性
      - 不平衡性
      - 差异性
    - 阶段特征 —— 少年期 —— 半成熟、半幼稚
    - 教育启示 —— 抓住关键期
  - 中小学生认知发展
    - ★皮亚杰的认知发展观
      - 发展观
        - 发生认识论
        - 图式、同化、顺应、平衡
      - 认知发展阶段
        - 感知运动阶段
        - 前运算阶段
        - 具体运算阶段
        - 形式运算阶段
    - ★维果斯基的心理发展观
      - "文化—历史"发展理论
      - 最近发展区
      - 支架式教学
  - 中小学生人格、社会化发展
    - 人格特征 —— 独特性、稳定性、整合性等
    - ★埃里克森的心理社会发展阶段论
      - 基本的信任感对基本的不信任感
      - 自主感对羞耻感
      - 主动感对内疚感
      - 勤奋感对自卑感
      - 自我同一性对角色混乱
    - 影响人格因素 —— 生物遗传、社会、个人主观
    - 自我意识
      - 成分 —— 自我认识、自我体验、自我控制
      - 发展阶段 —— 生理自我→社会自我→心理自我

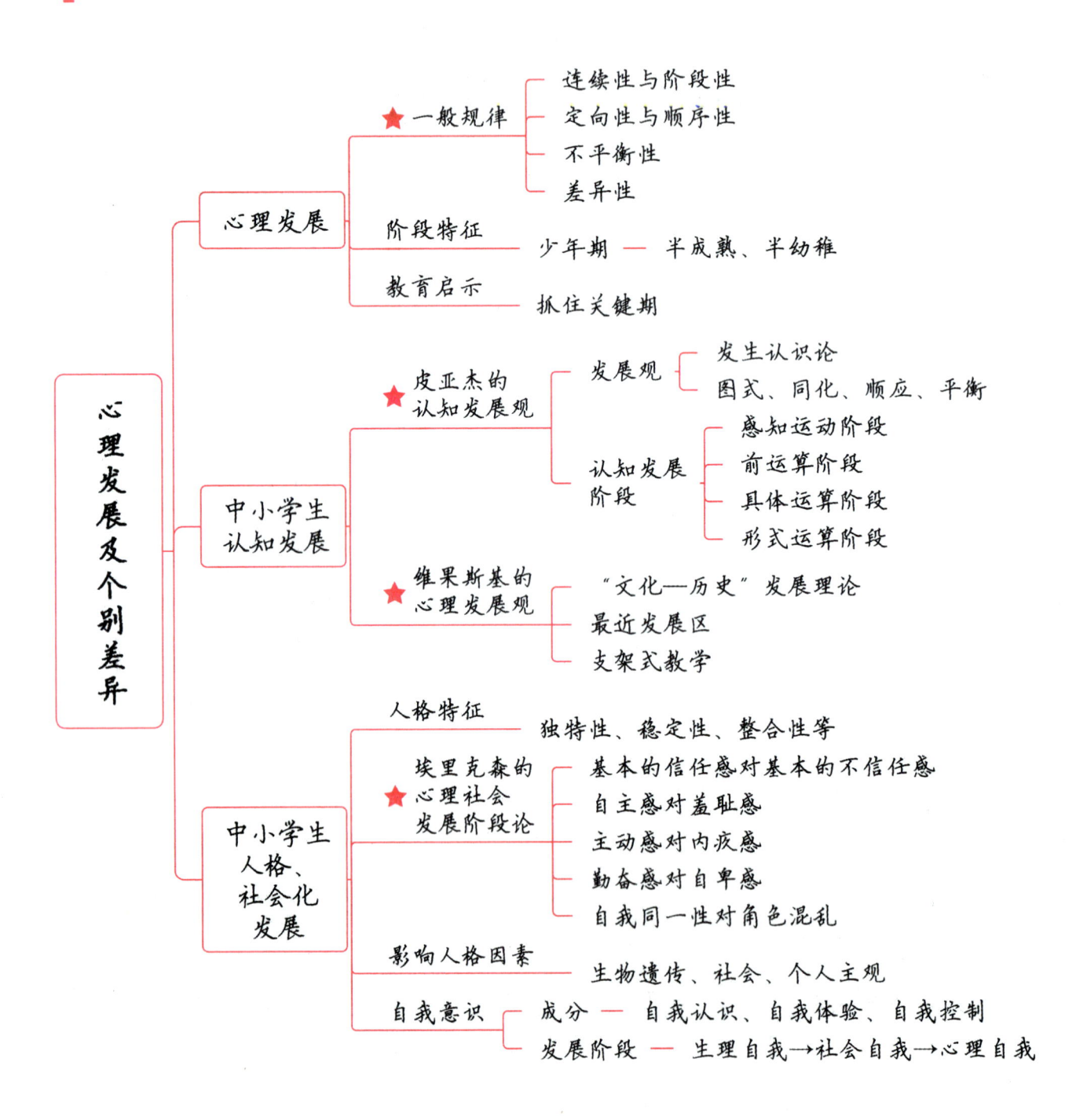

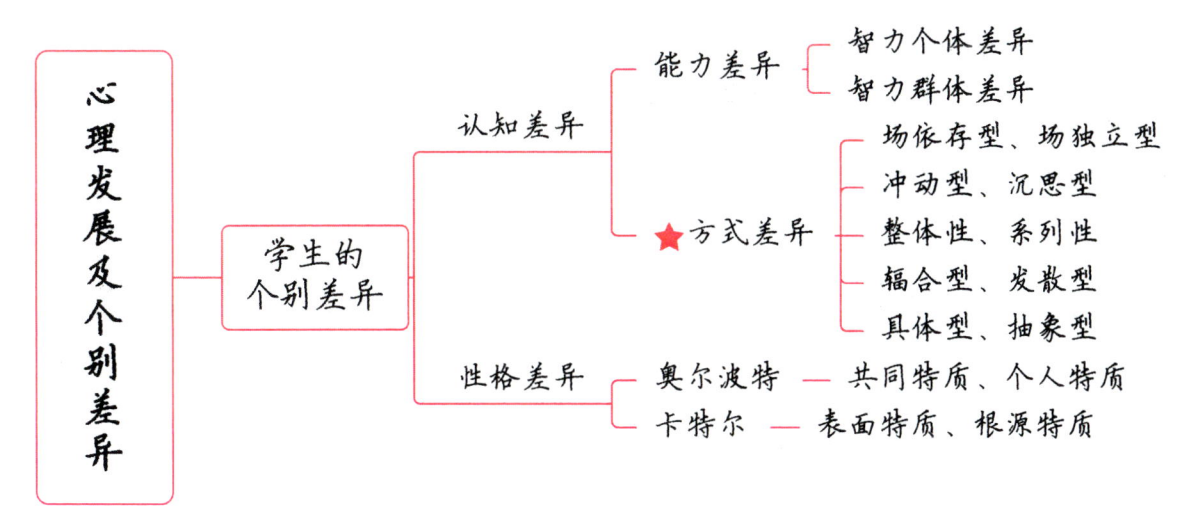

```
心理发展及个别差异 ── 学生的个别差异 ┬── 认知差异 ┬── 能力差异 ┬── 智力个体差异
                                                              └── 智力群体差异
                                           └── ★方式差异 ┬── 场依存型、场独立型
                                                          ├── 冲动型、沉思型
                                                          ├── 整体性、系列性
                                                          ├── 辐合型、发散型
                                                          └── 具体型、抽象型
                              └── 性格差异 ┬── 奥尔波特 ── 共同特质、个人特质
                                           └── 卡特尔 ── 表面特质、根源特质
```

知识梳理

第一节 心理发展

知识点1 心理发展的概念和阶段 【单选】

心理发展是指个体从出生、成熟、衰老直至死亡的整个生命进程中所发生的一系列心理变化。可划分为以下阶段：

```
乳儿  婴儿   幼儿    童年     少年     青年     成年      老年
─┼────┼─────┼──────┼────────┼────────┼────────┼─────────┼──→
 0    1     3      6、7     11、12   14、15    25        65
```

知识点2 个体心理发展的一般规律(基本特征) 【单选、多选、辨析、简答】

1.连续性与阶段性

(1)当某些代表新特征的量累积到一定程度时,会取代旧特征而占主导地位,表现为阶段性；

(2)后一阶段的发展总是在前一阶段的基础上发生的,而且又萌发着下一阶段的新特征,表现出心理发展的连续性。

2.定向性与顺序性

在正常条件下,心理的发展总是具有一定的方向性和先后顺序。尽管发展的速度有个别差异,会加速或延缓,但发展是不可逆的,也不可逾越。

3.不平衡性

(1)个体不同系统在发展的速度、发展的起止时间与到达成熟时期的不同进程;

(2)同一机能特性在发展的不同时期有不同的发展速率。

4.差异性

任何一个正常学生的心理发展总要经历一些共同的基本阶段,但发展的速度、最终达到的水平,以及发展的优势领域等方面往往又千差万别。这要求教师在教学中要因材施教。

知识点3 中小学生心理发展的阶段特征 【单选、多选】

时期	关键点
童年期 (学龄初期)	①生长发育最旺盛、变化最快、可塑性最强、接受教育最佳; ②学习开始成为儿童的主导活动
少年期 (学龄中期、 "心理断乳期" "危险期")	①半成熟、半幼稚; ②充满独立性和依赖性、自觉性和幼稚性错综的矛盾; ③身体状态的剧变、内心世界的发现、自我意识的觉醒、独立精神的加强
青年初期 (学龄晚期)	智力、思维、情感、意志、自我意识等方面有了较大的发展

知识点4 影响个体心理发展的因素 【单选】

(1)遗传:个体心理发展的生物前提和物质基础。

(2)环境:对个体的心理发展有着十分巨大的影响。

(3)教育:制约着学生心理发展的过程、方向、趋势、速度和程度。

(4)主观能动性:个体心理发展的内在动力。

知识点5　中小学生心理发展的教育启示

1.教育必须以一定的心理发展特点为依据

(1)结合学生的心理发展特点,注意学生心理发展的个体差异

(2)注意学生的学习准备状态

学习准备指学习者在从事新的学习时,其身心发展水平对新的学习的适合性,即学生在学习新知识时,那些促进或妨碍学习的个人生理、心理发展的水平和特点。

(3)抓住关键期

奥地利动物习性学家劳伦兹在发现幼禽的"印刻现象"时提出了"关键期"的概念。关键期是指某些行为与能力发展的最适当时期,但关键期并不是绝对的。错过关键期之后,经过补偿性学习,个体能力仍有可能得到发展,只是难度要大些。常考查的关键期有:

关键期	发展能力
2岁	口头言语发展
4岁	形状知觉形成
4~5岁	学习书面言语
5~6岁	掌握数的概念

2.教育对心理发展起主导作用

(1)学生心理的发展依赖于教育提出的要求和方向;

(2)教育能够促进学生的心理发展;

(3)教育可以加速或延缓学生心理发展的进程;

(4)教育能够使心理发展的可能性转化为现实性。

第二节　中小学生认知发展

知识点1　皮亚杰的认知发展观

1. 建构主义的发展观

(1)心理发展的实质

皮亚杰的理论核心是"发生认识论"。皮亚杰认为,人的知识来源于动作,动作是感知的源泉和思维的基础。

(2)图式、同化、顺应与平衡　【单选、多选】

①图式:形成自己独特的认知结构。

②同化(量变):有机体把新的刺激整合到已有的图式或认知结构中。

③顺应(质变):改变原有图式或认知结构来接受和解释新刺激。

④平衡:同化和顺应之间的"均衡"。

2. 皮亚杰的认知发展阶段理论　【单选、多选、简答】

0　　2岁　　　　7岁　　　　11岁　　　成人			
感知运动阶段	前运算阶段	具体运算阶段	形式运算阶段
1.感觉和动作的分化; 2.客体永久性的形成; 3.问题解决能力开始得到发展; 4.延迟模仿的产生	1.早期的信号功能; 2.自我中心性; 3.不可逆运算; 4.不能够推断事实; 5.泛灵论; 6.不合逻辑的推理; 7.不能理顺整体和部分的关系; 8.认知活动具有具体性	1.去自我中心性; 2.可逆性; 3.守恒; 4.分类; 5.序列化	1.命题之间的关系; 2.假设—演绎推理; 3.类比推理; 4.抽象逻辑思维; 5.可逆与补偿; 6.反思能力; 7.思维的灵活性; 8.形式运算思维的逐渐发展

3.影响认知发展的因素　→ 会很(衡)熟练。

(1)成熟;(2)练习和经验(自然经验);(3)社会性经验;(4)平衡。

知识点2　维果斯基的心理发展观　【单选、判断、案例】

发展观
- "文化—历史"发展理论
  - 两种工具理论:物质工具与精神工具
  - 两种心理机能:低级心理机能与高级心理机能
- 内化说:维果斯基心理发展观的核心思想
- 最近发展区:儿童现有水平与可能(即将)达到的发展水平之间的差异
- 教学应走在发展的前面
  - ①教学在发展中起主导作用
  - ②教学创造着最近发展区
- 支架式教学:在学生试图解决超出当前知识水平的问题时给予支持和指导

知识扩展

塞尔曼的角色采择能力发展阶段

阶段	年龄	阶段特征
自我中心的观点采择	3~6岁	只考虑自己的观点
社会信息的观点采择	6~8岁	开始意识到他人有不同的观点
自我反省的观点采择	8~10岁	能考虑他人的观点,但不能同时考虑自己和他人的观点
相互的观点采择	10~12岁	能从中立的角度考虑自己和他人的观点
社会和传统体系的观点采择	12~15岁以上	开始运用社会系统和信息来分析、比较、评价自己和他人的观点

第三节　中小学生人格、社会化发展

知识点1　人格的概念及特征【单选、多选、判断】

1. 概念：决定个体的外显行为和内隐行为，并使其与他人行为有稳定区别的综合心理特征。

2. 特征：
   - 独特性："人心不同,各如其面"
   - 稳定性(时空)："江山易改,禀性难移"
   - 整合性：心理健康的重要指标
   - 功能性："性格决定命运"
   - 社会性：原始人用手抓饭,现代人用餐具(除地方特色)
   - 复杂性："横眉冷对千夫指,俯首甘为孺子牛"

知识点2　弗洛伊德的人格理论【单选】

1. 弗洛伊德的人格"三我"结构

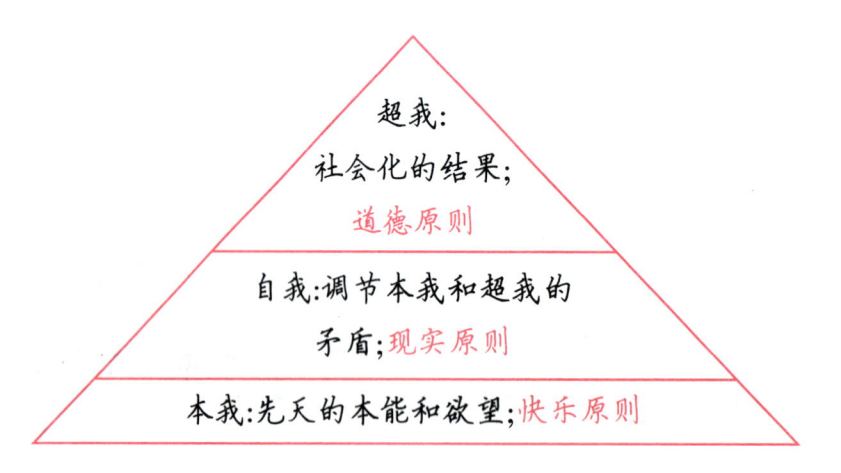

```
            超我：
          社会化的结果；
           道德原则
        自我：调节本我和超我的
          矛盾；现实原则
    本我：先天的本能和欲望；快乐原则
```

2. 心理性欲发展的五阶段

阶段	年龄	要点
口唇期	0~1岁	①活动未受限,成年后性格倾向于乐观、慷慨等； ②活动受限,成年后性格倾向于依赖、悲观等

续表

阶段	年龄	要点
肛门期	1~3岁	①训练过于严格,倾向形成洁癖、吝啬等习惯; ②无限制,倾向形成邋遢、浪费等习惯
性器期	3~6岁	①男孩产生恋母情结(俄狄浦斯情结); ②女孩产生恋父情结(厄勒克特拉情结)
潜伏期	6~12岁	性冲动转移到其他事情上,如学习、游戏等
生殖期	12~20岁	走向社会化,开始摆脱对父母的依赖

知识点3 埃里克森的心理社会发展阶段论 【单选、判断】

阶段	年龄	任务	人格品质
基本信任感对基本不信任感	0~1.5岁	培养信任感	希望
自主感对羞耻感	2~3岁	培养自主感	意志
主动感对内疚感	4~5岁	培养主动感	目的
勤奋感对自卑感	6~11岁	培养勤奋感	能力
自我同一性对角色混乱	12~18岁	培养自我同一性	忠诚
亲密感对孤独感	成年初期	培养亲密感	爱
繁殖感对停滞感	成年中期	培养繁殖感	关心
自我整合对绝望感	成年晚期	完善自我	智慧

知识拓展

马西娅对同一性状态的划分

自我同一性是指个体组织自己的动机、能力、信仰及活动经验而形成的有关自我的一致性形象。

维度	类型	特点
高探索、高承诺	同一性获得/达成	经历各种探索,做出坚定、积极的承诺
高探索、低承诺	同一性延缓	正在积极地探索,但未做出承诺
低探索、高承诺	同一性早闭	没有明确探索,基于父母或权威人物的建议做出承诺
低探索、低承诺	同一性弥散/扩散/混淆/迷乱	没有探索,也不做承诺

知识点4 影响人格形成与发展的因素 【单选、多选、简答】

1.生物遗传因素。

(1)遗传是人格不可缺少的影响因素。

(2)遗传因素对人格的作用程度因人格特征的不同而异。

(3)人格发展过程是遗传与环境交互作用的结果,遗传因素影响人格的发展方向及改变。

2.社会因素。

(1)家庭教养方式

鲍姆宁根据控制、成熟的要求、父母与儿童的交往、父母的教养水平四个指标,将父母的教养行为分为以下三种:

类型	父母表现	孩子表现
专制型	过于支配	消极、依赖、服从、懦弱、被动,甚至会形成不诚实的性格特征
民主型	平等和谐,尊重孩子	活泼、自立、善于交往、富于合作精神等,表现最成熟
放纵型	溺爱	任性、自私、独立性差、胡闹等,表现最不成熟

(2)学校教育。

(3)同辈群体。随着年龄的增长,同伴的影响越来越强,在某种程度上甚至超过父母的影响。

3.个人主观因素。

> **知识扩展**
>
> 鲍姆宁关于家庭教养方式的其他分类
>
> 鲍姆宁根据要求和反应性这两个维度,将父母的教养方式分为以下四类:
>
> | 类型 | 父母表现 | 孩子表现 |
> |---|---|---|
> | 权威型 | 合理、恰当、倾听、耐心 | 自信、自控能力强、心境乐观积极、勤奋努力 |
> | 专制型 | 严厉、高标准 | 焦虑、敌视他人、适应环境困难 |
> | 溺爱型 | 爱和期望、无要求、溺爱 | 自我控制能力差、好冲动、依赖性强、没有恒心和毅力 |
> | 忽视型 | 漠不关心、忽视 | 适应新环境困难、兴趣少、自我控制能力差、对他人不信任 |

知识点5 自我意识

1.自我意识概述 【单选、判断、填空】

(1)概念

自我意识是个体对自己以及自己与周围事物的关系的意识,是人格的重要组成部分,是使人格各部分整合和统一起来的核心力量。

(2)三种成分
- 自我认识:自我观察和自我评价
- 自我体验:情感体验
- 自我控制:实现自我意识调节的最终环节

(3)发展阶段 ⎰ 生理自我(自我中心期):3岁左右 基本成熟
　　　　　　⎨ 社会自我(客观化时期):少年期 基本成熟
　　　　　　⎩ 心理自我(主观自我时期):青春期 开始发展和形成

2.学生自我意识的发展 【单选、判断】

小学生	趋势	①随着年龄的增长从低水平向高水平发展,发展不匀速； ②一、二年级:主要发展期； ③三至五年级:相对平稳； ④五至六年级:第二个上升期
	特点	①开始用心理词汇描述自己,但仍以具体形式看待自己； ②低年级儿童的自我评价能力落后于评价他人的能力
初中生	趋势	①青少年时期是自我意识发展的第二个飞跃期； ②六年级到初三:总体上处于平稳期； ③初三到高一:显著上升时期
	特点	①自我体验随着年龄的增长而不断发展:出现成人感、自尊感增强、出现自卑感； ②自我开始分化； ③更自觉地评价别人的和自己的个性品质
高中生	趋势	处于显著上升期之后的平稳期,"稳中有升"
	特点	①独立意向发展； ②组成成分分化； ③强烈关心个性成长； ④空前关注自我形象； ⑤自我评价逐渐成熟； ⑥自尊心强； ⑦道德意识高度发展

知识点6　社会化发展

1.亲社会行为

亲社会行为是指有益于他人和社会的行为,包括助人行为、安慰、分享、合作等。

2.攻击行为

攻击行为是一种经常有意地伤害和挑衅他人的行为。这种行为是儿童、青少年中比较常见的一种问题行为。儿童、青少年攻击行为的表现形式有:

分类依据	类别	表现
攻击行为的表现形式	身体攻击	打人、踢人和损坏他人物品等
	言语攻击	骂人,羞辱、嘲弄等
	间接攻击	造谣、离间等
攻击行为的起因	主动型攻击	主要表现在物品的获取、欺负等情境中
	反应型攻击	愤怒、发脾气或失去控制等
攻击行为的目的	敌意性攻击	目的是伤害他人
	工具性攻击	为抢夺玩具而打人

第四节　学生的个别差异

知识点1　学生的认知差异及教育意义

1.学生的认知能力差异　【单选、判断】

(1)智力的个体差异

个体差异
①智力**类型**差异:有的人长于想象、有的人长于记忆
②智力**发展水平**的差异:人们的智力水平呈正态分布
③智力**表现早晚**的差异:"早熟或早慧""大器晚成"

> **学霸点睛**
>
> 智力划分标准常以选择题的形式出现,应注意区分以下划分界限:
>
> 天才＞140;超常儿童＞130;110~119的人为优秀(中上或聪明);90~109的人为中等智商;80~89的人为中下(迟钝)智商;低常(智力落后)＜70。

(2)智力的群体差异

群体差异是指不同群体之间的智力差异,包括智力的性别差异、年龄差异、种族差异等。其中,性别差异表现在:①总体水平大致相等,但男性智力分布的离散程度较大;②结构存在差异,但各自具有自己的优势领域。

2.学生的认知方式差异 【单选、判断】

认知方式,也称为认知风格,是指人们在认知活动中所偏爱的信息加工方式。它没有优劣、好坏之分,主要影响学生的学习方式。

(1)场依存型与场独立型

比较范畴	场独立型	场依存型
学科兴趣	自然科学和数学	社会科学和人文科学
学习成绩	自然科学成绩好;社会科学成绩差	自然科学成绩差;社会科学成绩好
学习策略	自觉学习;内在动机支配	被动学习;外在动机支配
教学方式	偏爱结构不严密的教学	偏爱结构严密的教学

(2)冲动型与沉思型 <- 判断标准是反应时间和精确性。

比较范畴	冲动型	沉思型
认知问题	速度快,错误率高	速度慢,错误率低
解决问题	解决低层次问题时占优势	解决高层次问题时占优势
加工方式	使用整体性加工方式	使用细节性加工方式

(3)整体性与系列性

分类 { 整体性策略:从整体上做初步的估计和预测 / 系列性策略:采用循序渐进的方法 }

(4)辐合型与发散型

分类 { 辐合型:唯一答案 / 发散型:多种答案 }

(5)具体型与抽象型

分类 { 具体型:深入分析某一方面;需多向其提供信息 / 抽象型:看到问题的多个方面,能进行抽象思考 }

3.学生认知差异的教育意义

教师必须根据学生认知差异的特点,不断改革教学,因材施教。这要求教师做到:

(1)创设适应学生认知差异的教学组织形式。

(2)采用适应学生认知差异的教学方式,努力使教学方式个别化。

(3)运用适应学生认知差异的教学手段。

知识点2　学生的性格差异及教育意义

1.学生的性格差异　【单选、多选、判断】

(1)性格的特征差异

特征差异 {
　奥尔波特(首先提出) {
　　共同特质:群体共有
　　个人特质(独有) { 首要特质:1个 / 中心特质:5~10个 / 次要特质:多个 }
　}
　卡特尔 { 表面特质(外部)和根源特质(体质) / 16种人格因素测验(16PF) }
}

> **学霸点睛**
>
> 个人特质的类型容易混淆,在区分时可从以下关键词入手:
>
> (1)首要特质——"最典型、最具有概括性";
>
> (2)中心特质——"几个、重要";
>
> (3)次要特质——"不太重要"。

(2)性格的类型差异

常见类型差异 { ①向性说:外向型与内向型 ②独立顺从说:独立型和顺从型

2.学生性格差异的教育意义

(1)性格虽然不会决定学习是否发生,但它却会影响学生的学习方式。

(2)重视性格因素,选择恰当的教育内容以适应学生的性格差异。

要点回顾

1. 个体心理发展的一般规律。
2. 中小学生心理发展各阶段的关键特征。
3. 皮亚杰的认知发展阶段理论。
4. 维果斯基的心理发展观。
5. 埃里克森的心理社会发展阶段论。
6. 影响人格形成与发展的因素。
7. 自我意识的成分和发展阶段。
8. 学生认知方式差异的类型。

第三章　学习理论

思维导图

- **学习理论**
  - **学习概述**
    - 内涵
      - 由练习或反复经验引起
      - 行为或行为潜能相对持久的变化
    - ★分类
      - 加涅 —— 学习水平、学习结果
      - 奥苏贝尔
        - 学习内容与认知结构关系
        - 学习的方式
    - 学生学习
      - 形式 —— 接受学习
      - 内容 —— 人类间接知识经验
  - **★行为主义学习理论**
    - 经典性条件作用理论
      - 规律 —— 获得、消退、泛化、分化等
    - 联结—试误学习理论
      - 过程 —— 渐进、盲目、尝试错误
      - 原则 —— 准备律、练习律、效果律
    - 操作性条件作用理论
      - 规律 —— 强化、惩罚、消退等
      - 应用 —— 程序教学、行为塑造
    - 社会学习理论
      - 观察学习
      - 直接强化、替代强化、自我强化
  - **认知派学习理论**
    - 完形—顿悟学习理论
      - 学习的实质 —— 形成新的完形
      - 学习的过程 —— 顿悟过程
    - 符号学习理论
      - 学习是期望的获得
      - S-O-R
      - 潜伏学习
    - ★认知—发现学习理论
      - 学习过程 —— 获得、转化、评价
      - 教学原则 —— "冻结城墙"
    - ★有意义接受学习理论
      - 接受学习、有意义学习
      - 先行组织者策略
    - 信息加工学习理论
      - 学习过程 —— "东街活宝会盖作坊"

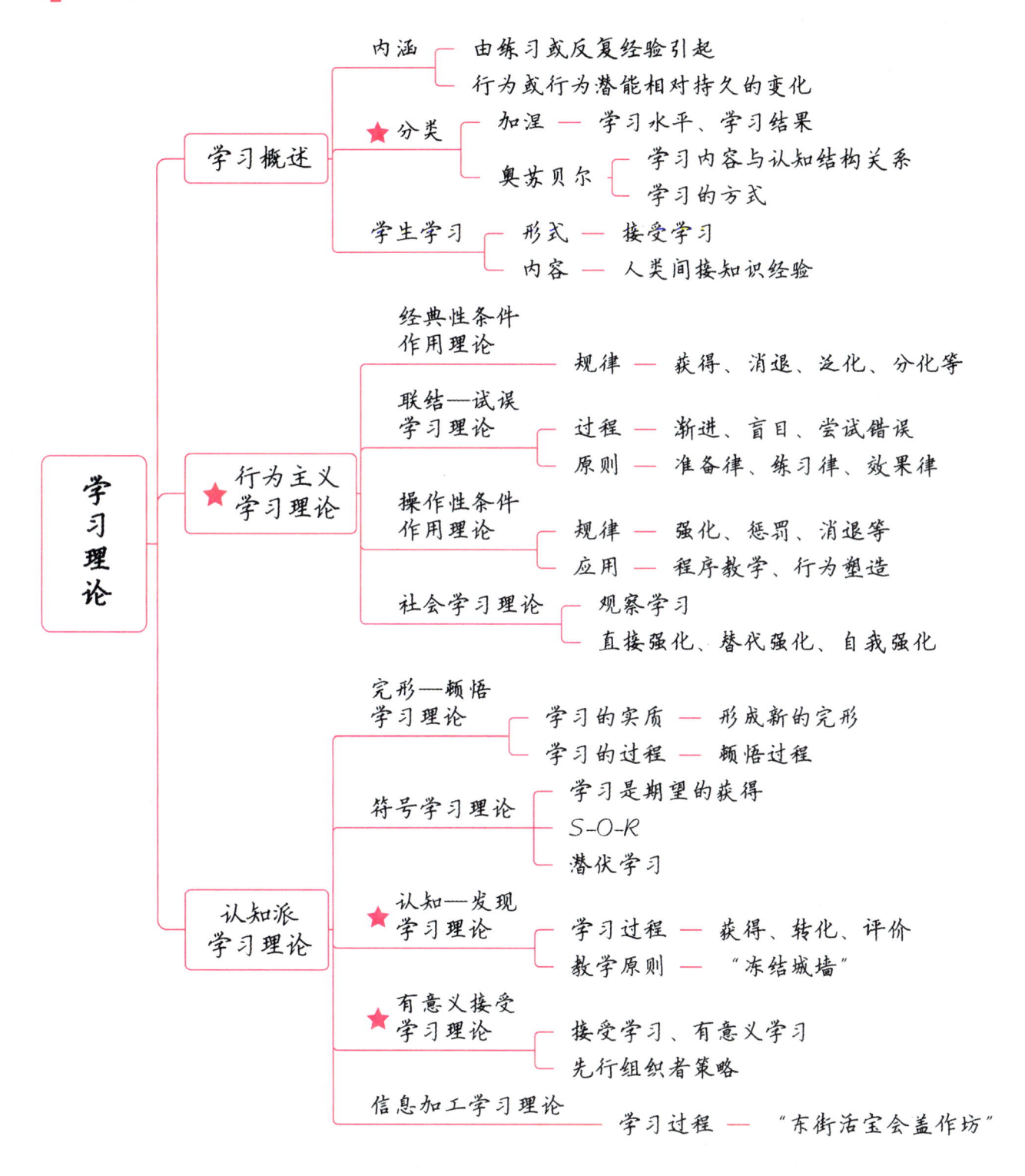

```
                            ┌─ 知情统一的教学目标观 ──── 知情合一的人
                            │
                            ├─ 有意义的自由学习观 ──── 无意义学习、有意义学习
                            │                        ┌─ 学生中心模式
              ┌─ 人本主义 ──┤                        │
              │   学习理论   ├─ 学生中心的教学观 ─────┤              ┌─ 真实或真诚
              │            │                        └─ 心理氛围 ────┤ 尊重、关注和接纳
              │            │                                        └─ 移情性理解
              │            │
              │            └─ 教学模式 ──────── "题字放人"
   学                                                  ┌─ 知识观
   习                                                  │
   理                                                  ├─ 学习观
   论                                   ★ 主要内容 ────┤ 教学观
              │                                        │
              │                                        ├─ 学生观
              │                                        └─ 教师观
              │                                 ┌─ 抛锚式教学
              └─ 建构主义 ──┬─ 教学模式 ────────┤ 支架式教学
                  学习理论  │                   └─ 随机进入教学
                            │                   ┌─ 因材施教
                            └─ 教育启示 ────────┤ 有意义建构
                                                └─ 发挥学生主体地位
```

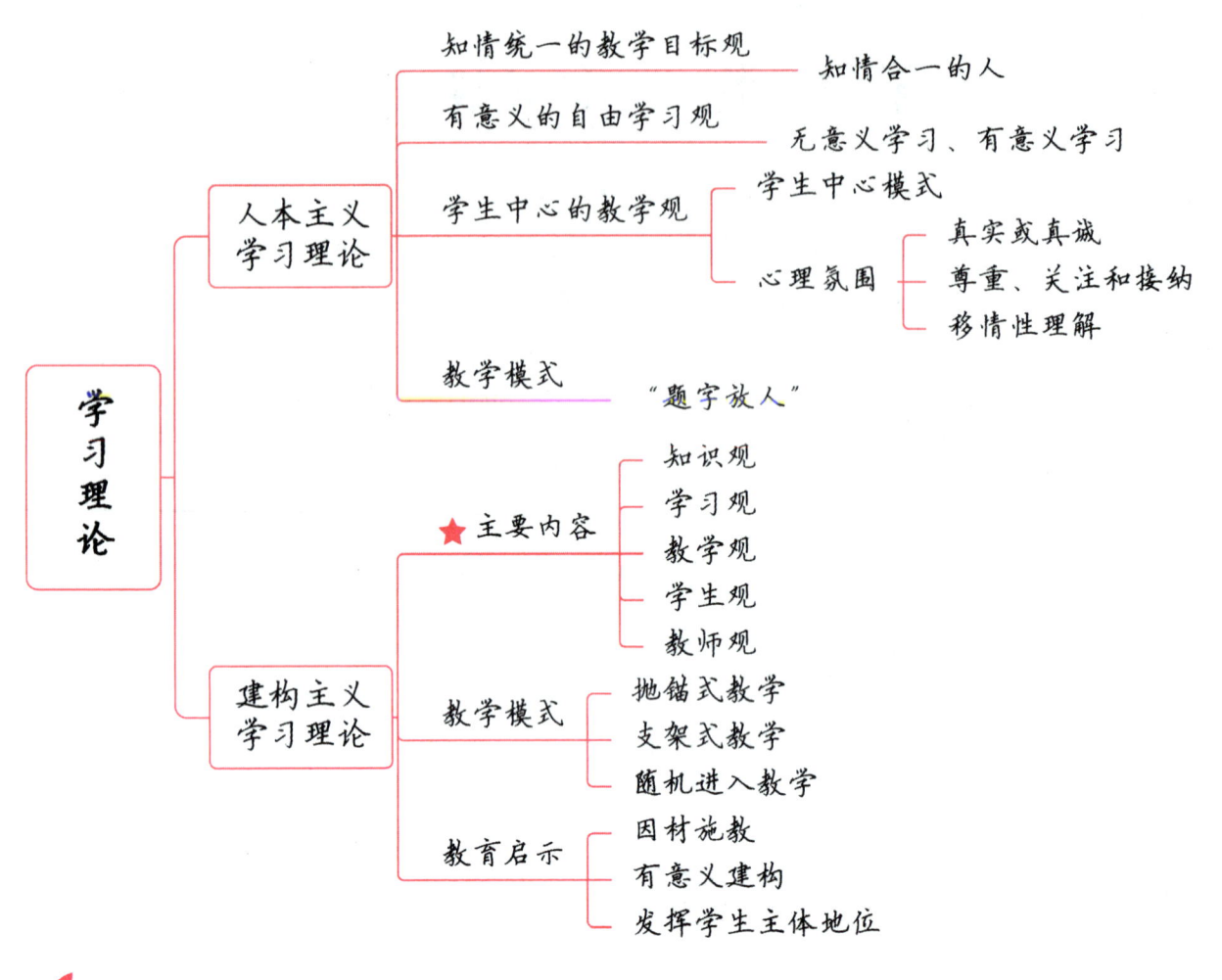

知识梳理

第一节　学习概述

知识点1　学习的内涵【单选、多选】

<u>学习是个体在特定情境下由于练习或反复经验而产生的行为或行为潜能的相对持久的变化。</u>

具体理解 ┌ ①实质上是一种适应活动
　　　　　├ ②是人和动物共有的普遍现象
　　　　　├ ③是由反复经验引起的
　　　　　├ ④是有机体后天习得经验的过程
　　　　　├ ⑤过程可以是有意的,也可以是无意的
　　　　　└ ⑥引起的是相对持久的行为或行为潜能的变化

> **学霸点睛**
>
> 在判断一项活动是否为学习时,可以从以下两个方面考虑:(1)学习的定义;(2)学习的"五非原则",即非本能、非成熟、非疲劳、非药物、非病。

知识点2 学习的分类 【单选、多选、不定项、判断、简答】

1.加涅关于学习的划分

(1)学习水平分类——由简单到复杂,由低到高。

分类	内涵	典例
信号学习	学习对某种信号做出某种反应;刺激—强化—反应	经典性条件反射
刺激—反应学习	学会对某一情境中的刺激做出某种反应,以获得某种结果;情境—反应—强化	操作性条件反射
连锁学习	学习联合两个或两个以上的刺激—反应动作,以形成一系列刺激—反应动作的联结	学会打篮球的一系列接球躲闪动作
言语联结学习	形成一系列的言语单位的联结,即言语连锁化	将单词组成合乎语法规则的句子
辨别学习	学会识别多种刺激的异同并对之做出不同的反应	对易混淆的单词分别做出正确的反应
概念学习	对刺激进行分类时,学会对一类刺激做出同样的反应	将"牛""羊"等概括为"动物"

续表

分类	内涵	典例
规则或原理学习	学习两个或两个以上概念之间的关系	对规律、定理的学习
解决问题学习（高级规则的学习）	在各种情况下，使用所学原理或规则去解决问题	根据已知条件求证三角形的度数

(2) 学习结果分类 —— 不存在等级关系。

领域	分类	内涵	典例
认知领域	智慧技能	解决"怎么做"的问题	将分数转换为小数
	认知策略	调控自己的注意、学习、记忆和思维等内部心理过程的技能	解决问题的方法
	言语信息	解决"是什么"的问题	中国的首都是北京
动作技能领域	动作技能	整体动作模式	体操运动
情感领域	态度	影响个人对人、事、物采取行动的内部状态	幼儿初入幼儿园时害怕生人，几天后就不怕了

知识拓展

智慧技能的分类

分类	内涵	典例
辨别	区分事物差异的能力	区分两张不同的面孔
具体概念	识别同类事物的能力	从大量动物中识别"马"
定义性概念	运用概念定义对事物分类的能力	理解圆的本质属性
规则	运用原理或定律办事的能力	用圆的面积公式解题
高级规则	由若干简单规则组合而成的新规则	平方和公式

2. 奥苏贝尔关于学习的划分

划分维度	种类	含义
学习内容与学习者认知结构的关系	有意义学习	新知识与已有观念建立非人为和实质性的联系
	机械学习	不理解，牵强附会、死记硬背
学习者学习的方式	接受学习	对他人经验掌握、占有或吸收，转化为自己的经验
	发现学习	对经验直接发现或创造，并非由传授获得

以上两个维度互不依赖，彼此独立，并且每一个维度都存在许多过渡形式，其具体组合如下图所示：

	接受学习	有指导的发现学习	独立的发现学习
有意义学习	弄清概念之间的关系	听导师精心设计的指导	科学研究
	听讲演或看材料	学校实验室实验	例行的研究或智慧的"生产"
机械学习	记乘法表	运用公式解题	尝试与错误"迷宫"问题解决

3. 其他关于学习的分类

划分依据	分类
按学习主体	动物学习、人类学习和机器学习
按学习时的意识水平（美国，阿瑟·雷伯）	内隐学习：不知不觉获得经验、改变行为
	外显学习：类似于有意识的问题解决
按学习内容（我国学者）	知识的学习、技能的学习和行为规范的学习

注：人类学习与动物学习的本质区别表现在积极主动性、社会性、以语言为中介三个方面。

知识点3　学生学习的特点　【多选、判断】

(1)学习形式：接受学习是主要形式，具有目的性、计划性和组织性；

(2)学习过程：主动构建、师生互动过程，具有自主性、策略性和风格性；

(3)学习内容：以系统学习人类的间接知识经验为主，具有间接性；

(4)学习目标：具有全面性、多重目的性；

(5)学生学习：具有一定程度的被动性。

第二节　行为主义学习理论

行为主义学习理论(联结派学习理论)强调刺激与反应的联结。

知识点1　巴甫洛夫的经典性条件作用理论　【单选、多选、判断、案例】

俄国生理学家巴甫洛夫通过研究狗的进食行为，提出了经典性条件作用理论。经典性条件作用的主要规律包括：

规律	内涵
获得	建立条件作用
消退	无强化，条件反应减弱直至消失
泛化	对事物相似性的反应(分不清)
分化	对事物差异性的反应(分得清)
恢复	未经强化、条件反射自动重现
高级条件作用	中性刺激与条件刺激反复结合形成新的条件反应

学霸点睛

刺激的泛化和分化为常考知识点。例如，"一朝被蛇咬，十年怕井绳"是分不清"井绳"与"蛇"，属于泛化；"小明可以通过脚步声判断母亲是否回家了"是分得清不同人的脚步声，属于分化。

知识点2　桑代克的联结—试误学习理论【单选、多选、判断、简答】

→ 教育心理学史上第一个较为完整的学习理论。

1. 学习的实质：形成情境与反应之间的联结，联结公式是S-R。

2. 学习的过程：一种渐进的、盲目的、尝试错误的过程。因此，联结—试误学习理论又被称为尝试—错误论，简称试误论。

3. 学习要遵循三条原则

规律	内涵	典例
准备律	学习者在学习开始前的心理准备状态	提前通知要考试
练习律	重复或练习会加强联结，反之则减弱	题海战术
效果律（最重要）	满意的结果会加强联结，反之则减弱	因努力取得好成绩而更加努力

4. 联结—试误学习理论的教育意义

（1）允许学生犯错误，并鼓励学生多尝试，从错误中学习。

（2）有准备的状态下学习，不能经常搞"突然袭击"。（准备律）

（3）过程中加强合理练习，结束后也不时地练习。（练习律）

（4）使学生的学习能得到积极的结果，防止消极的后果。（效果律）

知识点3　斯金纳的操作性条件作用理论【单选、多选、判断】

斯金纳把人和动物的行为分为两类：应答性行为和操作性行为。

分类
- 应答性行为
  - 特定刺激引起；不随意的反射性反应
  - 经典性条件作用理论解释
- 操作性行为
  - 不与特定刺激联系；自发做出的随意反应
  - 操作性条件作用理论解释

1. 两种条件作用的比较

比较范畴	经典性条件作用	操作性条件作用
主要代表人物	巴甫洛夫	斯金纳

续表

比较范畴	经典性条件作用	操作性条件作用
行为	无意的、情绪的、生理的	有意的
顺序	刺激→行为	行为→刺激
学习的发生	中性刺激与无条件刺激的匹配	行为后果影响随后的行为
典例	学生将课堂(开始是中性的)与教师的热情联结在一起,课堂引发出积极情绪	学生回答问题后受到表扬,学生回答问题的次数增加

2.操作性条件作用的基本规律

(1)强化
- 概念:采用适当强化物增加反应频率
- 分类
  - 正强化:呈现愉快刺激
  - 负强化:取消厌恶刺激
- 来源
  - 一级强化物:无任何学习发生也起强化作用
  - 二级强化物:开始时不起强化作用,后与其他强化物配对起强化作用
- 普雷马克原理(祖母法则):用高频活动作为低频活动的有效强化物
- 程序
  - 连续强化:每次行为后都给予强化
  - 间隔强化
    - 固定比例强化:间隔一定次数
    - 变化比例强化:间隔次数不定
    - 固定时间强化:间隔一定时间
    - 变化时间强化:间隔时间不定

(2)惩罚

类别	特点	典例
正惩罚	呈现厌恶刺激,降低反应频率	做错事关禁闭
负惩罚	取消愉快刺激,降低反应频率	不吃饭禁止吃零食

(3)逃避条件作用与回避条件作用

类别	特点	典例
逃避条件作用	出现厌恶刺激后逃避	屋内人声嘈杂时暂时离屋
回避条件作用	出现厌恶刺激信号后就逃避	防患于未然

学霸点睛

逃避条件作用强调过去时,即已经遭受厌恶刺激带来的痛苦而逃避。回避条件作用强调将来时,即未实际遭受厌恶刺激的袭击,通过做出某些反应而避免。

(4)消退

消退是指条件反射形成以后,如果得不到强化,条件反应会逐渐减弱,直至消失的现象。

3.操作性条件作用理论对学习的意义

意义
├─ 强化
│   ├─ 选择正确的强化方式及强化物
│   └─ 奖励要运用得当
├─ 消退
│   ├─ 降低某种反应在将来发生的概率
│   └─ 消退是减少不良行为、消除坏习惯的有效方法
└─ 惩罚
    ├─ ①惩罚只能暂时抑制行为,而不能根除行为
    ├─ ②惩罚须慎用,惩罚不良行为应与强化良好行为结合起来
    ├─ ③惩罚应尽可能少用
    └─ ④惩罚应紧跟在错误行为之后

4.操作性条件作用理论在教育上的应用

(1)程序教学

程序教学是一种个别化的教学形式,其基本原理是采用连续接近法,通过设计好的程序不断强化。

程序教学的原则:①小步子原则;②积极反应原则;③自定步调原则;④及时反馈

原则;⑤低错误率原则。　　——→ 小炖(积)自己(及)滴(低)。

(2)行为塑造

行为塑造即通过小步强化帮助学生达到目标。斯金纳认为"教育就是塑造行为"。

知识点4　班杜拉的社会学习理论　【单选、多选、判断、填空】

1. 学习的实质:观察学习

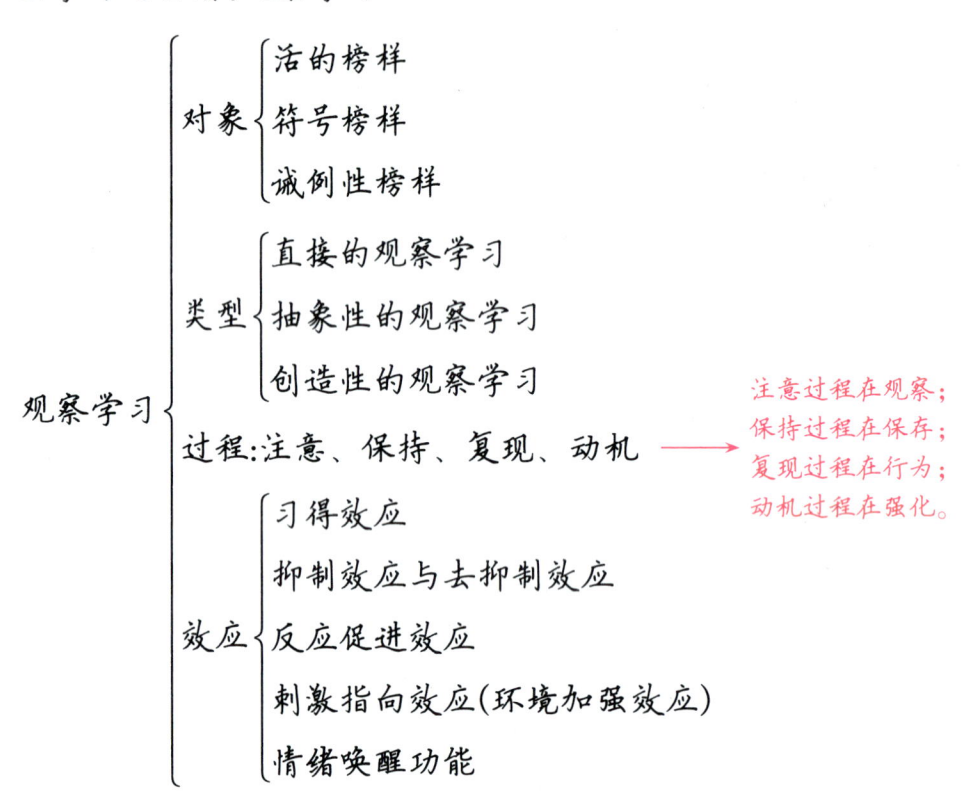

观察学习
- 对象
  - 活的榜样
  - 符号榜样
  - 诫例性榜样
- 类型
  - 直接的观察学习
  - 抽象性的观察学习
  - 创造性的观察学习
- 过程:注意、保持、复现、动机　→ 注意过程在观察;保持过程在保存;复现过程在行为;动机过程在强化。
- 效应
  - 习得效应
  - 抑制效应与去抑制效应
  - 反应促进效应
  - 刺激指向效应(环境加强效应)
  - 情绪唤醒功能

2. 对强化的重新解释

类别	特点	典例
直接强化	表现出观察行为而受到强化	回答问题得到糖果
替代强化	看到榜样的行为被强化而受到强化	杀鸡儆猴
自我强化	达成目标后自我奖励	做完作业奖励自己看电视

第三节　认知派学习理论

知识点1　格式塔学派的完形—顿悟学习理论

1. 完形—顿悟学习理论的内容 $\begin{cases}学习的实质:形成新的完形\\学习的过程:顿悟过程\end{cases}$

2. 联结—试误学习理论与完形—顿悟学习理论的关系

关系 $\begin{cases}二者不是互相排斥、绝对对立的\\联结—试误是顿悟的前奏,顿悟是练习的结果\end{cases}$

知识点2　托尔曼的符号学习理论　【单选、多选、判断】

1. 基本观点

（期望是托尔曼学习理论的核心概念。）

(1)学习是有目的的,是期望的获得。

(2)学习是对完形的认知,是形成认知地图的过程。托尔曼主张将行为主义S-R公式改为S-O-R公式,O代表机体的内部变化。

学霸点睛

在学习托尔曼的符号学习理论时需要与行为主义学习理论作出区分。首先,托尔曼的符号学习理论强调学习是有目的的,并非盲目的尝试;其次,该理论强调机体内部变化(O)的作用,并非刺激与行为间的直接联结。

---

2. 托尔曼的"潜伏学习"

潜伏学习是指动物在没有强化的条件下学习也会发生,只不过结果不太明显,是"潜伏"的。

知识扩展

学习理论中涉及的动物实验

(1)巴甫洛夫——小狗进食实验；

(2)斯金纳——白鼠拉杆取食实验；

(3)桑代克——饿猫迷笼实验；

(4)苛勒——黑猩猩取香蕉实验；

(5)托尔曼——白鼠走迷宫实验。

知识点3　布鲁纳的认知—发现学习理论 【单选、多选、判断、简答】

布鲁纳是美国著名的认知教育心理学家，他主张学习的目的在于以发现学习的方式，使学科的基本结构转变为学生头脑中的认知结构。

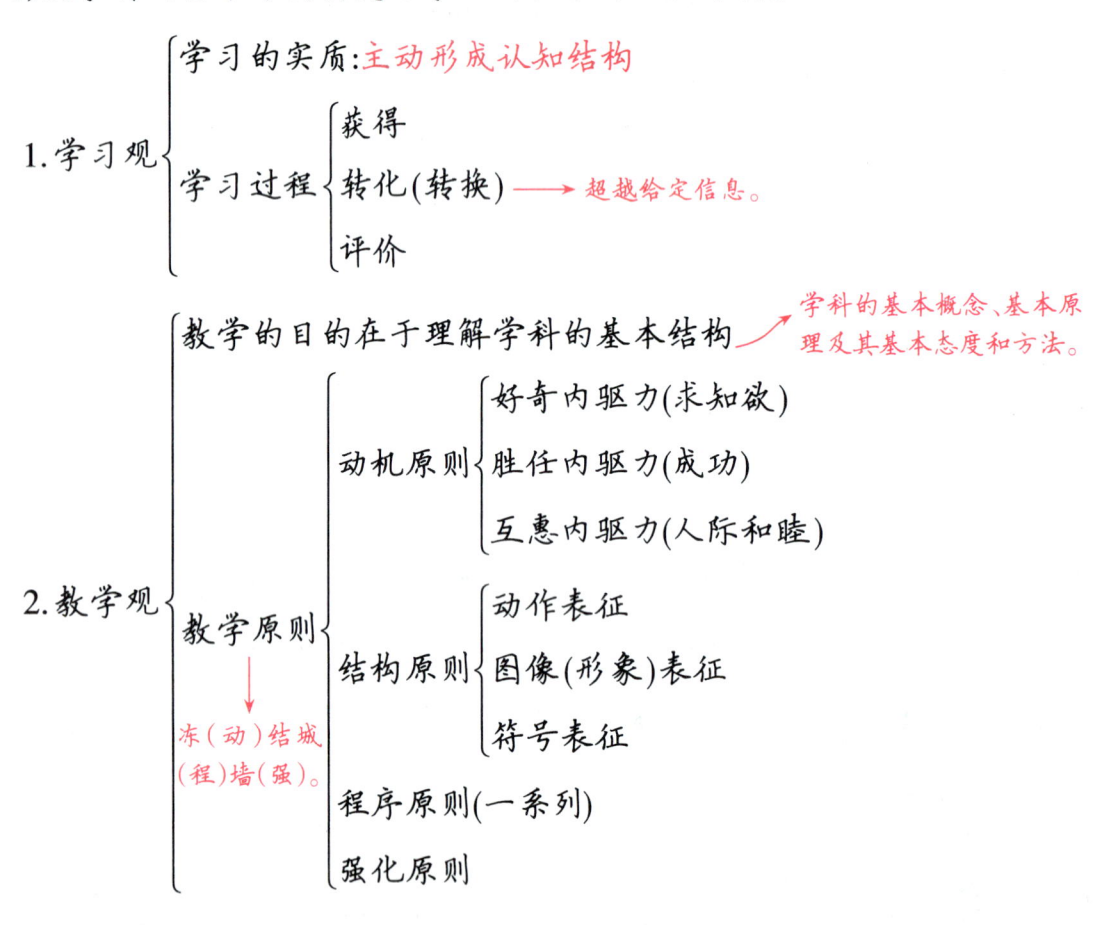

1. 学习观
   - 学习的实质：主动形成认知结构
   - 学习过程
     - 获得
     - 转化(转换) → 超越给定信息。
     - 评价

2. 教学观
   - 教学的目的在于理解学科的基本结构 → 学科的基本概念、基本原理及其基本态度和方法。
   - 教学原则
     - 动机原则
       - 好奇内驱力(求知欲)
       - 胜任内驱力(成功)
       - 互惠内驱力(人际和睦)
     - 结构原则
       - 动作表征
       - 图像(形象)表征
       - 符号表征
     - 程序原则(一系列)
     - 强化原则

   ↓
   冻(动)结城(程)墙(强)。

3. 发现学习 —— 掌握学科基本结构的最好方法。

发现学习是指给学生提供有关的学习材料，让学生通过探索、操作和思考，自行发现知识、理解概念和原理的教学方法。

知识点4　奥苏贝尔的有意义接受学习理论 【单选、多选、判断】

1. 接受学习

(1)奥苏贝尔认为，学生的学习主要是接受学习。

(2)接受学习≠机械学习;发现学习≠有意义学习;接受学习≠被动学习。

2.有意义学习

(1)有意义学习的实质

将新知识与已有知识建立起非人为(内在)的和实质性(非字面)的联系。

(2)有意义学习的条件

条件
- 客观条件:学习材料的本身性质
- 主观条件(自身因素)
  - ①必须具有有意义学习的心向
  - ②必须具有适当的知识与新知识进行联系
  - ③积极主动地使新知识与旧知识发生作用

3.组织学习的原则与策略

组织学习
- 原则
  - 逐渐分化原则:对一般观念加以分化
  - 整合协调原则:对现有要素加以组合
- 策略:先行组织者
  - 概念:先于任务本身呈现的引导性学习材料
  - 分类
    - 陈述(说明)性组织者
    - 比较性组织者

知识点5 加涅的信息加工学习理论 【单选】

1.学习结构模式:加涅将学习过程看作是信息加工流程。

2.学习过程的阶段性 东(动)街(解)活(获)宝(保)会(回)盖(概)作坊(反)。

阶段	心理过程
动机	激发学习动机
了解(领会)	注意和选择性知觉
获得(习得)	进入短时记忆,编码、储存
保持	进入长时记忆储存
回忆	检索信息
概括	学习迁移

续表

阶段	心理过程
操作	反应发生阶段（作业）
反馈	证实预期，获得强化

3. 教学事件

(1)引起注意；(2)告诉学习者目标；(3)刺激对先前学习的回忆；(4)呈现刺激材料；(5)提供学习指导；(6)诱导学习表现(行为)；(7)提供反馈；(8)评价表现；(9)促进记忆和迁移。

第四节　人本主义学习理论

知识点1　知情统一的教学目标观

罗杰斯的教育理想：培养"躯体、心智、情感、精神、心力融汇一体"的人，也就是既用情感的方式也用认知的方式行事的**知情合一**的人。

知识点2　有意义的自由学习观　【单选】

1. 无意义学习 ｛学习没有个人意义的材料；不涉及感情，仅涉及经验累积与知识增长

2. 有意义学习 ｛与学习者各种经验融合在一起、使个体全身心地投入其中；关注学习内容与个人的关系

学霸点睛

在区分罗杰斯的有意义学习与奥苏贝尔的有意义学习时需要注意：奥苏贝尔的有意义学习指新旧知识之间发生联系，而罗杰斯的有意义学习是和学生的经验、情感、愿望、兴趣相结合的。

知识点3　学生中心的教学观【单选、多选】

1. 学生中心模式
(非指导性教学模式)
   - 以学生为本
   - 让学生自发地学习
   - 排除对学习者自身的威胁
   - 给学生安全感

> 本自发,除威胁,给安全。

2. 教师不是权威,而是助产士、催化剂、学习的促进者。

3. 心理氛围
   - 真实或真诚(真诚一致)
   - 尊重、关注和接纳(无条件关注)
   - 移情性理解(同理心)

知识点4　人本主义教学模式【单选】

教学模式
- 以题目为中心的课堂讨论模式(科恩)
- 自由学习的教学模式(适合大学)
- 开放课堂教学模式(无拘无束、不拘形式)

> 题字(自)放人(人本主义)。

第五节　建构主义学习理论

知识点1　建构主义学习理论的主要内容【单选、多选、判断、简答、论述】

> 诸多理论观点的统称。

内容
- 知识观:对知识的客观性和确定性提出质疑,强调知识的动态性
- 学习观:主动建构性、社会互动性和情境性
- 教学观:坚持"少而精"的原则
- 学生观:学生不是空着脑袋进教室的,强调学习者已有的经验结构
- 教师观:学生学习的帮助者、合作者;引导学生"生长"出新的知识经验

学习环境中的四大要素或四大属性:情境、协作、交流(会话)、意义建构。

知识点2　建构主义学习理论的教学模式 【单选、多选】

教学模式
- 抛锚式教学：强调将知识抛锚在一定的问题情境中
- 支架式教学
  - 基本观点：为学习者提供一种<u>概念框架</u>
  - 基本环节：进入情境—搭建支架，引导探索—独立探索—协作学习—效果评价
- 随机进入教学（随机通达教学）
  - 理论基础：斯皮诺的认知弹性理论
  - 概念要点：用不同途径、不同方式进入同样的学习
  - 具体操作：呈现情境—随机进入学习—思维发展训练—协作学习—效果评价
- 认知学徒制：强调将学习与实践相联系
- 自上而下的教学：整体性任务—子任务

知识点3　建构主义学习理论对当前教育实践的启示

（1）知识观：重视学生的个性化特点，<u>因材施教</u>，让每个学生能够根据已有知识经验建构出自己的新的知识内容。

（2）教学：注意学生的有意义建构，通过适当的教学策略启发学生自主建构认知结构。

（3）学习者：充分发挥学生的主体地位，强调学生的自主性和能动性，在学习过程中能够主动发现、分析、解决问题。

要点回顾

1. 加涅依据学习水平和学习结果对学习的划分。
2. 联结—试误学习理论的三条原则。
3. 操作性条件作用基本规律中强化与惩罚的分类。
4. 班杜拉对强化的重新解释。
5. 认知—发现学习理论的学习观和教学观。
6. 奥苏贝尔的有意义学习的条件。
7. 人本主义学习理论的有意义学习的特点。
8. 建构主义学习理论知识观和学习观的主要内容。
9. 建构主义学习理论的教学模式。

第四章 学习心理

思维导图

- **学习心理**
  - **学习动机**
    - 分类
      - 内部、外部
      - 近景直接、远景间接
      - 认知内驱力、自我提高内驱力、附属内驱力
    - 对效果影响
      - 耶克斯—多德森定律
    - ★ 理论
      - 成就动机理论
      - 成败归因理论
      - 自我效能感理论
      - 成就目标理论
      - 自我价值理论
    - 激发
      - 问题情境、目标、难度、期望等
  - **学习策略**
    - ★ 种类
      - 认知策略 —— 复述、精加工、组织
      - 元认知策略 —— 计划、监控、调节
      - 资源管理策略
        - 时间管理
        - 环境管理
        - 努力管理
        - 学业求助
    - 训练原则
      - "煮花生特有效"
  - **学习迁移**
    - ★ 种类
      - 正、负、零；顺向、逆向；水平、垂直；等等
    - 理论
      - 早期 —— 形式训练、相同要素、概括化、关系转换
    - 影响因素
      - "知情心，策智能，学点教导"
  - **知识的学习**
    - 知识分类
      - 陈述性、程序性；策略性；等等
    - ★ 类型
      - 符号、概念、命题
      - 下位、上位、并列结合
    - 过程
      - 获得、保持、应用

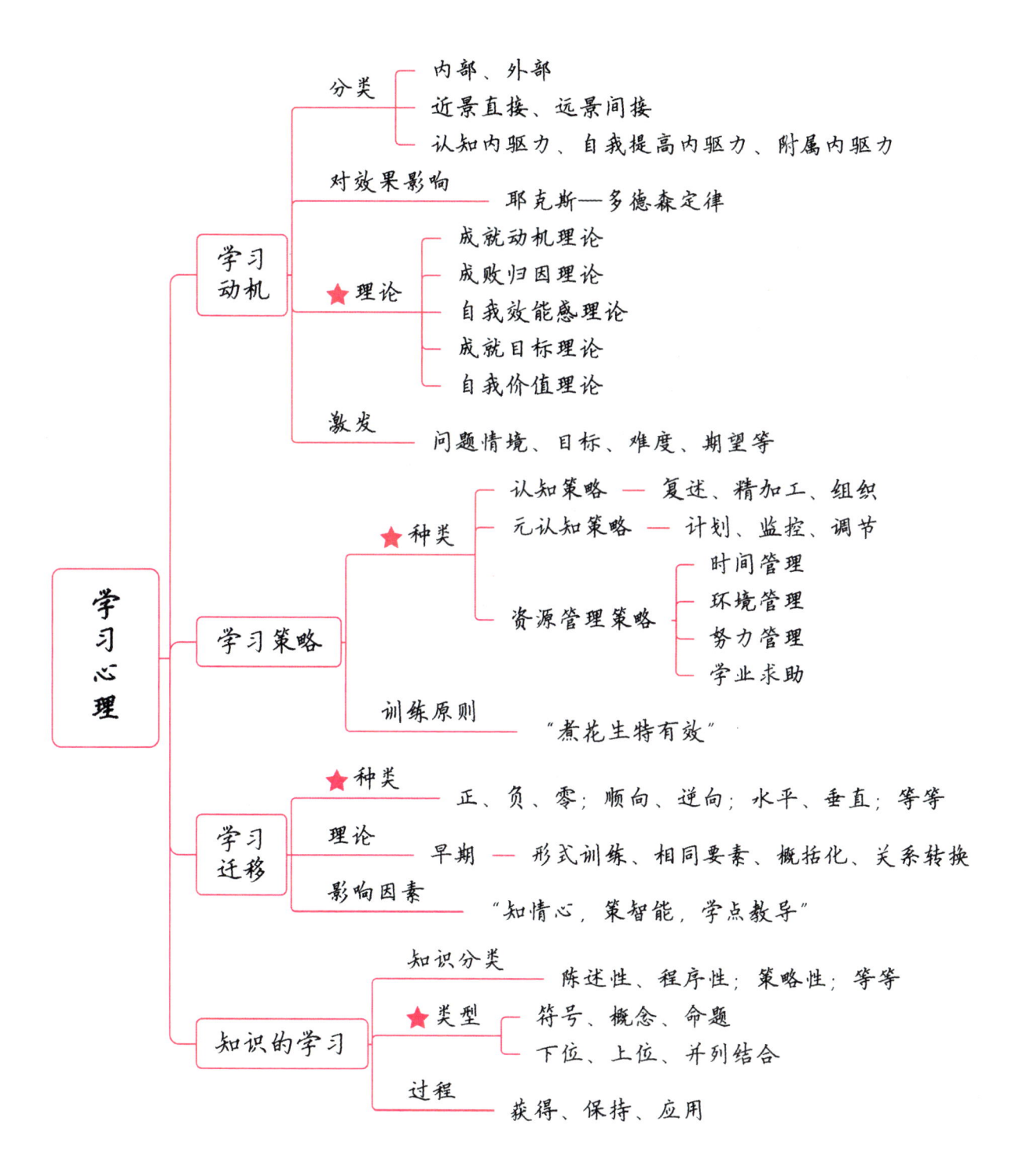

学习心理

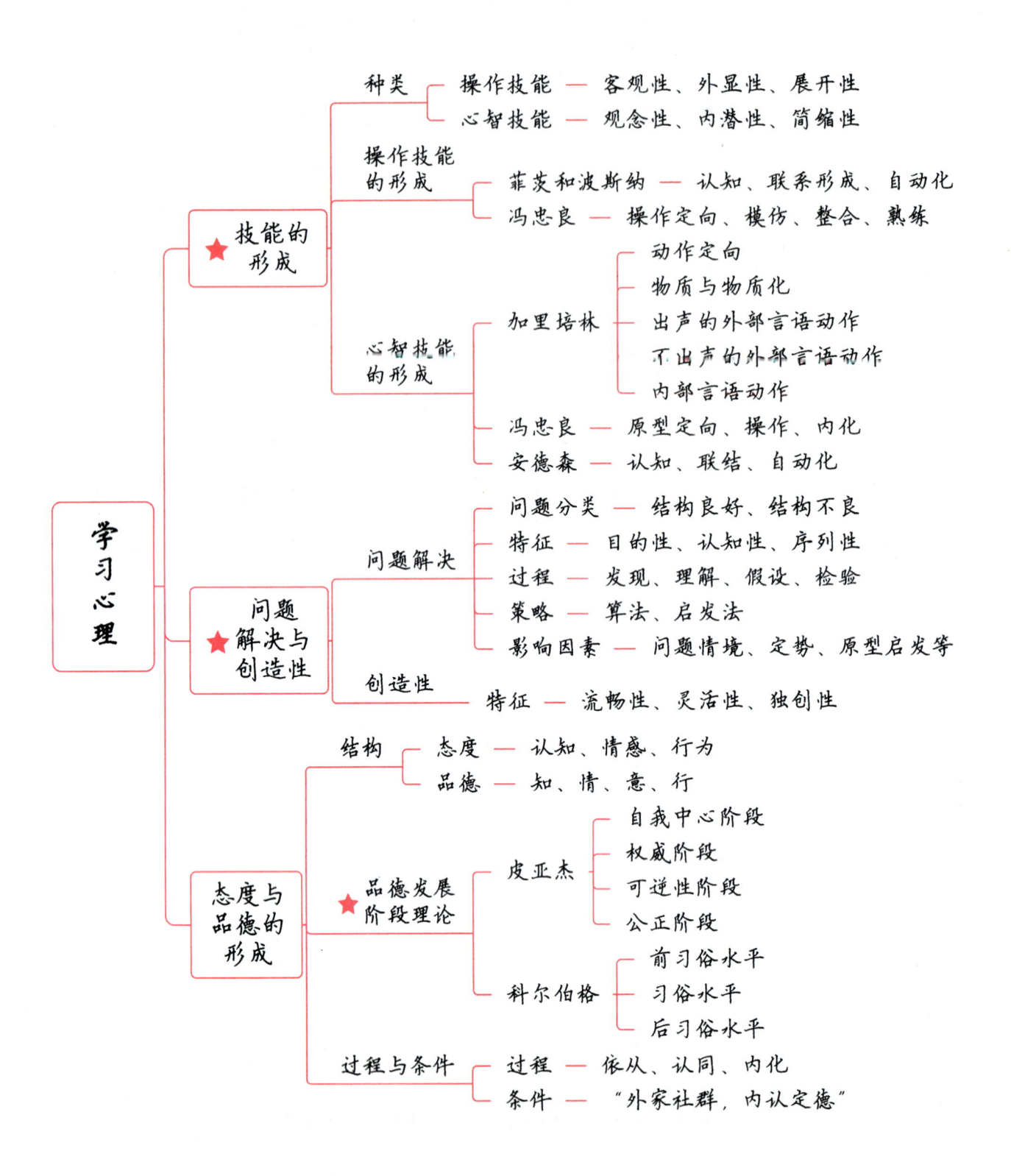

★ 技能的形成

- **种类**
  - 操作技能 —— 客观性、外显性、展开性
  - 心智技能 —— 观念性、内潜性、简缩性
- **操作技能的形成**
  - 菲茨和波斯纳 —— 认知、联系形成、自动化
  - 冯忠良 —— 操作定向、模仿、整合、熟练
- **心智技能的形成**
  - 加里培林
    - 动作定向
    - 物质与物质化
    - 出声的外部言语动作
    - 不出声的外部言语动作
    - 内部言语动作
  - 冯忠良 —— 原型定向、操作、内化
  - 安德森 —— 认知、联结、自动化

★ 问题解决与创造性

- **问题解决**
  - 问题分类 —— 结构良好、结构不良
  - 特征 —— 目的性、认知性、序列性
  - 过程 —— 发现、理解、假设、检验
  - 策略 —— 算法、启发法
  - 影响因素 —— 问题情境、定势、原型启发等
- **创造性**
  - 特征 —— 流畅性、灵活性、独创性

态度与品德的形成

- **结构**
  - 态度 —— 认知、情感、行为
  - 品德 —— 知、情、意、行
- **★ 品德发展阶段理论**
  - 皮亚杰
    - 自我中心阶段
    - 权威阶段
    - 可逆性阶段
    - 公正阶段
  - 科尔伯格
    - 前习俗水平
    - 习俗水平
    - 后习俗水平
- **过程与条件**
  - 过程 —— 依从、认同、内化
  - 条件 —— "外家社群，内认定德"

知识梳理

第一节　学习动机

知识点1　学习动机的概念及其成分

1. 概念

学习动机是指激发个体进行学习活动，维持已引起的学习活动，并使行为朝向一定学习目标的一种心理倾向或内部动力。

2. 基本成分
   - 学习需要（内驱力）：
     - ① 有某种欠缺而力求获得满足
     - ② 包括学习兴趣、爱好、信念等 ← 学习动机中最活跃的成分。
     - ③ 在学习动机结构中占主导地位
   - 学习期待（诱因）：个体对学习目标的主观估计

知识点2　学习动机的分类【单选、多选、判断】

划分依据	分类	内涵
产生的诱因来源	内部学习动机	对活动本身发生兴趣
	外部学习动机	由外部的因素激发
社会意义	高尚的学习动机	对社会做贡献和尽义务
	低级的学习动机	猎取个人名利的手段
学习动机的作用与学习活动的关系	近景的直接性学习动机	对学习内容或学习结果感兴趣
	远景的间接性学习动机	强调社会意义和个人前途

续表

划分依据	分类	内涵
在活动中作用的大小	主导性学习动机	在学习活动中起主要的支配作用
	辅助性学习动机	在学习活动中起次要的辅助作用
学校情境中学业成就动机的不同（奥苏贝尔）	认知内驱力（内部动机）	要求了解、理解和掌握知识以及解决问题的需要
	自我提高内驱力（外部动机）	个体因自己的胜任或工作能力而赢得相应地位的需要
	附属内驱力（外部动机）	个体为了获得长者的赞许或认可而把工作、学习做好的一种需要

> **学霸点睛**
>
> 奥苏贝尔等人提出的三种学业成就动机在不同时期有着不同的表现：在儿童早期，附属内驱力最为突出；到了青年期，认知内驱力和自我提高内驱力成为学生学习的主要动机。

知识点3　学习动机对学习的作用　【多选】

(1)引发作用；(2)定向作用；(3)维持作用；(4)调节作用。

知识点4　学习动机对学习效果的影响　【单选、多选、判断】

1.在一般情况下，学习动机与学习效果的关系是一致的。学习动机越强，学习效果就越佳。

2.对一项具体的学习活动而言，只有当学习动机的强度处于最佳水平时，才能产生最好的学习效果。

耶克斯—多德森定律	①最佳动机水平随着任务性质的不同而不同。困难任务，最佳动机水平较低；容易任务，最佳动机水平较高 ②一般来讲，最佳水平为中等强度的动机 ③动机水平与行为效果呈倒U形曲线

耶克斯—多德森定律

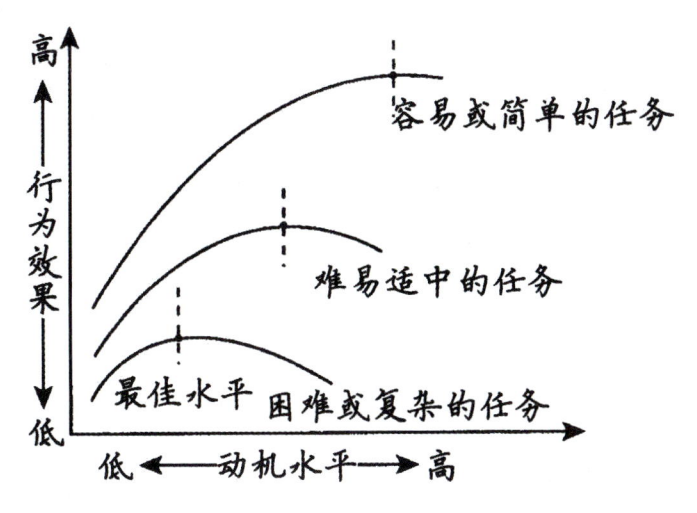

（图：纵轴"行为效果 高↔低"，横轴"动机水平 低←→高"，三条倒U形曲线分别对应"容易或简单的任务""难易适中的任务""困难或复杂的任务"，标注"最佳水平"）

知识点5 影响学习动机形成的因素 【单选】

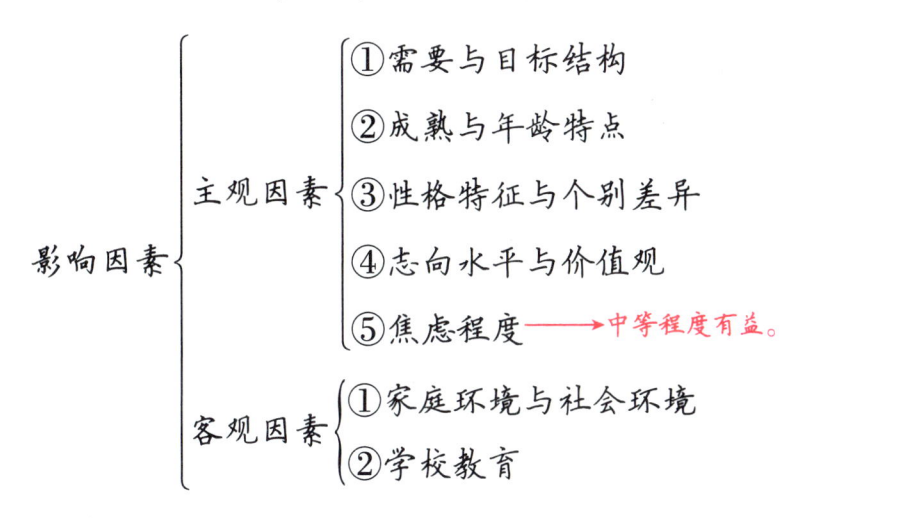

影响因素
- 主观因素
  - ①需要与目标结构
  - ②成熟与年龄特点
  - ③性格特征与个别差异
  - ④志向水平与价值观
  - ⑤焦虑程度 —— 中等程度有益。
- 客观因素
  - ①家庭环境与社会环境
  - ②学校教育

知识点6 学习动机理论 【单选、多选、判断、填空、辨析、简答、案例】

1. 强化理论

(1) 强化是引起动机的重要因素；

(2) 通过强化原则来维持学生的学习动机（程序教学、计算机辅助教学）。

2. 需要层次理论

需要层次理论说明，在某种程度上学生缺乏学习动机可能是由于某种缺失性需要没有得到充分满足。

3. 成就动机理论

成就动机理论
- 代表人物：阿特金森（成就动机的概念由默里提出。）
- 动机分类
  - 力求成功者：喜挑战；成功概率50%
  - 避免失败者：怕失败；极易或极难

成就动机理论 { 教育启示 { ①对力求成功者,安排竞争的情境
②对避免失败者,安排少竞争的情境
③增加学生力求成功的成分

4. 成败归因理论

(1)基本观点

韦纳发现人们倾向于将活动成败的原因归结为六项因素,他把这六项因素按各自的性质,分别归入三个维度: 浑(环境)身力气不稳,内在两力与身心,只有努力是可控。

维度 因素	稳定性		因素来源(控制点)		可控性	
	稳定	不稳定	内在	外在	可控制	不可控制
能力	√		√			√
努力程度		√	√		√	
工作难度	√			√		√
运气		√		√		√
身心状况		√	√			√
外界环境		√		√		√

(2)教育意义

①教师根据学生的自我归因可预测其此后的学习动机。

②长期消极的归因不利于学生的人格成长,这就需要教师利用反馈的作用,并在反馈中给予鼓励和支持,帮助学生正确归因,重塑自信。

③通过归因训练改变学生消极的自我认识,提高学习动机。

> **知识扩展**
>
> 习得性无力(助)感理论
>
> 习得性无力(助)感理论 { 概念：由于连续的失败体验而导致个体感到无力控制、无能为力的心理状态
> 产生阶段 { ①获得体验 ②在体验的基础上进行认知 ③形成"将来结果不可控"的期待 ④动机、认知和情绪受损，影响后来学习 }
>
> （塞利格曼提出。）

5. 自我效能感理论

自我效能感 {
概念：人对自己能否成功从事某一成就行为的<u>主观判断</u>
期待的划分 { 结果期待：强调对结果的预测 / 效能期待：强调对自己能力的判断 }
作用 { 决定人们对活动的选择及对活动的坚持性 / 影响人们在困难面前的态度 / 既影响新行为的习得，又影响已习得行为的表现 / 影响活动时的情绪 }
影响因素 { 个人自身行为的成败经验(直接经验)（影响最大。）/ 替代经验 / 言语暗示(言语劝说) / 情绪唤醒 }
}

6. 成就目标理论

20世纪80年代初，德维克等人在社会认知框架的最新研究成果基础上，综合以前成就动机的研究成果，提出了较为完善的成就目标理论。

能力观	目标取向	对个体行为的影响	
		任务的选择	在困难面前的坚持性
能力实体观（能力固定不变）	表现目标（成绩目标）	适宜的任务（不需花费太多精力且成功可能性很大）	能力归因，容易放弃任务
能力增长观（能力可提高）	掌握目标	真正锻炼自己的能力、提高自己的技能的任务	努力归因，具有坚持性

7.自我价值理论

自我价值理论是美国教育心理学家卡文顿提出的。自我价值理论关注人们如何评估自身的价值。

动机类型	特点
高驱低避型（成功定向者）	自信、机智；有极高的自我卷入水平
低驱高避型（逃避失败者）	对失败有强烈的恐惧
高驱高避型（过度努力者）	同时受到成功的诱惑和失败的恐惧；"隐讳努力"
低驱低避型（失败接受者）	内心少有冲突；退缩、漠不关心

知识点7 学习动机的激发与培养【单选、多选、简答、案例】

1.学习动机的激发

(1)创设问题情境，激发兴趣，维持好奇心。

(2)设置合适的目标。

(3)根据作业难度，恰当控制动机水平。

(4)表达明确的期望。

(5)提供明确的、及时的、经常性的反馈。

(6)合理运用外部奖赏。

(7)有效地运用表扬。

(8)对学生进行竞争教育，适当开展学习竞争。

2.学习动机的培养

(1)了解和满足学生的需要,促进学习动机的产生。新的学习需要可以通过两条途径来形成:①直接发生途径;②间接转化途径。

(2)重视立志教育,对学生进行成就动机训练。

(3)帮助学生确立正确的自我概念,获得自我效能感。

(4)培养学生努力导致成功的归因观。

(5)培养对学习的兴趣。

(6)利用原有动机的迁移,使学生产生学习的需要。

第二节　学习策略

知识点1　学习策略的概念与特征　【单选、判断、简答】

1.概念:学习者为了提高学习的效果和效率,有目的、有意识地制定有关学习过程的复杂方案。

> **学霸点睛**
>
> 在理解学习策略时,需要与学习方法做出区分,即学习策略≠学习方法。学习方法是学习策略的知识和技能基础,是学习策略的一个重要组成部分,而不是学习策略的全部。

2.特征
- 主动性:有意识的心理过程
- 有效性:效果、效率
- 过程性:关于学习过程
- 程序性:由规则和技能构成

知识点2　学习策略的种类　【单选、多选、判断】

迈克卡等人将学习策略区分为三种:认知策略、元认知策略和资源管理策略。

1. 认知策略

短时记忆的信息进入长时记忆的关键。

认知策略
- 复述策略
  - 强调对信息进行**重复**记忆
  - 画线、抄写、默写、朗读、背诵、复习、过度学习等
- 精加工策略
  - 强调对信息进行**理解**式记忆
  - 记忆术、做笔记、提问、生成性学习等
- 组织策略
  - 强调对信息理解之后**归纳总结**
  - 归类策略、纲要策略

> **知识拓展**
>
> 记忆术
>
> (1) 形象联想法。如 m 像两个门洞，n 像一个门洞。
>
> (2) 谐音联想法。如把圆周率"3.14159……"编成"山巅一寺一壶酒……"
>
> (3) 首字连词法。如将"American born Chinese"提取首字母连成 ABC。
>
> (4) 缩简和编歌诀。如二十四节气歌。
>
> (5) 关键词法。如将"gas"联想为"人因煤气中毒而死"。

2. 元认知策略

元认知：对认知的认知。元认知由元认知知识、元认知体验和元认知监控三部分构成。元认知策略大致可分为以下三种：

分类	典例
计划策略	设置学习目标、浏览阅读材料、设置思考题以及分析如何完成学习任务等
监控策略	阅读时对注意加以跟踪和对材料进行自我提问、考试时监视自己的速度和时间等
调节策略	重读困难的段落；在阅读困难或不熟的材料时放慢速度；测验时跳过某个难题先做简单的题目等

3. 资源管理策略

策略	要点
时间管理策略	①统筹安排学习时间； ②高效利用最佳时间； ③灵活利用零碎时间
环境管理策略	①调节自然条件； ②设计好学习的空间
努力管理策略	学生不断进行自我激励
学业求助策略	①学习工具的利用； ②社会性人力资源的利用（向他人求助）

知识点3 学习策略的训练与教学

1.学习策略的训练原则 【单选、多选】

(1)主体性原则（发挥和促进学生的主体作用）。

(2)内化性原则（内化成学习能力）。

(3)特定性原则（针对性）。

(4)生成性原则（再加工，产生新的东西）。

(5)有效监控原则（监控学习策略是否有效）。

(6)个人效能感原则（能否胜任；自信程度）。

煮(主)花(化)生特有效。

2.训练学习策略的教学模式

(1)指导教学模式。(2)程序化训练模式。(3)完形训练模式。(4)交互式教学模式。(5)合作学习模式。合作性讲解的两个参与者都能从这种学习活动中受益，而主讲者比听者获益更大。

第三节 学习迁移

知识点1 学习迁移的概念及种类 【单选、多选、判断】

1. 学习迁移的概念

举一反三、触类旁通。

学习迁移也称训练迁移,是指一种学习对另一种学习的影响,或习得的经验对完成其他活动的影响。

迁移是学习的一种普遍现象,广泛存在于各种知识、技能、行为规范与态度的学习中。

2. 学习迁移的种类

划分依据	分类	概念
迁移的性质和结果	正迁移	一种学习对另一种学习的促进作用
	负迁移	一种学习对另一种学习的阻碍作用
	零迁移	两种学习间不发生影响
迁移发生的方向（时间顺序）	顺向迁移	先前学习对后继学习产生的影响
	逆向迁移	后继学习对先前学习产生的影响
迁移内容的抽象和概括水平不同	水平迁移（横向迁移）	先行学习与后继学习属于同一水平
	垂直迁移（纵向迁移）	先行学习与后继学习属于不同水平：①自下而上；②自上而下
迁移内容的不同	一般迁移（普遍迁移）	对原理、原则和态度的具体应用
	具体迁移（特殊迁移）	对习得的经验要素重新组合并移用

续表

划分依据	分类	概念
迁移过程中所需的内在心理机制的不同	同化性迁移	原有认知结构不发生实质性的改变,只是得到某种充实
	顺应性迁移	形成能包容新旧经验的更高一级的认知结构
	重组性迁移	调整或重新组合原有认知成分;基本成分不变,组合关系变化
迁移的程度(迁移的范围)	自迁移	个体所学的经验影响着相同情境中任务的操作
	近迁移	已习得的知识或技能在与原先情境相似的情境中的运用
	远迁移	在新的不相似情境中的运用
迁移的路径	低路迁移(低通路迁移)	以自发的或自动的方式形成的技能的迁移
	高路迁移(高通路迁移)	有意识地将某种情境中学到的抽象知识应用于另一种情境中

知识点2 学习迁移理论 【单选、判断】

1. 早期的迁移理论

理论	代表人物	观点
形式训练说	沃尔夫	迁移是心理官能得到训练而发展的结果;迁移是无条件的、自发的
相同要素说(共同要素说)	桑代克、伍德沃斯	迁移是非常具体的、有条件的,需要有共同的要素

续表

理论	代表人物	观点
概括化理论（经验类化说）	贾德	迁移需要对经验和原理进行概括 → 水下击靶实验。
关系理论（关系转换说）	苛勒	迁移是对情境中各种关系的理解和顿悟 → 小鸡觅食实验。

2. 当代的迁移理论

当代
①情境性理论：格林诺；适应不同情境
②认知结构迁移理论：奥苏贝尔；认知结构可利用性高、可辨别性大、稳定性强可促进迁移
③产生式理论：安德森；产生式重叠越多，迁移量越大
④经验整合说：冯忠良；新旧经验的整合

注：安德森的产生式理论可以说是桑代克相同要素说的现代翻版。

知识点3　迁移与教学　【单选、多选、简答、论述】

1. 影响学习迁移的因素（条件）

（知情心，策智能，学点教导。）

因素
①学习材料的特点：共同因素是学习迁移产生的客观必要条件，但不是唯一的条件
②原有的认知结构
③对学习情境的理解
④学习的心理准备状态（心向）：定势有促进作用也有阻碍作用
⑤学习策略水平
⑥智力与能力
⑦教师的指导：教会学生学会学习

2. 促进学生有效的迁移

（1）改革教材内容，促进迁移

①精选教材，提高对概念和原理的理解水平；

②合理编排教学内容,突出知识的组织特点。

(2)合理编排教学方式,促进迁移

合理的呈现和传达教材,充分发挥其迁移的效能。教师在组织教学时需要:

①抓住教材内容的核心;

②合理安排教学程序。

(3)教授学习策略,提高学生的迁移意识

"授人以鱼不如授人以渔",教会学生如何学习,即掌握学习方法的知识与技能。

(4)改进对学生的评价

有效运用评价手段让学生形成积极的学习态度。

第四节 知识的学习

知识点1 知识的概念、分类及表征

1. 知识的概念

知识(一种主观表征)是指主体通过与环境相互作用而获得的信息及其组织。

2. 知识的分类 【单选、多选、判断】

分类
- ①知识的表征形式（安德森、梅耶）
  - 陈述性知识:是什么、为什么
  - 程序性知识:做什么、怎么做
- ②策略性知识:关于如何学习和如何思维;怎么办
- ③知识的形态（波兰尼）
  - 显性知识(明确知识):言明的知识
  - 隐性知识(缄默知识):尚未言明的知识
- ④反映活动的深度
  - 感性知识:感知和表象
  - 理性知识:概念和命题
- ⑤知识的来源
  - 直接经验知识:亲身实践获得
  - 间接经验知识:通过书本或传播媒介获得

学霸点睛

在区分策略性知识与程序性知识时需要注意：策略性知识是关于调控认知活动的知识；程序性知识是关于行为步骤的知识。例如，数学学习中的心算问题，关于"会不会心算"的问题是由程序性知识来完成的，策略性知识主要解决"如何算才迅速与准确"的问题。

知识扩展

陈述性知识与程序性知识的关系

关系	维度	陈述性知识	程序性知识
区别	测量方式	通过"告诉"直接测量	通过观察行为间接测量
	学习速度	学习速度快；遗忘快	学习速度慢；遗忘慢
	改变难易	易	难
	输入输出	静态	动态
联系	①陈述性知识是程序性知识的基础，可向程序性知识转化；②程序性知识可促进陈述性知识的学习		

3. 知识的表征【多选】

知识的表征 { 陈述性知识：命题、命题网络、表象、图式
程序性知识：产生式、产生式系统

知识点2　知识学习的类型【单选、多选、判断】

1. 符号学习、概念学习和命题学习

根据知识本身的存在形式和复杂程度，知识学习可分为：

类型	表现	典例
符号学习（最简单的学习）	词汇学习	汉字、英语单词的学习
	非语言符号的学习	对数学图表的认识
	事实性知识的学习	历史课中历史事件和历史人物的学习

续表

类型	表现	典例
概念学习	掌握事物的本质属性和关键特征	平面上到定点的距离等于定长的所有点组成的图形叫做圆
命题学习	若干概念之间关系的判断	圆的直径是它的半径的两倍

2.下位学习、上位学习和并列结合学习

奥苏贝尔根据新知识与原有认知结构的关系,将知识学习分为:

类型	表现	典例
下位学习（类属学习）	派生类属学习:原有观念的例证	知道了水果的概念后,学习苹果的概念
	相关类属学习:原有观念的扩展	先学习苹果属于水果,又学习梨属于水果
上位学习（总括学习）	掌握比认知结构中原有概念的概括和包容程度更高的概念	知道了苹果的概念后,学习水果的概念
并列结合学习（组合学习）	命题是并列的关系时产生的学习	学习苹果与梨的概念

学霸点睛

区分派生类属学习和相关类属学习的关键在于原有认知结构的本质属性是否发生改变。例如,从学习"鱼"到学习"鲤鱼",学习后原有观念"鱼"未发生本质变化,即为派生类属学习。

知识点3 知识学习的过程 【单选、多选、判断、简答】

现代认知心理学认为,知识学习的过程一般分为三个阶段:

(1)知识的获得;(2)知识的保持;(3)知识的应用。

以下只探讨知识的获得与保持。

1. 知识的获得

(1) 知识的感知
- 知识直观
  - ① 实物直观：感知实际事物、提供感性材料，如观察标本、演示实验、实地参观访问
  - ② **模像直观**：观察相关模型与图像，如图片、图表、幻灯片、电影、录像、电视等（*教学效果优于实物直观。*）
  - ③ 言语直观：言语描述；不受时间、空间和设备的限制；大量采用

  知识获得的首要环节。

- 知识直观效果的提高
  - ① 灵活选用实物直观和模像直观
  - ② 加强词和形象的配合
  - ③ 运用感知规律，突出直观对象的特点
  - ④ 培养学生的观察能力
  - ⑤ 让学生充分参与直观过程

(2) 知识的理解
- 知识的概括
  - ① 感性概括（直觉概括）
  - ② 理性概括
- 有效地进行知识概括
  - ① 配合运用正例和反例
  - ② 正确运用**变式**
  - ③ 科学地进行比较
  - ④ 启发学生进行自觉概括

学霸点睛

正例和反例的区别在于例证的出发点是本质特征还是无关特征。例如，麻雀、燕子（有羽毛、前肢为翼、无齿有喙）是鸟的正例，蝙蝠（会飞）是鸟的反例。

变式，就是变换使用不同形式的直观材料或事例说明事物的属性，使本质属性保持不变而非本质属性或有或无，以便突出本质属性。例如鸡、鸭是鸟的变式。

2.知识的保持

(1)记忆系统

①结构

> 瞬时看图像,短时听声音,长时说词语。

记忆结构	特点	编码方式	存储
瞬时记忆	时间极短,大约为0.25~1秒; 容量较大; 形象鲜明; 信息原始,记忆痕迹容易衰退	图像记忆(主要)和声像记忆	注意
短时记忆	时间很短,不超过1分钟; 容量有限(7 ± 2); 意识清晰; 操作性强; 易受干扰	听觉编码(主要)和视觉编码	复述
长时记忆	容量无限; 信息保持时间长久	表象编码和语义编码(主要)	分类处理

②关系

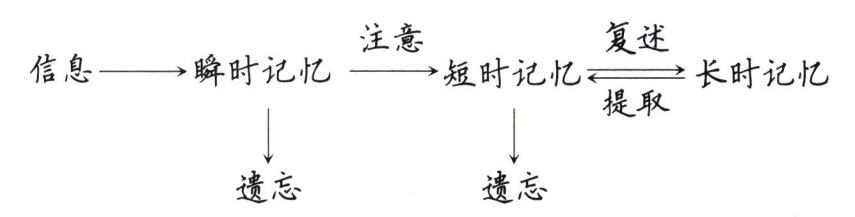

信息 —— 瞬时记忆 —注意→ 短时记忆 ⇌(复述/提取) 长时记忆
              ↓遗忘   ↓遗忘

(2)运用记忆规律,促进知识保持

①理解学习材料的意义。

②对材料进行深度加工,促进对知识的理解。

③运用组块化学习策略,合理组织学习材料。

④运用多重信息编码方式,提高信息加工处理的质量。

⑤有效运用记忆术。

⑥适当过度学习。

⑦重视复习方法,防止知识遗忘。

第五节 技能的形成

知识点1 技能的概念、特点及其与习惯的区别

1.技能的概念

技能是指经过练习而获得的合乎法则的认知活动或身体活动的动作方式。

2.技能的特点

(1)技能是学习得来的,不是本能行为; ← 新生儿吃奶不是技能。

(2)技能是一种活动方式,不同于知识;

(3)技能是合乎法则的活动方式,不同于一般的随意活动。

3.技能与习惯的区别 【多选】

技能	习惯
向一定的标准动作体系提高	保持原来的动作组织情况
有高级、低级之分,无好坏之别	有好坏之分
与一定的情境、任务都有联系;主动的	只和一定的情境相联系;被动的
与客观标准做对照	与上一次动作做对照

知识点2 技能的种类 【单选、多选、判断】

技能按其本身的性质和特点,可分为操作技能和心智技能。

1.操作技能和心智技能的概念及特点

种类	概念	特点	典例
操作技能（动作技能）	通过学习而形成的合乎法则的操作活动方式	①客观性; ②外显性; ③展开性	写字、打字、绘画;吹、拉、弹、唱

续表

种类	概念	特点	典例
心智技能（智力技能）	通过学习而形成的合乎法则的心智活动方式	①观念性；②内潜性；③简缩性	阅读技能、写作技能、运算技能、解题技能

2.操作技能和心智技能的种类

(1)操作技能的种类

划分依据	种类	特点	典例
动作是否连贯	连续的操作技能	动作序列较长	骑自行车、开汽车
	不连续的操作技能	较短的序列,可计数	射击、投篮
操作技能进行过程中外部条件是否变化	封闭的操作技能	根据个体内部的反馈信息	跳水、体操
	开放的操作技能	根据周围环境提供的信息	驾驶汽车、打排球
动作的精细程度与肌肉运动强度	细微型操作技能	依靠小肌肉群的运动	打字、弹琴
	粗放型操作技能	依靠大肌肉群的运动	举重、扔铁饼
操作对象的不同	徒手型操作技能	依靠操作自身的机体	游泳、跳舞
	器械型操作技能	依靠器械	开车、打球

(2)心智技能的种类

划分依据	种类	特点	典例
适用范围	一般心智技能	在一般的心智活动中运用	观察技能
	专门心智技能	在专门的心智活动中运用	默读、心算
学生学习的结果（加涅）	智慧技能	运用规则对外办事的能力	运用语法规则
	认知策略	支配和调控自己的心智加工过程	自我提醒

知识点3　操作技能的形成　【单选、多选、填空、简答】

1. 操作技能的形成阶段

(1) 菲茨和波斯纳的三阶段模型
- ① 认知阶段：动作连贯性差
- ② 联系形成阶段：动作转换时出现停顿现象
- ③ 自动化阶段：动作连贯，自动流出

(2) 冯忠良的四阶段模型
- ① 操作定向：建立定向映象，即了解怎么做
- ② 操作模仿：动作品质较差；多余动作产生；靠视觉控制
- ③ 操作整合：动作品质有一定发展；多余动作减少；让位于动觉控制
- ④ 操作熟练：动作自动化；多余动作消失；动觉控制增强

2. 操作技能的培训要求

(1) 准确的示范与讲解；(2) 必要而适当的练习；(3) 充分而有效的反馈；(4) 建立稳定清晰的动觉。

知识扩展

练习曲线的特点

(1) 开始进步快。

(2) 中间有一个明显的、暂时的停顿期，即高原期。　　经过努力可以克服。

(3) 后期进步较慢。

(4) 总趋势是进步的，但有时出现暂时的退步。

知识点4　心智技能的形成　【单选、多选、填空、简答】

1. 心智技能的形成阶段

(1) 加里培林的心智技能形成阶段理论
- ① 动作定向阶段
- ② 物质与物质化阶段
- ③ 出声的外部言语动作阶段
- ④ 不出声的外部言语动作阶段
- ⑤ 内部言语动作阶段

(2) 冯忠良的三阶段论
- ① 原型定向：了解原型的活动结构
- ② 原型操作：把活动程序计划以外显的操作方式付诸实施
- ③ 原型内化：向头脑内部转化；达到活动方式的定型化、简缩化和自动化

(3) 安德森的心智技能形成理论
- ① 认知阶段
- ② 联结阶段
- ③ 自动化阶段

2. 心智技能的培养要求

(1) 确立合理的智力活动原型；

(2) 有效进行分阶段练习；

(3) 知识影响技能的形成；

(4) 注意培养学生认真思考的习惯和独立思考的能力。

第六节　问题解决与创造性

知识点1　问题解决

1. 问题与问题解决　【单选】

(1) 问题的界定
- 成分：给定信息、目标、障碍
- 分类
  - 结构良好问题(有结构的问题)：如教科书上的练习题
  - 结构不良问题(无结构的问题)：如怎样造就天才儿童

(2) 问题解决的界定
- 概念：采取一系列目标指向性的认知操作的过程
- 特征
  - 目的性：不是漫无目的的幻想
  - 认知性：不是自动化的操作，如走路
  - 序列性：不是简单的记忆操作

2.问题解决的过程 【单选、多选】

过程
- 发现问题：首要环节；与个体的活动积极性、已有知识经验等有关
- 理解问题：明确问题、形成问题的表征
- 提出假设：关键阶段
- 检验假设
  - 含义：确定假设是否合理、科学
  - 方法：直接检验、间接检验

3.问题解决的策略 【单选、填空】

策略
- 算法：一一尝试 → 并非盲目尝试。
- 启发法：手段—目的分析法；爬山法；逆推法；类比思维

学霸点睛

区分几种启发法时需要注意：手段—目的分析法的关键词是"子目标"，且目标状态与初始状态的差距可以先扩大后缩小；爬山法的关键词是"逐步降低"；逆推法强调逆向推理，如解证明题等。

4.影响问题解决的因素 【单选、多选、判断、简答】

(1)问题情境(问题表征)。

(2)迁移(已有知识经验、认知结构)。

(3)定势与功能固着：定势(即心向)是指重复先前的操作所引起的一种心理准备状态。定势对解决问题有积极作用，也有消极作用。功能固着是指人们把某种功能赋予某物体的倾向。

(4)酝酿效应：实际上产生了顿悟。

(5)原型启发：从其他事物上发现解决问题的途径和方法，如鲁班从丝茅草割破手得到启发，发明了锯。

(6)情绪与动机。

此外，个体的认知特征、个性特征等也会影响问题解决。

5.学生问题解决能力的培养 【简答】

(1)培养学生主动质疑和解决问题的内在动机;

(2)问题的难度要适当;

(3)帮助学生正确表征问题;

(4)帮助学生养成分析问题和对问题归类的习惯;

(5)提高学生知识储备的数量和质量,指导学生善于从记忆中提取信息;

(6)训练学生陈述自己的假设及其步骤,鼓励自我评价和反思;

(7)教授与训练解决问题的方法和策略;

(8)提供多种练习机会;

(9)训练逻辑思维能力,提高思维水平。

知识点2 创造性及其培养

1.创造性的概念 【单选、判断】

创造性是根据一定目的,运用已知信息,产生新颖、独特、有社会价值的产品的能力或特性,也称为创造力。

2.创造性的特征 【单选、多选、判断】

特征
- 流畅性:单位时间内数量多,但种类单一;时间短、速度快
- 灵活性(变通性)
  - 范围广,即单位时间内的种类多
  - 打破旧的思维观念,从新角度考虑问题
- 独创性(独特性)
  - 人与人不同,人无我有,与众不同
  - 超乎寻常,新奇独特

3.影响创造性的因素 【不定项】

因素
- 环境:家庭、学校、社会文化
- 智力:高智商是高创造性的必要非充分条件
- 个性:具有幽默感、有抱负和强烈的动机、能够容忍模糊和错误、喜欢幻想、强烈的好奇心等

> **知识拓展**
>
> 智力与创造性的关系
>
> (1)低智商不可能具有高创造性；(2)高智商可能有高创造性，也可能有低创造性；(3)低创造性者的智商水平可能高，也可能低；(4)高创造性者必须有高于一般水平的智商。

4.创造性的培养 【简答、论述】

(1)培养创造性认知能力。 知(认知)性(个性)经(环境)校对(教师队伍)。

(2)注重创造性个性的塑造
- ①保护好奇心
- ②解除个体对答错问题的恐惧心理
- ③鼓励独立性和创新精神
- ④重视非逻辑思维能力
- ⑤给学生提供具有创造性的榜样

独创非奇恐榜样。

(3)创设有利的社会环境
- ①创设宽松的心理环境
- ②给学生留有充分选择的余地
- ③改革考试制度与考试内容

(4)培养创造型的教师队伍。

第七节 态度与品德的形成

知识点1 态度与品德 【单选、多选、判断】

1.态度

(1)实质：通过学习而形成的影响个人行为选择的内部准备状态或反应的倾向性。

(2)结构
- 认知成分(知)：观念和信念
- 情感成分(情)：核心成分
- 行为成分(行)：做出反应的意向或意图

(3)功能
- 过滤功能:选择信息
- 调节功能:调节行为
- 价值表现功能:价值观
- 适应功能:适应集体或环境

2.品德

(1)实质:个体依据一定的社会道德准则规范自己行动时所表现出来的稳定的心理倾向和特征。

(2)结构
- 道德认知(知):品德的核心
- 道德情感(情)
  - 直觉的道德情感:直接感知道德情境
  - 想象的道德情感:对道德形象的想象 —— 对某道德形象的钦佩之情。
  - 伦理的道德情感:道德概念和原则 —— 爱国、集体主义情感。
- 道德意志(意):调节道德行为,实现道德目标
- 道德行为(行):衡量道德品质的重要标志

知识点2 品德发展的阶段理论 【单选、多选、判断、简答】

1.皮亚杰的道德发展阶段理论 —— 对偶故事法。

阶段	要点	自律性
自我中心阶段（2～5岁）	接受外界的准则,但准则对其不具有约束力	——
权威阶段（5～8岁）	服从外部规则,认为规则不可变更并以行为后果来判断对错	他律
可逆性阶段（8～10岁）	规则是可变的,并把它看作是同伴间共同约定的	自律
公正阶段（10～12岁）	倾向于主持公正、公平等	自律

2.科尔伯格的道德发展阶段理论 → 道德两难故事法。

阶段
- 前习俗水平
  - 服从与惩罚：逃避惩罚
  - 相对功利：满足自身需求
- 习俗水平
  - 好孩子：谋求大家的称赞
  - 维护权威或秩序：服从权威、遵守规范和秩序 → 好公民。
- 后习俗水平
  - 社会契约：以法治观念为主导，但法律可以修改
  - 普遍原则：以价值观为导向（正义、平等）

知识点3　中小学生品德的发展

小学生
① 良好行为习惯（自觉纪律）的养成在小学品德的发展中占据显著地位；
② 形象性；③ 过渡性；④ 协调性

小学三年级下学期前后为关键期。

中学生
① 逐渐从他律变成自律，伦理道德发展具有自律性，言行一致；
② 品德发展由起伏向成熟过渡：初中阶段容易发生品德两极分化

初中二年级为关键期。

知识点4　态度与品德学习的一般过程与条件　【单选、多选、填空】

1. 一般过程
   - 依从
     - 类型：从众、服从
     - 特点：行为具有盲目性、被动性和不稳定性
   - 认同
     - 含义：主动与他人相接近
     - 特点：行为具有一定的自觉性、主动性和稳定性
   - 内化
     - 含义：构成完整的价值体系
     - 特点：行为具有高度的自觉性、主动性和坚定性

2. 影响条件
   - 外部
     - 家庭教养方式
     - 社会风气
     - 同伴群体
   - 内部
     - 认知失调：先决条件
     - 态度定势
     - 道德认知

外家社群，内认定德。

此外，个体的智力水平、受教育程度、年龄等因素也对态度与品德的形成与改变有不同程度的影响。

知识点5　态度与品德的培养 【单选、论述】

1. 态度与品德的培养方式　——→ 嫁(价)给有理(利)数(树)。

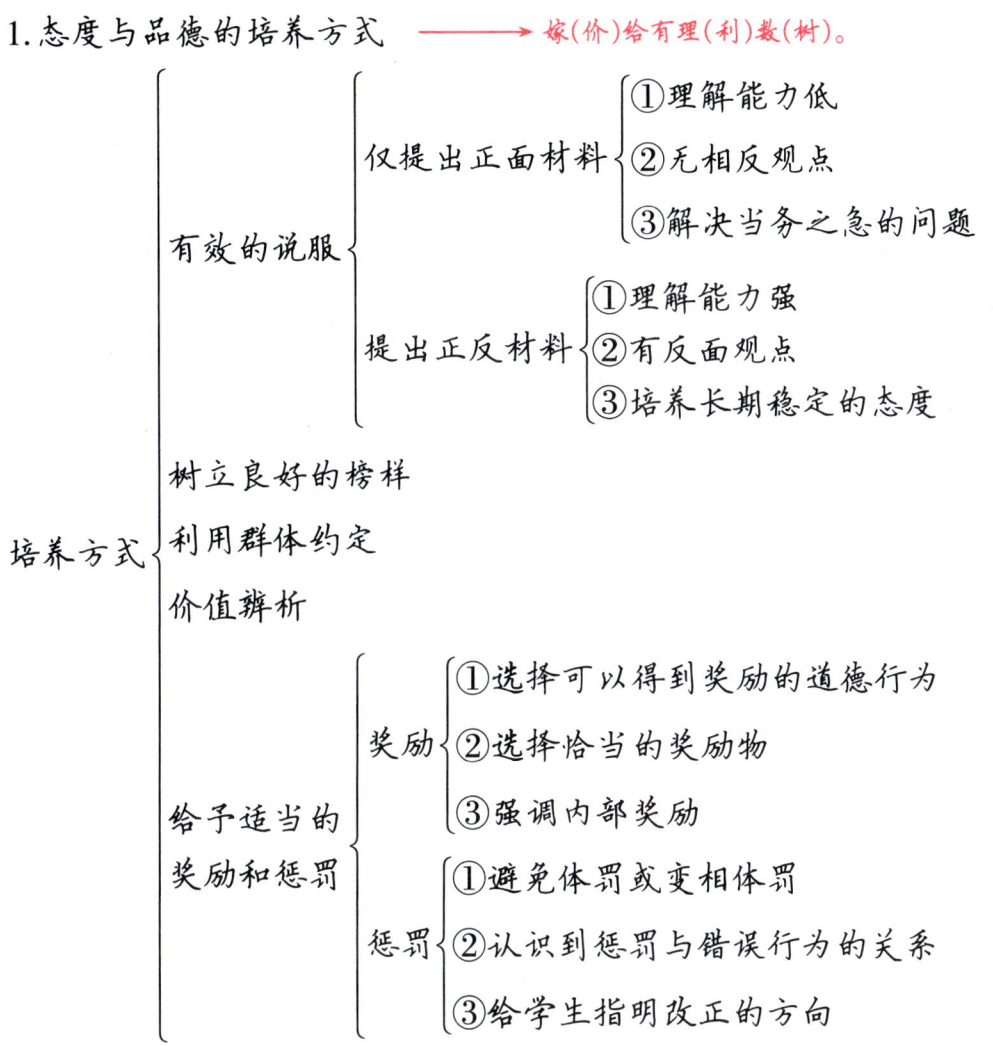

培养方式
- 有效的说服
  - 仅提出正面材料
    - ①理解能力低
    - ②无相反观点
    - ③解决当务之急的问题
  - 提出正反材料
    - ①理解能力强
    - ②有反面观点
    - ③培养长期稳定的态度
- 树立良好的榜样
- 利用群体约定
- 价值辨析
- 给予适当的奖励和惩罚
  - 奖励
    - ①选择可以得到奖励的道德行为
    - ②选择恰当的奖励物
    - ③强调内部奖励
  - 惩罚
    - ①避免体罚或变相体罚
    - ②认识到惩罚与错误行为的关系
    - ③给学生指明改正的方向

注：除上述所介绍的各种方法外，角色扮演、小组道德讨论等方法对于态度与品德的形成和改变都是非常有效的。

2. 学生不良行为的矫正 【论述】

矫正
- 不良行为
  - 过错行为：知对行错（调皮捣蛋、恶作剧、考试作弊）
  - 不良品德行为：知错行错、损害他人或集体利益
- 原因
  - 客观
    - ①家庭教育失误
    - ②学校教育不当
    - ③社会文化的不良影响

$$\text{矫正} \begin{cases} \text{原因} \begin{cases} \text{主观} \begin{cases} \text{①缺乏正确的道德观念和道德信念} \\ \text{②消极的情绪体验} \\ \text{③道德意志薄弱} \\ \text{④不良行为习惯的支配} \\ \text{⑤性格上的缺陷} \end{cases} \end{cases} \\ \text{矫正过程} \begin{cases} \text{醒悟阶段:认识到错误,产生改过意向} \\ \text{转变阶段:行为上发生一定转变} \\ \text{自新阶段:长时期转变后的巩固稳定阶段} \end{cases} \end{cases}$$

要点回顾

1. 奥苏贝尔对学习动机的划分。
2. 耶克斯—多德森定律的内容。
3. 成败归因理论的六因素与三维度。
4. 自我效能感的影响因素。
5. 激发学习动机的措施。
6. 学习策略的种类。
7. 学习迁移的种类。
8. 早期迁移理论的内容。
9. 影响学习迁移的因素。
10. 知识学习的类型。
11. 三种知识直观的特点。
12. 冯忠良关于操作技能形成的四阶段模型。
13. 问题解决的过程。
14. 影响问题解决的因素。
15. 创造性的三个特征。
16. 培养创造性的措施。
17. 皮亚杰的道德发展阶段理论。
18. 科尔伯格的道德发展阶段理论。
19. 态度与品德学习的一般过程与条件。
20. 态度与品德的培养方式。

第五章 教学心理

思维导图

- 教学心理
  - 教学设计
    - 目标设计 — ★布卢姆的认知领域教学目标分类
      - 知识
      - 领会
      - 运用
      - 分析
      - 综合
      - 评价
    - 策略设计 — ★教学策略
      - 教师中心
        - 直接教学
        - 接受学习
      - 学生中心
        - 发现学习
        - 情境教学
        - 合作学习
      - 个别化教学
        - 程序教学
        - 掌握学习
    - 媒体设计 — 计算机辅助教学
    - 评价设计
      - 类型：常模参照评价、标准参照评价；标准化学业成就测验、教师自编测验
      - 方法 — 量化、质化
  - 课堂管理
    - 影响因素 — "望教导，盾班规"
    - 群体管理
      - 群体对个体 — 社会助长、去个性化、从众等
      - 正式群体、非正式群体
      - ★群体动力 — 课堂气氛
        - 积极
        - 消极
        - 一般
        - 对抗
    - ★纪律管理
      - 纪律分类
        - 教师促成
        - 集体促成
        - 任务促成
        - 自我促成
      - 问题行为矫正 — 预防、非言语暗示等

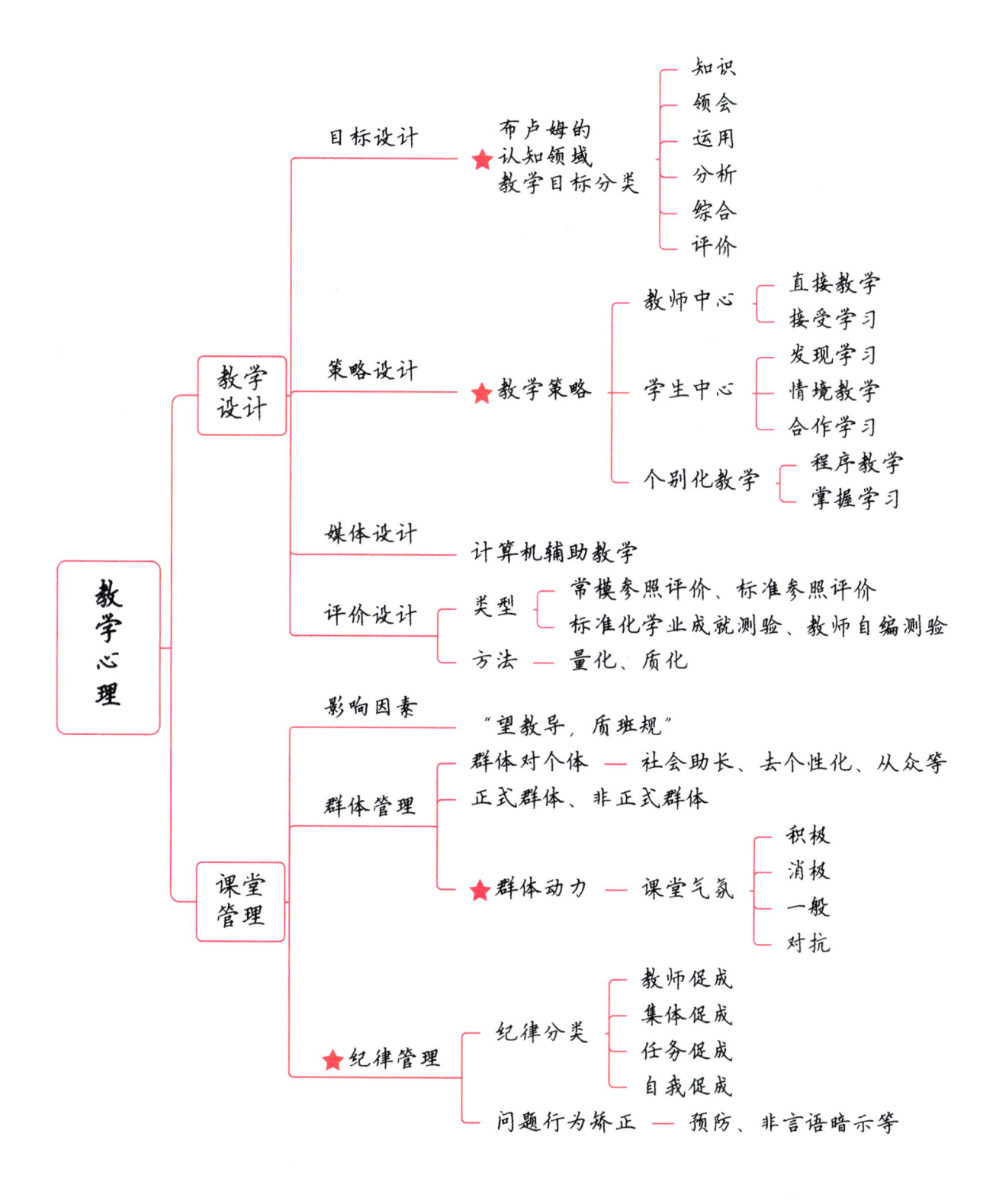

知识梳理

第一节 教学设计

知识点1 教学设计的功能、依据及分类

1. 功能：导教和促学

2. 依据
   - 理论
     - ①现代教学理论、学习理论与传播理论
     - ②系统的原理和方法
   - 现实
     - ①教学的实际需要
     - ②教师的教学经验
     - ③学生的需要和特点

3. 按内容分类
   - ①以策略为中心
   - ②以媒体为中心
   - ③以系统为中心
   - ④以课堂为中心

知识点2 教学目标设计

1. 教学目标

   教学目标
   - 概念：在教学活动中所期待得到的学生的学习结果
   - 地位：整个教学设计中最重要的部分
   - 作用
     - ①选择教学方法的依据
     - ②进行教学评价的依据
     - ③指引学生学习

2. 布卢姆的教学目标分类 【单选、多选、判断】

美国教育心理学家布卢姆将教学目标分为认知、情感和动作技能三个领域，每一领域的目标又从低级到高级分成若干层次。

(1)认知领域的教学目标分类：

学习水平	描述动词	典例
知识	叙述、背诵	回忆杜甫的诗"烽火连三月"
领会	解释、概括	用自己的话表述"烽火连三月"
运用	应用、操作	学习了加减法之后，到模拟商店自由购物
分析	区分、说明	区分新闻报道中的事实、观点
综合	创造、设计	给定一些事实材料，写出一篇报道
评价	评定、评价	评定两篇有关某一事件的报道，哪一篇较为真实可信

> **学霸点睛**
>
> 认知领域的教学目标具有不同的地位。知识：最低水平的认知学习结果。领会：最低水平的理解。运用：较高水平的理解。评价：最高水平的认知学习结果。

(2)情感领域的教学目标分类：接受、反应、形成价值观念、组织价值观念系统、价值体系个性化。

(3)动作技能领域的教学目标分类：知觉、模仿、操作、准确、连贯、习惯化。

知识点3 教学策略设计

1.教学策略的特征 【单选】

特征
- 指向性：指向特定的情境、内容、目标
- 操作性：可转化为具体行动
- 综合性：相互关联的整体
- 调控性：调控自己的认知过程
- 灵活性：不是"万金油"式的"教学处方"
- 层次性：具有不同层次的教学策略

2. 教学策略的主要类型

类型
- ① 内容型策略
  - 结构化策略 ← 削枝强干。
  - 问题化策略
- ② 形式型策略：以教学组织形式为中心
- ③ 方法型策略：以教学方法和技术为中心
- ④ 综合型策略：直接从教学目标、任务出发，以教学经验为基础多方面综合展开

3. 可供选择的教学策略 【单选、多选、判断、简答】

(1) 以教师为中心（以学习成绩为中心。）
- **直接教学**(指导教学)：适合教授程序性知识和技能
- 接受学习(奥苏贝尔)：适合教授陈述性知识

(2) 以学生为中心
- ① 发现学习(布鲁纳)：学生主动探索
- ② 情境教学：教学环境是与现实情境相类似的问题情境
- ③ 合作学习
  - 内涵：以学生们主动合作学习代替教师主导教学
  - 分组原则
    - 组内异质，组间同质
    - 人数以5人左右为宜
  - 特征：分工合作；密切配合；各自尽力；社会互动；团体历程

(3) 个别化教学
- ① 程序教学(斯金纳)
- ② 掌握学习(布卢姆)：80%~100%的掌握水平；给学生足够的学习时间和相应的教学
- ③ 计算机辅助教学

知识点4 教学媒体设计 【单选】

计算机辅助教学(CAI)的优越性：(1)交互性(人机对话)；(2)即时反馈；(3)以生动形象的手段呈现信息；(4)自定步调。

知识点5　教学评价设计

1. 教学评价的类型【单选、多选】

(1) 处理方式
- 常模参照评价（相对评价）
  - ① 以常模（团体测验平均成绩）为参照点,比较在团体中的相对位置
  - ② 主要用于选拔、编组等
- 标准参照评价（绝对评价）
  - ① 以作业标准为依据,根据答对数量评定
  - ② 用于学校教学评价

> **学霸点睛**
>
> 区分常模参照评价与标准参照评价的关键在于:常模参照评价强调对个体在团体中位置的评价,标准参照评价强调个体有没有达到设定的标准(如及格线)。

(2) 使用测验的来源
- 标准化学业成就测验:客观性(最大优势)、计划性、可比性
- 教师自编测验:学校教学评价中应用最多

2. 教学评价的方法与技术

(1) 量化教学评价的方法:教师自编测验。有效自编测验的特征有:信度、效度、区分度。

(2) 质化教学评价的方法:观察评价、档案袋评价。

第二节　课堂管理

知识点1　课堂管理的功能、目标及影响因素【单选、简答】

课堂管理 - 功能
- ① 维持功能:基本功能
- ② 促进功能
- ③ 发展功能:从他律走向自律

课堂管理
- 目标
  - ①为学生争取更多的学习时间
  - ②增加学生参与学习活动的机会
  - ③帮助学生形成自我管理的能力
- 影响因素
  - ①教师的领导风格:直接影响
  - ②班级规模
  - ③班级的性质
  - ④对教师的期望

→ 望教导,盾班规。

学霸点睛
(1)影响课堂教学效率的三大因素是教师、学生、课堂情境。

(2)班级规模越大,情感纽带的力量越弱,学生的个别差异越大,相互交往的频率越低,越容易形成各种非正式小群体。

知识点2　课堂群体管理

1.群体的概念

群体是指人们为了实现共同的目标,以一定方式的共同活动为基础而结合起来的联合体(人群)。

2.群体对个体的作用　【单选、判断】

作用
- 社会助长:他人在场,个体的行为效率提高
- 社会抑制:他人在场,个体的行为效率降低
- 社会惰化:一起工作时,每个人付出的努力会偏少
- 去个性化(费斯廷格)
  - 含义:自我丧失　可以减少,无法消除。
  - 形成原因:成员的匿名性、责任分散、相互感染
- 群体的决策行为:群体极化、群体思维
- 从众
  - 含义:因群体的压力而从众
  - 影响因素
    - ①群体方面:群体的规模、凝聚力、意见的一致性、权威性
    - ②情境方面:刺激的模糊性、反应的匿名性、承诺感
    - ③个人方面:性别、年龄、地位
- 服从:因权威命令、社会舆论或群体气氛而服从

> **学霸点睛**
>
> 在区分从众与服从时需要注意：从众的原因是群体的压力；服从的原因是权威命令、社会舆论。也可记忆为："众"代表的是群体；"服"一般指对权威、舆论等的服从。

3. 正式群体与非正式群体【单选、多选、判断】

(1) 正式群体

① 概念：在学校行政部门、班主任或社会团体的领导下，按一定章程组成的学生群体。如班级、少先队等。

② 发展历程 { 松散群体 / 联合群体 / 集体：群体发展的最高阶段 }

(2) 非正式群体

① 概念：在同伴交往过程中，一些学生自由结合、自发形成的小群体。

② 影响：非正式群体对个体的影响是积极的还是消极的，主要取决于非正式群体的性质以及与正式群体的目标一致的程度。

4. 群体动力【单选、多选、判断、论述】

(1) 群体凝聚力　　*研究起源于勒温。*

群体凝聚力是指群体对成员的吸引力和成员之间的相互吸引力，它是衡量一个班集体成功与否的重要标志。

(2) 群体规范 { 成文的正式规范 / 不成文的非正式规范 }

注：群体规范会形成群体压力，还可能导致从众现象。

(3) 课堂气氛 { 概念：占优势地位的态度和情感的综合状态 / 类型 { ① 积极的：气氛热烈 / ② 消极的：被动应付 / ③ 一般型：正常进行，效果一般 / ④ 对抗的：失控状态 } }

(3) 课堂气氛
- 影响因素
  - ①教师(决定因素)：领导方式、移情、对学生的期望、情绪状态、教学能力
  - ②学生(重要因素)
  - ③课堂内物环境
- 创设方法
  - ①发挥教师的主导作用
  - ②尊重学生的主体地位
  - ③构建和谐的师生关系

(4) 课堂中的人际关系与人际交往

① 人际关系

A. 概念：相互交往过程中形成的社会心理关系。

B. 成分：认知、情感(核心成分)和行为。

C. 舒茨的人际需要理论：包容需要、控制需要、感情需要。——→容易(包容)控制感情。

D. 中小学生主要的人际关系：亲子关系、师生关系、同伴关系。

② 人际交往

A. 吸引与排斥

表现	内涵	特征
人际吸引	交往双方出现相互亲近的现象	以认知协调、情感和谐及行为一致为特征
人际排斥	交往双方出现关系极不和谐、相互疏远的现象	以认知失调、情感冲突及行为对抗为特征

B. 合作与竞争

合作与竞争都具有两面性：a.合作的不足之处为可能会限制不同学生的学习进程；b.竞争的优点为良性竞争不但不会影响学生间的人际关系，而且还会提高学习和工作的效率。 ——提倡群体间的竞争。

知识点3　课堂纪律管理

1. 课堂纪律的分类　【单选】

分类
- ①教师促成的纪律
- ②集体促成的纪律
- ③任务促成的纪律：某一具体任务对学生行为提出的具体要求
- ④自我促成的纪律：课堂纪律管理的**最终目标**

2. 课堂结构　【单选】

(1) 课堂三大要素：学生、学习过程、学习情境。

(2) 课堂结构
- 课堂情境结构
  - 班级规模的控制
  - 课堂常规的建立
  - 学生座位的分配 —— 最值得关注的是对人际关系的影响。
- 课堂教学结构
  - 教学时间的合理利用
  - 课程表的编制
  - 教学过程的规划

3. 维持课堂纪律的策略　【多选】

(1)建立有效的课堂规则；(2)合理组织课堂教学；(3)做好课堂监控；(4)培养学生的自律品质。

4. 课堂问题行为　【单选、判断、简答、论述、案例】

(1) 课堂问题行为的类型

类型
- 品行方面：攻击、破坏、不服从行为
- 人格方面：与个性有关，如孤僻退缩、焦虑抑郁

(2) 课堂问题行为的原因

原因
- 学生：人格特点、生理因素、挫折经历
- 教师：教学技能、管理方式、威信
- 校内外的环境：大众传媒、家庭环境、课堂座位编排

(3)课堂问题行为的矫正

①预防:最好方式。

②非言语暗示:运用简单的非言语线索进行暗示。

③表扬:通过表扬正确行为来减少问题行为。

④言语提醒:当非言语线索不能制止学生的问题行为时使用。

⑤有意忽视:适用于为了引起教师和其他同学注意的问题行为。

⑥转移注意:适用于自尊心比较强的学生。

学霸点睛

一般问题行为大都是一些暂时性的干扰,教师在处理时只需运用简单的非言语线索进行暗示,这样既能制止问题行为又不影响课堂教学进程。

要点回顾

1. 布卢姆的认知领域教学目标。
2. 合作学习和掌握学习的特点。
3. 群体对个体的作用。
4. 课堂气氛的类型。
5. 课堂纪律的分类。
6. 课堂问题行为的矫正方法。

第六章 心理健康教育与教师职业心理

思维导图

心理健康教育与教师职业心理
- 心理健康概述
  - 内涵
    - 健康——生理、心理、社会适应和道德健康
    - 心理健康——良好的、持续的心理状态与过程
  - 心理评估——方法——心理测验、评估性会谈
  - 心理健康教育
- 学生心理辅导
  - 目标——学会调适、寻求发展
  - ★方法
    - 行为改变——强化法、代币奖励法等
    - 行为演练——系统脱敏法、肯定性训练等
    - 改善认知——理性—情绪疗法
  - ★心理问题
    - 儿童多动综合征
    - 考试焦虑
    - 强迫症
- 教师职业心理
  - 角色形成阶段——认知、认同、信念
  - 教师威信——反映良好的师生关系
  - 心理特征
    - 认知——教学认知、操作、监控能力
    - 人格——职业信念、职业性格
    - 行为——教师期望效应
  - 成长心理
    - 专家型和新手型的区别
    - ★阶段——福勒和布朗
      - 关注生存
      - 关注情境
      - 关注学生
    - 途径——观摩和分析、微格教学等
  - 心理健康——★职业倦怠
    - 玛勒斯
      - 情绪耗竭
      - 去人性化
      - 个人成就感低
    - 法贝
      - 精疲力竭型
      - 狂热型
      - 低挑战型

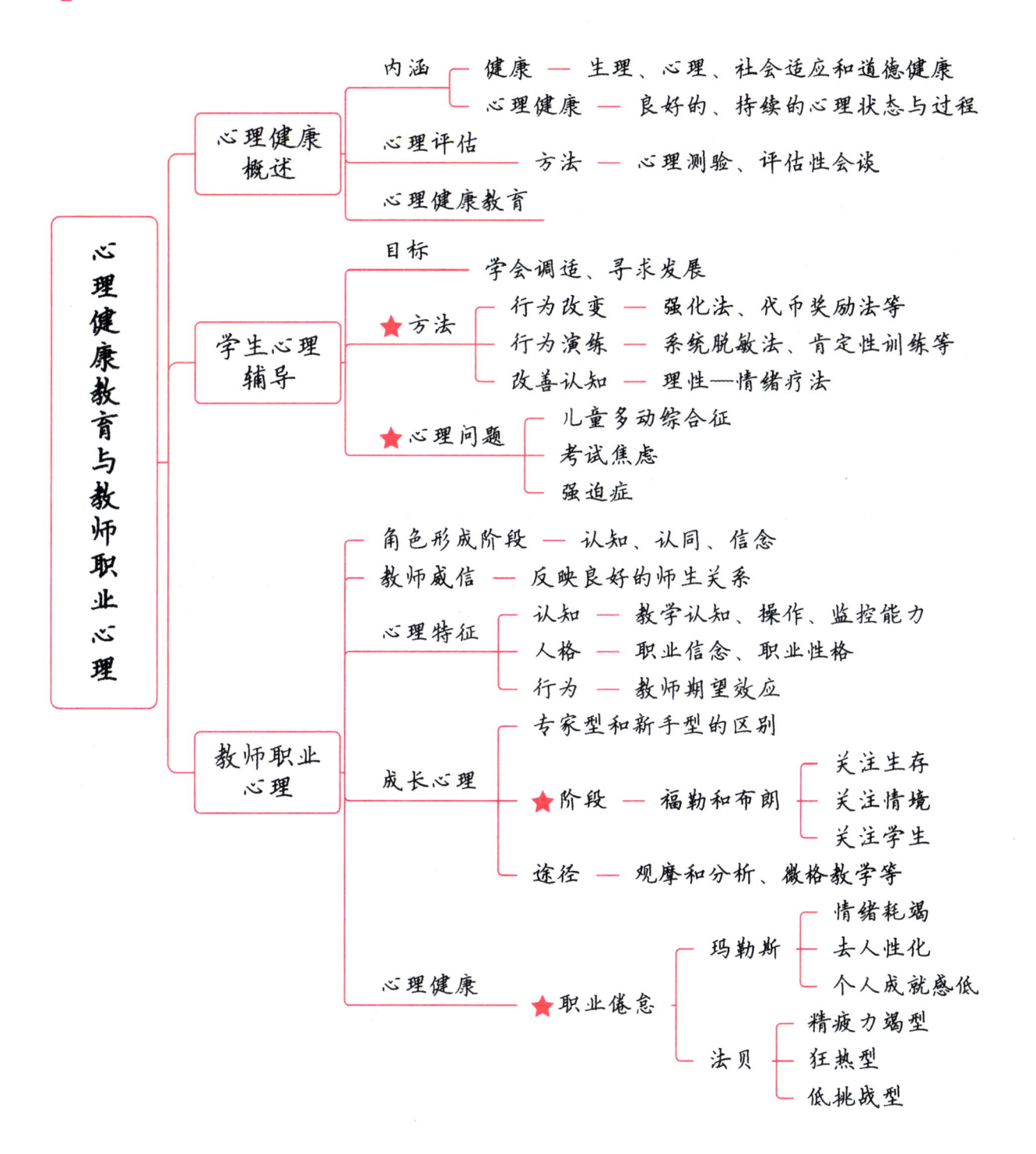

第一节 心理健康概述

知识点1 心理健康的内涵 【单选、多选、判断、简答】

1. 心理健康的概念及其理解

(1)健康应包括生理、心理、社会适应和道德健康。

(2)世界卫生组织认为,心理健康是一种<u>良好的、持续的</u>心理状态与过程,表现为个体具有生命的活力,积极的内心体验,良好的社会适应能力,能够有效地发挥个人的身心潜力以及作为社会一员的积极的社会功能。

(3)心理健康至少包括两层含义:①无心理疾病;②有一种积极发展的心理状态。

2. 心理健康的标准

(1)一般标准
- ①自我意识正确
- ②人际关系协调
- ③性别角色分化
- ④社会适应良好
- ⑤情绪积极稳定
- ⑥人格结构完整

(2)我国青少年的标准
- ①正常的智力
- ②健康的情绪
- ③优良的意志品质
- ④和谐的人际关系
- ⑤健全的人格
- ⑥适应社会生活
- ⑦心理特点符合年龄特征

3. 正确理解心理健康的标准

(1)判断心理健康状况应兼顾个体内部协调与对外良好适应;

(2)心理健康有高低层次之分;

(3)心理不健康与有不健康的心理和行为不能等同;

(4)心理健康与不健康不是泾渭分明的对立面,而是一种连续状态;

(5)心理健康状态是动态变化的过程;

(6)心理健康标准是一种理想尺度;

(7)心理健康与否是一个社会评价问题。

知识点2 心理评估 【单选】

1. 概念：依据用心理学方法和技术搜集得来的资料,对学生的心理特征与行为表现进行评鉴,以确定其性质和水平并进行分类诊断的过程。

2. 参考架构
   - 疾病模式：心理疾病的有无、心理疾病的类别
   - 健康模式：健康状态下的心智能力及自我实现的倾向；学校应高度重视

3. 评估方法
   - 心理测验
   - 评估性会谈 —— 心理咨询与辅导的基本方法。

知识点3 心理健康教育 【单选、多选、简答】

1. 意义
   - 预防精神疾病,保障学生心理健康 —— 学生心理健康教育的主要场所——学校。
   - 提高学生心理素质,促进其人格健全发展
   - 学校日常教育教学工作的配合与补充

2. 目标
   - 目标层次
     - 防治心理疾病,增进心理健康(基础目标)
     - 优化心理素质,促进全面发展(基本目标)
     - 开发心理潜能,达到自我实现(终极目标)
   - 总目标
     - 提高**全体**学生的心理素质
     - 培养学生积极乐观、健康向上的心理品质
     - 充分开发学生的心理潜能
     - 促进学生身心和谐可持续发展
     - 为学生健康成长和幸福生活奠定基础

3.任务
- 大多数心理健康的学生:培养良好的心理素质,预防心理障碍,促进心理机能、人格的发展与完善
- 有心理障碍的学生:排除心理障碍,预防心理疾病,提高心理健康水平
- 少数有心理疾病的学生:进行心理咨询与治疗

4.基本原则
- 坚持科学性与实效性相结合
- 坚持发展、预防和危机干预相结合
- 坚持面向全体学生和关注个别差异相结合
- 坚持教师的主导性与学生的主体性相结合

5.途径
- 开设心理健康教育的有关课程和心理辅导的活动课
- 在学科教学中渗透心理健康教育的内容
- 结合班级、团队活动开展心理健康教育
- 个别心理辅导或咨询
- 小组辅导

第二节 学生心理辅导

知识点1 心理辅导的原则及目标

1.心理辅导的原则

(1)面向全体学生;(2)预防与发展相结合;(3)尊重与理解学生;(4)发挥学生主体性;(5)个别对待学生;(6)促进学生整体性发展。

2.心理辅导的目标 【单选、判断】

一般目标
- 学会调适(基本目标)
- 寻求发展(高级目标)

知识点2 中小学生心理辅导的方法 【单选、多选、判断】

1.行为改变
- ①强化法:行为 → 强化刺激 → 行为再次发生
- ②代币奖励法:行为 → 代币(小红星等) → 兑换奖励物

1. 行为改变
   - ③行为契约法 ← 目的是形成较复杂的行为。
   - ④行为塑造法：不断强化逐渐趋近目标的反应
   - ⑤示范法 → 模仿学习的机制是替代强化。
   - ⑥处罚法：为了消除不良行为(如暂时隔离法)
   - ⑦自我控制法

2. 行为演练
   - ①全身松弛法：适用于缓解紧张等
   - ②系统脱敏法(沃尔帕)：如消除对猫的敏感反应
   - ③肯定性训练(自信训练、果敢训练)：促进个人在人际关系中公开表达自己真实的情感和观点，维护自己的权益也尊重别人的权益，发展人的自我肯定行为

3. 改善认知

理性—情绪疗法(艾利斯)
- A：事实、行为、事件
- B：个体对A的信念、观点 → 改变的重点。
- C：事件造成的情绪结果

注：理性情绪疗法又称合理情绪疗法、ABC疗法、认知行为疗法。

知识点3 中小学生常见的心理问题【单选、多选、论述】

心理问题	要点	原因	治疗方法
儿童多动综合征（多动症） 8~10岁为高峰发病期。	①活动过多；②注意力不集中；③冲动行为	①先天体质；②社会因素	①药物治疗；②行为疗法；③自我指导训练
学习困难	没有掌握学习方法	神经系统的功能性失调	①多鼓励；②学法指导；③注重培养学习动机、学习兴趣等

续表

心理问题	要点	原因	治疗方法
考试焦虑	随着考试临近,心情极度紧张	①持久的、过度的压力;②家长过高的期望;③学生的个性;④多次失败体验	①行为演练的基本方法;②改善认知;③提高抗挫折能力;④往最好处做;⑤调节情绪
儿童厌学症	对学习不感兴趣,讨厌学习	①学校教育的失误;②家庭教育不当;③社会不良风气的影响	需要教师、家长、个人和社会的共同努力
恐怖症	非理性的惧怕(本无危害)	①直接经验刺激;②观察学习;③不切实际的评估	①系统脱敏法(最常用);②改善人际关系,减轻压力
强迫症	强迫观念、强迫行为	①社会心理原因;②个人原因	①药物治疗;②行为治疗;③建立支持性环境;④森田疗法
抑郁症	持久的心境低落;情绪消极、认知消极、动机缺乏、肢体疲劳	①行为主义:缺乏强化鼓励;②精神分析:丧失和失落;③认知学派:自我贬低、归因不当	①情感支持与鼓励;②合理情绪疗法;③积极行动;④药物治疗

续表

心理问题	要点	原因	治疗方法
网络成瘾	对互联网过度依赖	成瘾个体、网络环境和外部环境多方面作用	①本人：行为疗法；②教师：认知疗法；③家庭：调节成员关系
人格障碍与人格缺陷（成人。／儿童。）	长期固定的适应不良的行为模式	先天素质与后天教养	①观察学习；②奖励积极行为，惩罚消极行为；③改变家庭教养方式

知识点4　学生心理健康的维护

(1)学生个体进行积极的自我调适。

(2)学校通过多种方式进行心理健康教育,维护学生心理健康。

(3)与家长合作构建社会支持网络。

第三节　教师职业心理

知识点1　教师职业角色的形成阶段【单选、判断】

形成阶段
- 角色认知阶段:认识和了解
- 角色认同阶段:体验并接受
- 角色信念阶段:角色观念内化、形成自尊心和荣誉感

知识点2　教师威信【单选、多选、论述】

1.概述
- 实质:反映良好的师生关系
- 分类:权力威信和信服威信(提倡)
- 结构:人格威信、学识威信和情感威信

2.影响因素
- 客观条件
  - 教师的社会地位、社会风气
  - 教育行政机关和学校领导的支持
  - 家长的态度
- 主观条件
  - 教师的专业素质(基本条件)
  - 教师的人格魅力(必要条件)
  - 师生关系(重要条件)
  - 教师的评价手段

3.建立途径
- 培养自身良好的道德品质 ← 基本条件。
- 培养良好的认知能力和性格特征 ← 必需的心理品质。
- 注重良好仪表、风度和行为习惯的养成
- 给学生良好的第一印象
- 做学生的朋友与知己

4.维护措施
- 教师要有坦荡的胸怀、实事求是的态度
- 教师要正确认识和合理运用自己的威信
- 教师要有不断进取的敬业精神
- 教师要言行一致,做学生的楷模

知识点3　教师的职业心理特征【单选、多选、判断、辨析】

心理特征
- 认知
  - ①教学认知能力(基础)
    - 观察力特征
    - 思维特征
    - 注意力特征
  - ②教学操作能力(集中体现):使用策略的水平
  - ③教学监控能力(核心):自我认识和反思
- 人格
  - 职业信念
    - 教学效能感:教师对自己影响学生行为和学习结果的能力的一种<u>主观判断</u>
    - 教学归因:对学生学习结果的原因的推测
  - 职业性格:理解学生、与学生相处、了解自己

心理特征 { 行为：教师期望效应（罗森塔尔效应/皮格马利翁效应） { 自我应验效应 / 维持性期望效应 }

> **学霸点睛**
>
> 教师期望效应，即教师的期望或明或暗地传递给学生，会使学生按照教师所期望的方向来塑造自己的行为。在区分两种教师期望效应时应注意：维持性期望效应强调对学生（尤其是差生）的改变视而不见；自我应验效应强调将错误期望变成现实。

知识点4 教师特征与职业成就的关系 【单选、判断】

1.教师的认知特征与职业成就之间的关系

在智力与知识达到一定水平之后，教师的表达能力、组织能力、诊断学生学习困难的能力以及他们思维的条理性、系统性、合理性与教学效果有较高的相关。

2.教师的人格特征与职业成就之间的关系

在教师的人格特征中，有两个重要特征对教学效果有显著影响：一是教师的热心和同情心；二是教师富于激励和想象的倾向性。

知识点5 教师的职业成长心理

1.专家型教师和新手型教师的区别 【单选、多选、判断】

比较范畴		专家型教师	新手型教师
课时计划	课时计划的内容	注重主要步骤和教学内容，不涉及细节；演练自然发生	过于注重细节；临上课前演练
	教学的细节	根据学生的行为决定	依赖于课程目标
	制订课时计划	有很大的灵活性	仅仅按照课时计划去做
	备课	具有预见性	不能预测执行时的情况
课堂教学过程	课堂规则的制定与执行	规则明确，能坚持执行	规则含糊，难以坚持执行

续表

比较范畴		专家型教师	新手型教师
课堂教学过程	维持学生注意	有一套完善的方法	相对缺乏
	教材内容的呈现	注重回顾；依据内容选择适当方法	不能很好地呈现教材内容
	课堂练习	看作检查学生学习的手段	仅仅把练习当作必经的步骤
	家庭作业的检查	检查程序规范化、自动化	缺乏相应的规范
	教学策略的运用	丰富且能灵活运用	缺乏或不会运用
课后评价	关注的焦点	<u>关注学生对新材料的理解情况或值得注意的活动</u>	<u>关注课堂中的细节</u>
其他	师生关系	热情、平等；师生关系融洽	还没有形成良好的师生关系
	人格魅力	注重实际；自信心强	不够理智；缺乏反思
	职业道德	情感投入高；责任感、义务感强	有待发展

2.教师成长的阶段理论 【单选、判断、填空】

(1)福勒和布朗的教师发展三阶段理论"

阶段	关注问题
关注生存阶段	"学生喜欢我吗""同事们如何看我""领导是否觉得我干得不错"
关注情境阶段	"内容是否充分得当""如何呈现教学信息""如何掌握教学时间"
关注学生阶段	能否<u>自觉关注学生</u>,这是衡量一个教师是否成熟的重要标志之一

(2)伯利纳的"教师教学专长发展阶段理论"

阶段
- 新手教师阶段
- 熟练新手教师阶段
- 胜任型教师阶段:是教师教学专长发展的基本目标
- 业务精干型(精通型)教师阶段
- 专家型教师阶段(最终阶段)

3.教师成长的途径 【单选、判断】

途径
- 观摩和分析优秀教师的教学活动
- 开展微格教学(训练单元小)
- 进行专门训练(有效手段)
- 进行教学反思

美国教育心理学家波斯纳提出了教师成长公式:经验+反思=成长。

知识拓展

教学反思

教学反思的过程一般为具体经验→观察分析→抽象的重新概括→积极地验证。成分包括认知成分、批判成分和教师的陈述。布鲁巴奇等人认为教学反思的方法主要有:(1)反思日记;(2)详细描述;(3)交流讨论;(4)行动研究。

知识点6 教师的职业心理健康

1.教师心理健康的标准

(1)能积极地悦纳自我;(2)有良好的教育认知水平;(3)热爱教师职业,积极地爱学生;(4)具有稳定而积极的教育心境;(5)能控制各种情绪与情感;(6)和谐的教育人际关系;(7)能适应和改造教育环境;(8)具有教育独创性。

2.教师职业倦怠 【单选、多选、案例】

(1)职业倦怠(玛勒斯)
- 情绪耗竭:极度疲劳,工作热情完全丧失
- 去人性化(去人格化):刻意保持距离,冷漠、忽视
- 个人成就感低:消极评价自己,贬低工作意义和价值

(2)职业倦怠(法贝) $\begin{cases}精疲力竭型:放弃努力\\狂热型:有热情,但坚持不久\\低挑战型:大材小用,厌倦工作\end{cases}$

要点回顾

1. 心理健康的一般标准。
2. 学校开展心理健康教育的途径。
3. 强化法、代币奖励法、系统脱敏法、理性—情绪疗法的内涵。
4. 多动症、考试焦虑、强迫症等学生常见心理问题。
5. 教师期望效应的内容。
6. 福勒和布朗的教师发展三阶段理论。
7. 教师成长的途径。
8. 玛勒斯提出的职业倦怠的三个表现。

第四部分　教育法律法规

思维导图

- 教育法律法规
  - 教育法律基础
    - 体系 —— 纵向结构、横向结构
    - 规范 —— 结构 —— 法定条件、行为准则、行为后果
    - 关系 —— 构成要素 —— 主体、客体、内容
    - 责任
      - 类型 —— 行政、民事、刑事、违宪
      - 归责 —— 损害事实、违法、主观有过错、因果关系
    - 救济
      - 途径 —— 行政、司法、仲裁、调解
      - 申诉制度 —— 教师、受教育者申诉制度
  - ★ 现行主要的教育法律法规
    - 教育法 —— 教育性质与方针、受教育者的权利和义务等
    - 义务教育法 —— 义务教育性质 —— 强制性、普及性等
    - 教师法 —— 教师的权利与义务、教师资格制度等
    - 未成年人保护法 —— 学校保护、社会保护、网络保护等
    - 学生伤害事故处理办法 —— 归责原则 —— 过错责任原则
  - 依法执教与教师违法（侵权）行为
    - 依法执教 —— 教育教学活动法制化和规范化
    - 教师违法（侵权）行为
      - 主要类型
        - 侵犯学生的受教育权
        - 侵犯学生的人身权
        - 侵犯学生的财产权
        - 侵犯学生的著作权
        - 不作为侵权
      - 法律责任 —— 行政处分或解聘

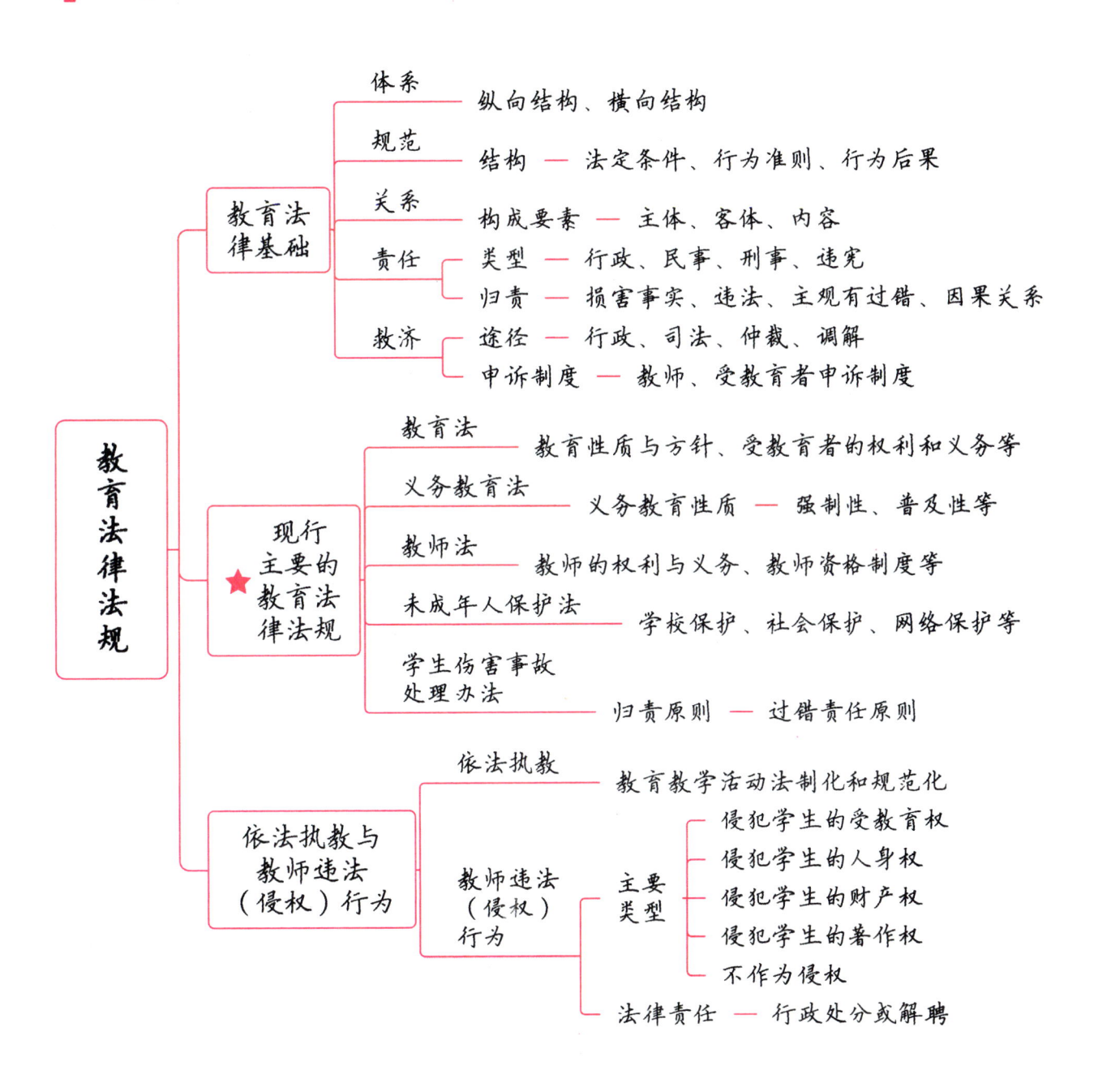

第一章 教育法律基础

第一节 教育法规概述

知识点1 教育法规的内涵及教育法的特点 【单选、判断】

1. 教育法规的内涵

教育法规是指国家权力机关和国家行政机关为调整教育与经济、社会、政治的关系，调整教育内部各个环节的关系而制定和发布的教育法律（基本法律和法规）、法令、条例、规程、制度等规范文件的总称。

2. 教育法的特点

(1) 作为一般社会规范和法律
①国家意志性；②强制性；③规范性；④普遍性。

(2) 区别于其他社会规范和法律
- ①教育法律关系成立的单向性
- ②教育强制措施的柔软性
- ③教育行政管理方式的指导性
- ④教育法规具体内容的广泛性

> **知识扩展**
>
> **教育法规与教育政策的关系**
>
> | 关系 | 教育政策 | 教育法规 |
> |---|---|---|
> | 联系 | 都决定于上层建筑，其有共同的目的 ||
> | 联系 | 是制定教育法规的依据 | 是教育政策的具体化、条文化和定型化 |
> | 联系 | 决定教育法规的性质 | 其内容体现教育政策 |
> | 联系 | 是实施教育法规的指导 | 是实现教育政策的保证 |
> | 区别 | 制定主体不同、执行方式不同、规范效力不同、调整和适用的范围不同、所要解决问题的性质不同 ||

知识点2　教育法规的体系结构　【单选、判断】

1. 纵向结构
   - ①我国《宪法》中有关教育的条款 → "教育宪法""教育母法"。
   - ②教育基本法律:我国《教育法》(全国人大制定)
   - ③教育单行法律:我国《教师法》《义务教育法》等
   - ④教育行政法规:最高国家行政机关(国务院)制定
   - ⑤地方性教育法规:条例、办法、规定、规则、实施细则等
   - ⑥教育规章

2. 横向结构

(1)教育基本法;(2)基础教育法;(3)高等教育法;(4)职业教育法;(5)成人教育或社会教育法;(6)学位法;(7)教师法;(8)教育投入法或教育财政法。

学霸点睛

中华人民共和国颁布的第一部教育法律是《中华人民共和国学位条例》(全国人大常委会);最高国家权力机关颁布的第一部教育法律是《中华人民共和国义务教育法》(全国人民代表大会)。

知识点3　教育法规的制定与执行

1. 教育立法

(1)概念:国家立法机关依照法律程序制定规范性教育法律文件的活动。

(2)程序

草案的提出→草案的审议→草案的表决和通过→法律的公布

2. 教育法规的实施方式

(1)教育法规的遵守:法的自律性实施。（公民自觉守法。）

(2)教育法规的适用（法的他律性实施。）
- 广义:国家权力机关、行政机关和司法机关及其公职人员
- 狭义:教育司法
- 要求:
  - 公正准确(活的灵魂和生命)
  - 合法合理(准则)
  - 及时高效(必备条件)

3.教育行政法规的执行

教育行政执法的形式 { 教育行政许可
教育行政处罚：申诫罚、财产罚、行为罚、人身罚
教育行政强制措施
教育行政强制执行
教育行政奖励

（根据执法对象的不同进行划分。）

第二节 教育法律规范

知识点1 教育法律规范的结构（构成要素）

(1)法定条件（假定）；(2)行为准则（处理）；(3)行为后果（制裁）。

知识点2 教育法律规范的类别 【单选、判断】

分类标准	种类	要点
要求人们行为的性质	义务性规范	必须、应当、义务、禁止
	授权性规范	可以、有权、不受……干涉、有……自由
表现的强制性程度	强制性规范	禁止性和义务性
	任意性规范	自行确定
法律后果	制裁性规范	预警、惩戒
	奖励性规范	奖励

第三节 教育法律关系

知识点1 教育法律关系的概念 【多选、判断】

1.概念：教育法律规范在调整人们有关教育活动的行为过程中形成的权利和义务关系，是一种特殊的社会关系。

2.教育领域内的法律关系 { 学校与政府 / 学校与社会 / 学校与教师 / 学校与学生

知识点2　教育法律关系的分类　【单选】

分类 { 主体的社会角色不同 { 教育内部法律关系 / 教育外部法律关系 } / 主体之间关系的类型 { 隶属型 / 平权型:平等法律地位 } / 教育法律规范的职能 { 调整性 / 保护性 } }

知识点3　教育法律关系的构成要素　【单选、多选、判断】

构成要素	概念	范围
主体	教育法律关系的参加者	公民(自然人)、机构和组织(法人)、国家
客体	主体的权利和义务所指向的对象	物质财富、非物质财富、行为
内容	享有的权利与承担的义务	一定的作为或不作为

教师与学生是教育法律关系中最重要的法律主体。教师与学生之间的法律关系包括:(1)教育和被教育的关系;(2)管理和被管理的关系;(3)保护和被保护的关系;(4)互相尊重的平等关系。

知识点4　教育法律关系的发生、变更和消灭

1.概念 { 发生:形成了权利义务关系 / 变更:主体、客体或内容等要素改变 / 消灭:权利义务终止 }

2.法律事实是教育法律关系发生、变更和消灭的根据

第四节　教育法律责任

知识点1　教育法律责任的类型　【单选、多选、判断】

类型
- 行政法律责任：行政处分和行政处罚
- 民事法律责任：赔偿或补偿
- 刑事法律责任：惩罚最严厉
- 违宪责任

知识点2　教育法律责任的归责要件　【单选、多选】

归责要件
- 有损害事实（前提条件）
- 损害行为必须违法
- 行为人主观有过错
- 违法行为与损害事实之间具有因果关系

注：违法必须是一种行为。如果内在的思想不表现为外在的行为，则并不构成违法。

第五节　教育法律救济

知识点1　教育法律救济的特征与途径　【单选、多选】

1. 特征
   - 宪法公平、正义的立法精神的体现
   - 纠纷的存在（基础）
   - 损害的发生（前提）
   - 补救受害者的合法权益（根本目的）
   - 具有权利性
   - 具有补救与监督双重作用

2. 途径
   - 行政渠道（**主要方式**）
     - 行政申诉（处理时间：30日）
     - 行政复议（处理时间：60日）

2. 途径 { 司法渠道(诉讼渠道) / 仲裁渠道 / 调解渠道 } → 形(行政) 似(司法) 挑(调解) 菜(仲裁)。

知识点2　教育申诉制度　【单选、判断】

1. 教师申诉制度
   - 概念：教师合法权益受到侵犯
   - 申诉范围
     - ①合法权益受到学校或其他教育机构或当地人民政府的有关行政部门侵犯
     - ②对学校或其他教育机构作出的处理决定不服
   - 申诉程序：提出、受理和处理(30日内)

（申诉范围不包括其他企业、事业单位或个人的侵犯。）

学霸点睛

教师申诉的机关因申诉对象不同而不同。对学校和其他教育机构的申诉——教育行政部门。对当地人民政府的有关行政部门的申诉——同级人民政府或上一级人民政府有关部门。

2. 受教育者申诉制度
   - 概念：受教育者合法权益受到侵犯
   - 申诉范围
     - ①对学校作出的各种处分不服
     - ②学校或教师侵犯其人身权
     - ③学校或教师侵犯其财产权
     - ④学校或教师侵犯其知识产权
   - 申诉程序：提出、受理和处理

（可以口头或书面形式提出。）

第二章　现行主要的教育法律法规

第一节　《中华人民共和国教育法》

知识点1　《中华人民共和国教育法》的制定

《中华人民共和国教育法》自1995年9月1日起施行,是新中国成立以来第一部教育基本法。

知识点2　《中华人民共和国教育法》部分内容　【单选、多选、判断、填空】

1. 适用范围

在中华人民共和国<u>境内</u>的各级各类教育,适用本法。

2. 教育性质与方针

(1)教育性质:社会主义性质。

(2)教育方针:"教育必须为社会主义现代化建设服务、为人民服务,必须与生产劳动和社会实践相结合,培养德智体美劳全面发展的社会主义建设者和接班人。"

3. 教育基本制度（包括学前教育、初等教育、中等教育和高等教育。）

(1)学校教育制度;(2)义务教育制度;(3)职业教育和继续教育制度;(4)国家教育考试制度;(5)学业证书制度和学位制度;(6)扫除文盲教育制度;(7)教育督导制度和教育评估制度。

4. 学校及其他教育机构

设立条件：
① 有组织机构和章程
② 有合格的教师
③ 有符合规定标准的教学场所及设施、设备等
④ 有必备的办学资金和稳定的经费来源

（有钱、有地、有人、有制度。）

5.受教育者的权利和义务

(1)受教育者享有的权利

①参加教育教学计划安排的各种活动,使用教育教学设施、设备、图书资料;

②按照国家有关规定获得奖学金、贷学金、助学金;

③在学业成绩和品行上获得公正评价,完成规定的学业后获得相应的学业证书、学位证书;

④对学校给予的处分不服向有关部门提出申诉,对学校、教师侵犯其人身权、财产权等合法权益,提出申诉或者依法提起诉讼;

⑤法律、法规规定的其他权利。

(2)受教育者应当履行的义务 → 遵守法规、制度、规范;德行良好;尊师重学。

①遵守法律、法规;②遵守学生行为规范,尊敬师长,养成良好的思想品德和行为习惯;③努力学习,完成规定的学习任务;④遵守所在学校或者其他教育机构的管理制度。

第二节 《中华人民共和国义务教育法》

知识点1 《中华人民共和国义务教育法》的制定

《中华人民共和国义务教育法》自1986年7月1日起施行,是新中国成立以来颁布的第一部基础教育方面的法律。

知识点2 义务教育的性质和特征 【单选】

义务教育的性质
- 强制性(义务性):最本质特征
- 普及性(普遍性、统一性):基本性质
- 免费性(公益性) → 不收学费、杂费。
- 公共性(国民性)
- 基础性

📖 知识点3 《中华人民共和国义务教育法》的部分内容 【单选、多选、填空、判断】

义务教育法
- 教育制度：九年义务教育；所有适龄儿童、少年必须接受
- 学生
  - 六周岁入学，最迟七周岁
  - 免试入学，户籍地就近
- 学校
  - 不得区分重点学校和非重点学校
  - 不得分设重点班和非重点班
  - 不得开除学生

第三节 《中华人民共和国教师法》

📖 知识点1 《中华人民共和国教师法》的制定

> 第一部关于教师的单行法律。

《中华人民共和国教师法》从1986年开始起草，于1993年10月31日通过，自1994年1月1日起施行。

📖 知识点2 《中华人民共和国教师法》部分内容 【单选、多选、判断、辨析、简答】

1. 教师的权利

(1) 教育教学权（最基本）：进行教育教学活动，开展教育教学改革和实验；

(2) 科学研究权：从事科学研究、学术交流，参加专业的学术团体，在学术活动中充分发表意见；

(3) 管理学生权：指导学生的学习和发展，评定学生的品行和学业成绩；

(4) 获得报酬权：按时获取工资报酬，享受国家规定的福利待遇以及寒暑假期的带薪休假；

(5) 民主管理权：对学校教育教学、管理工作和教育行政部门的工作提出意见和建议，通过教职工代表大会或者其他形式，参与学校的民主管理；

(6)进修培训权:参加进修或者其他方式的培训。

2.教师的义务

(1)遵守宪法、法律和职业道德,为人师表;

(2)贯彻国家的教育方针,遵守规章制度,执行学校的教学计划,履行教师聘约,完成教育教学工作任务;

(3)对学生进行宪法所确定的基本原则的教育和爱国主义、民族团结的教育,法制教育以及思想品德、文化、科学技术教育,组织、带领学生开展有益的社会活动;

(4)关心、爱护全体学生,尊重学生人格,促进学生在品德、智力、体质等方面全面发展;

(5)制止有害于学生的行为或者其他侵犯学生合法权益的行为,批评和抵制有害于学生健康成长的现象;

(6)不断提高思想政治觉悟和教育教学业务水平。

3.教师资格制度 { 教师资格的构成要件:国籍、品德、学历、能力和认定
教师资格证书:终身有效、全国通用 }

4.教师的考核 {
考核机构:学校或者其他教育机构
考核内容:政治思想、业务水平、工作态度、工作成绩 （政务太(态)急(绩)。）
考核原则:客观、公正、准确
考核意见:教师本人、其他教师以及学生的意见
考核结果:是受聘任教、晋升工资、实施奖惩的依据
}

第四节 《中华人民共和国未成年人保护法》

知识点1 《中华人民共和国未成年人保护法》的制定

《中华人民共和国未成年人保护法》于1991年9月4日通过,自1992年1月1日起施行。

知识点2 《中华人民共和国未成年人保护法》的部分内容 【单选、多选、判断】

未成年人保护法
- 涉及未成年人事项的要求
  - 给予未成年人特殊、优先保护
  - 尊重未成年人人格尊严
  - 保护未成年人隐私权和个人信息
  - 适应未成年人身心健康发展的规律和特点
  - 听取未成年人的意见
  - 保护与教育相结合
- 学校保护
  - ①不得实施体罚、变相体罚或者其他侮辱人格尊严的行为
  - ②不得违反国家规定开除、变相开除未成年学生
  - ③社会生活指导、心理健康辅导、青春期教育和生命教育
- 社会保护
  - 不得招用未满十六周岁未成年人
  - 保护未成年人的隐私
- 网络保护：不得在每日二十二时至次日八时提供网络游戏服务
- 司法保护：教育、感化、挽救；教育为主、惩罚为辅

> **知识扩展**
>
> 任何组织或者个人不得开拆、查阅未成年人的信件、日记、电子邮件或者其他网络通讯内容。以下为例外情形：
>
> (1)无民事行为能力的未成年人的父母或者其他监护人代未成年人开拆、查阅；
>
> (2)因国家安全或者追查刑事犯罪依法进行检查；
>
> (3)紧急情况下为了保护未成年人本人的人身安全。

第五节 《学生伤害事故处理办法》

知识点1 学生伤害事故概述

概述
- 概念：学生在校期间所发生的人身伤害事故
- 有关法律问题
  - 监护职责（学校没有）：法定与指定
  - 教育保护职责（学校有）
- 归责原则：过错责任原则
- 法律特征
  - ①在学校负有教育管理职责的时间和空间范围内发生的伤害事故
  - ②在校学生发生的伤害事故：人身损害事故

知识点2 学生伤害事故的责任认定

过错方	赔偿责任方
学校	学校
家长	家长
学生（成年）	学生
学生（未成年）	家长
教师（职务行为）	学校（可追偿）
教师（个人行为）	教师

第三章 依法执教与教师违法（侵权）行为

第一节 依法执教

知识点1 依法执教的含义 【单选、判断】

依法执教就是要求教师在教育教学活动中，按照教育法律、法规使自己的教育教学活动法制化和规范化。

知识点2 依法执教的基本要求

基本要求
- 坚持正确的政治方向
- 拥护党的基本路线和领导
- 自觉增强法律意识
- 认真贯彻党和国家的方针政策

依法治教的基本要求的具体内容包括：（1）教师模范地遵守宪法及其他各种法律、法规；（2）教师依法进行教育教学活动。

知识点3 依法执教的意义

1. 依法执教是依法治国的必然要求。

依法治国的基本要求
- 有法可依（法律前提、首要环节）
- 有法必依（中心环节）
- 执法必严
- 违法必究

2. 依法执教是依法治教的重要内容。
3. 依法执教是人民教师之必需。

第二节　教师违法(侵权)行为

知识点1　教师违法(侵权)行为的主要类型及其表现形式 【单选、多选、判断】

主要类型	表现形式
侵犯学生的受教育权 （学生最基本的权利。）	①侵犯学生受教育机会的平等权； ②侵犯学生的入学权； ③侵犯学生参加考试的权利； ④随意开除学生
侵犯学生的人身权 （公民享有的最基本、最重要的权利。）	①侵犯学生的生命权、身体权和健康权； ②侵犯学生的姓名肖像权、名誉荣誉权； ③侵犯学生的人格尊严权（如体罚、变相体罚、语言侮辱等）； ④侵犯学生的人身自由权（如非法搜查、非法拘禁和限制学生等）； ⑤侵犯学生的隐私权（如故意隐匿、毁弃或者非法开拆学生信件等）； ⑥性侵害
侵犯学生的财产权	非法没收学生物品、乱罚款、乱摊派等
侵犯学生的著作权	未经学生同意收录学生的作文等
不作为侵权行为	①对学生身体状况关照不力； ②教师对生病或受伤学生救护不力； ③在履行职责中违反工作要求、操作规程； ④学校活动组织失职； ⑤饮食安全事故； ⑥未及时向学生监护人履行告知义务

注：(1)学生的受教育权包括受完法定年限教育权、学习权和公正评价权。

(2)不作为侵权行为是指行为人以一定的不作为致人损害的行为。

知识点2　教师违法(侵权)行为的主要法律责任

行政处分或解聘
- ①故意不完成教育教学任务给教育教学工作造成损失的
- ②体罚学生，经教育不改的
- ③品行不良、侮辱学生，影响恶劣的

情节严重、构成犯罪的依法追究刑事责任

依据我国《教师法》

要点回顾

1. 我国教育法规的纵向结构。
2. 教育法律关系的构成要素。
3. 我国教育法律责任的类型。
4. 我国教育法律救济的途径。
5. 我国教育申诉制度的内容。
6. 我国《教育法》中规定的受教育者的权利与义务。
7. 义务教育的性质。
8. 我国《教师法》中规定的教师的权利与义务。
9. 我国《未成年人保护法》中关于学校保护的内容。
10. 教师侵权行为的主要类型及表现形式。
11. 教师违法行为的主要法律责任。

第五部分　新课程改革

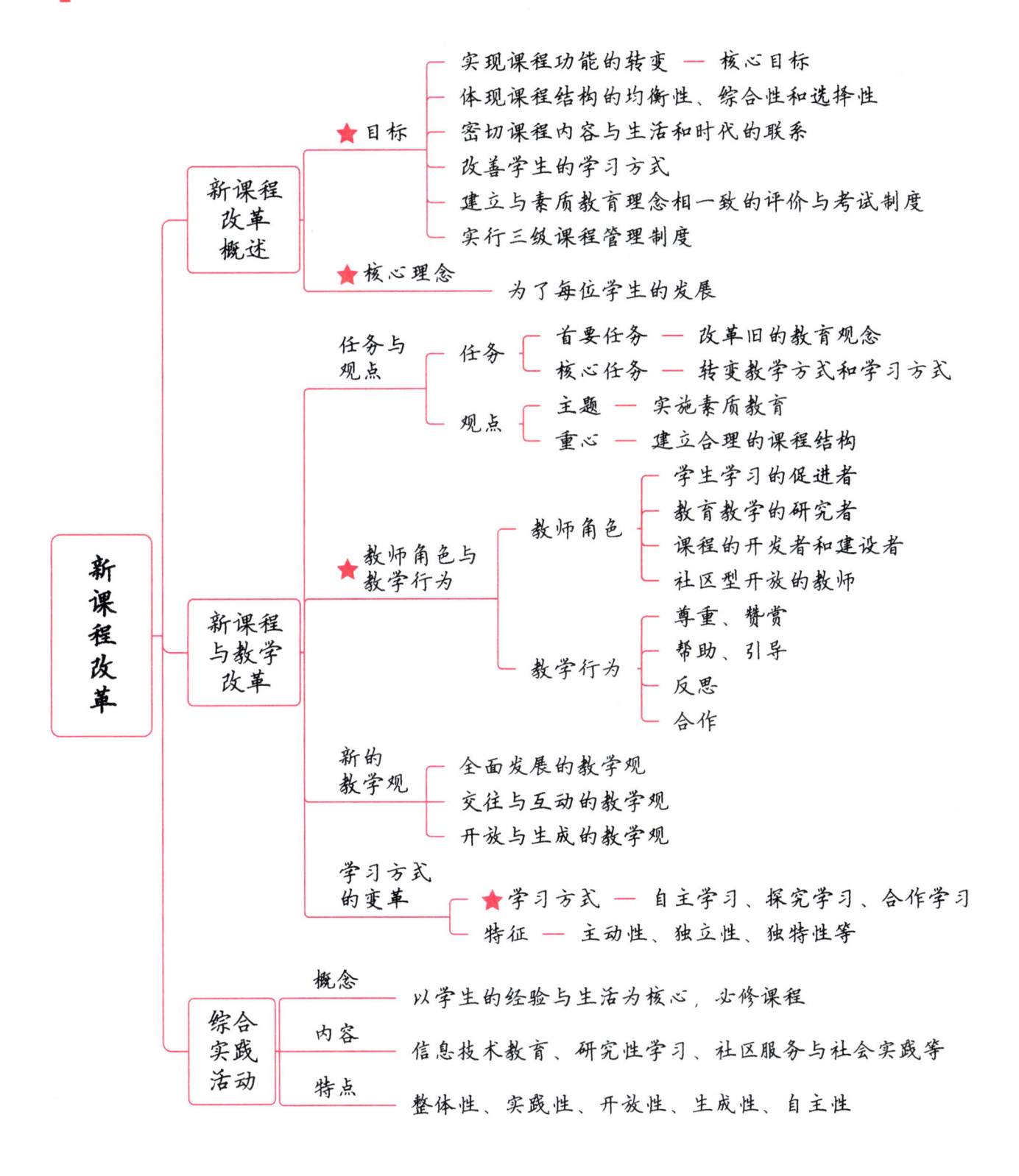

思维导图

- **新课程改革**
  - **新课程改革概述**
    - ★ 目标
      - 实现课程功能的转变 —— 核心目标
      - 体现课程结构的均衡性、综合性和选择性
      - 密切课程内容与生活和时代的联系
      - 改善学生的学习方式
      - 建立与素质教育理念相一致的评价与考试制度
      - 实行三级课程管理制度
    - ★ 核心理念 —— 为了每位学生的发展
  - **新课程与教学改革**
    - 任务与观点
      - 任务
        - 首要任务 —— 改革旧的教育观念
        - 核心任务 —— 转变教学方式和学习方式
      - 观点
        - 主题 —— 实施素质教育
        - 重心 —— 建立合理的课程结构
    - ★ 教师角色与教学行为
      - 教师角色
        - 学生学习的促进者
        - 教育教学的研究者
        - 课程的开发者和建设者
        - 社区型开放的教师
      - 教学行为
        - 尊重、赞赏
        - 帮助、引导
        - 反思
        - 合作
    - 新的教学观
      - 全面发展的教学观
      - 交往与互动的教学观
      - 开放与生成的教学观
    - 学习方式的变革
      - ★ 学习方式 —— 自主学习、探究学习、合作学习
      - 特征 —— 主动性、独立性、独特性等
  - **综合实践活动**
    - 概念 —— 以学生的经验与生活为核心，必修课程
    - 内容 —— 信息技术教育、研究性学习、社区服务与社会实践等
    - 特点 —— 整体性、实践性、开放性、生成性、自主性

第一章　新课程改革概述

第一节　新课程改革的背景与发展趋势

知识点1　新课程改革的背景【单选、判断、填空】

课程改革是教育改革的核心内容。

2001年，教育部正式颁布了《基础教育课程改革纲要(试行)》，标志着我国基础教育新课程改革的正式实施。这是中华人民共和国成立以来我国的第八次课程改革，也是规模最大、影响最为深广的一次课程改革。

背景 { 时代发展特征的新要求(时代背景)
我国政治经济发展的客观需要(社会背景)
我国基础教育发展的内在需求
国外课程改革的启示

> 党的十四大报告首次提出"我们必须把教育摆在优先发展的战略地位"。

知识点2　新课程改革的发展趋势【单选、多选、判断、简答】

我国基础教育课程改革的发展趋势主要表现为：(1)以学生发展为本、促进学生全面发展与培养个性相结合；(2)稳定并加强基础教育；(3)加强道德教育和人文教育，促进课程科学性与人文性融合；(4)加强课程综合化；(5)课程与现代信息技术相结合，加强课程个性化和多样化；(6)课程法制化。

当代世界课程改革的共同发展趋势包括：(1)重视课程内容的现代化、综合化；(2)重视基础学科和知识的结构化；(3)重视能力的培养；(4)重视个别差异。

第二节 新课程改革的任务、目标与理念

知识点1 新课程改革的根本任务 【单选、判断、填空】

全面贯彻党的教育方针,调整和改革基础教育的课程体系、结构、内容,构建符合素质教育要求的新的基础教育课程体系。

知识点2 新课程改革的六项具体目标 【单选、多选、不定项、判断、填空、辨析、简答、论述】

目标	具体体现
实现课程功能的转变(核心目标)	改变课程过于注重知识传授的倾向,强调形成积极主动的学习态度,使获得基础知识与基本技能的过程同时成为学生学会学习和形成正确价值观的过程
体现课程结构的均衡性、综合性和选择性	①确保均衡性,促进学生全面和谐的发展。 ②强调综合性,克服学科门类过多、相互独立的倾向。体现在:加强学科的综合性;设置综合课程(集中体现);增设综合实践活动课程。 ③加强选择性,以适应地方、学校、学生发展的多样化需求
密切课程内容与生活和时代的联系	改变课程内容"繁、难、偏、旧"和过于注重书本知识的现状,加强课程内容与学生生活以及现代社会和科技发展的联系,关注学生的学习兴趣和经验,精选终身学习必备的基础知识和技能
改善学生的学习方式	改变课程实施过于强调接受学习、死记硬背、机械训练的现状,倡导学生主动参与、乐于探究、勤于动手,培养学生收集和处理信息的能力、获取新知识的能力、分析和解决问题的能力以及交流与合作的能力

续表

目标	具体体现
建立与素质教育理念相一致的评价与考试制度	改变课程评价过分强调甄别与选拔的功能,发挥评价促进学生发展、教师提高和改进教学实践的功能。"立足过程,促进发展"
实行三级课程管理制度	改变课程管理过于集中的状况,实行国家、地方、学校三级课程管理,增强课程对地方、学校及学生的适应性

知识点3 基础教育课程改革的理念

1.基础教育课程改革的核心理念【单选、不定项、判断、填空】

贯穿于第八次课程改革的核心理念是:为了中华民族的复兴,为了每位学生的发展。

2.基础教育课程改革的基本理念【单选、多选、判断、填空】

(1)走出知识传授的目标取向,确立培养"整体的人"的课程目标;〔人的完整性和生活的完整性。〕

(2)破除书本知识的桎梏,构筑具有生活意义的课程内容;

(3)摆脱被知识奴役的处境,恢复个体在知识生成中的合法身份;

(4)改变学校个性缺失的现实,创建富有个性的学校文化。

学霸点睛

新课程改革的理念中,以核心理念最为常考。考生在做题时重点抓住"学生"二字即可,有试题将其表述为:学生为本、以人为本、以学生的发展为本等,考生可根据实际情况进行灵活选择。

第二章　新课程与教学改革

第一节　教学改革的任务与观点

知识点1　本次教学改革的主要任务 【单选、多选】

(1)改革旧的教育观念,真正确立起与新课程相适应的、体现素质教育精神的教育观念(首要任务)。

(2)坚定不移地推进教学方式和学习方式的转变(显著特征和核心任务)。

(3)要致力于教学管理制度的重建(重要任务)。

知识点2　我国当前教学改革的主要观点 【单选、判断】

(1)实施素质教育(主题);(2)坚持整体教学改革和实验(基本策略);(3)建立合理的课程结构(重心);(4)实施科学的教学评价。

第二节　教师角色与教学行为

知识点1　新课程倡导的教师角色 【单选、多选、判断、简答】

(1)从教师与学生的关系看,教师是学生学习的促进者。这是教师最明显、最直接、最富时代性的角色特征,是教师角色中的核心特征。其内涵主要包括:①教师是学生学习能力的培养者;②教师是学生人生的引路人。

(2)从教学与研究的关系看,教师是教育教学的研究者。"行动研究"把教学与研究有机融为一体,是教师由"教书匠"转变为"教育家"的前提条件。

(3)从教学与课程的关系看,教师是课程的开发者和建设者。

(4)从学校与社区的关系看,教师是社区型开放的教师。

知识点2　新课改背景下师生关系的变化 【单选、多选、判断】

新课程改革要求建立一种"对话·互动"式的新型师生关系。新课程给教师角色的定位是"平等中的首席"。

知识点3　教师教学行为的变化 【单选、多选、判断、简答、案例】

(1)在对待师生关系上,新课程强调尊重、赞赏。

(2)在对待教学关系上,新课程强调帮助、引导。

(3)在对待自我上,新课程强调反思。

(4)在对待与其他教育者的关系上,新课程强调合作。

第三节　新的教学观

知识点1　全面发展的教学观 【单选、多选、判断、简答】

全面发展的教学观
- 教学重结论更要重过程
- 教学关注学科更要关注人
  - ①关注每一位学生
  - ②关注学生的情绪生活和情感体验 —— "知之者莫如好之者,好之者莫如乐之者"。
  - ③关注学生的道德生活和人格养成

知识点2　交往与互动的教学观 【单选、多选、判断、简答】

教学是教师教与学生学的统一,这种统一的实质是交往、互动。基于此,教学不只是教师教学生学的过程,更是师生交往、积极互动、共同发展的过程。新课程提倡的师生关系是合作伙伴关系。

知识点3　开放与生成的教学观 【单选、多选、判断、简答】

课程不只是"文本课程"(教学计划、教学大纲、教科书等文件),更是"体验课程"(被教师与学生实实在在地体验到、感受到、领悟到、思考到的课程)。教学不只是课程传递和执行的过程,更是课程创生与开发的过程。

知识扩展

新课程带来的教学观的变革

(1)教学从"以教育者为中心"转向"以学习者为中心";(2)教学从"教会学生知识"转向"教会学生学习";(3)教学从"重结论轻过程"转向"重结论的同时更重过程";(4)教学从"关注学科"转向"关注人"。

第四节　学习方式的变革

知识点1　新课程倡导的学习方式　【单选、多选、判断、填空、辨析、简答、论述】

方式	要点	特点
自主学习	关注学习者的主体性和能动性，学生自主而不受他人支配	①主动学习；②独立学习(核心)；③元认知监控的学习
探究学习	概念：以问题为依托，学生通过主动探究解决问题；过程：问题阶段—计划阶段—研究阶段—解释阶段—反思阶段	说法一：①自主性；②开放性；③过程性；④实践性。说法二：①问题性；②过程性；③开放性
合作学习	学生以小组为单位进行学习	①互助性；②互补性；③自主性；④互动性

注：教学方式、学习方式转变的基本精神是自主、合作、创新，注意与新课程倡导的三大学习方式进行区分。

知识点2　现代学习方式的基本特征　【单选、多选、判断、简答】

(1)主动性(首要特征)；(2)独立性(核心特征)；(3)独特性；(4)体验性(突出特征)；(5)问题性。

第三章 综合实践活动

第一节 综合实践活动概述

知识点1 综合实践活动的概念 【单选、判断】

综合实践活动是基于学生的直接经验，密切联系学生自身生活和社会生活，体现对知识的综合运用的课程形态。这是一门以学生的经验与生活为核心的实践性课程。综合实践活动是国家义务教育和普通高中课程方案规定的必修课程，自小学一年级至高中三年级全面实施。

知识点2 综合实践活动的内容 【单选、多选、判断、简答】

教育部于2001年印发的《基础教育课程改革纲要（试行）》规定，综合实践活动的内容主要包括：信息技术教育、研究性学习、社区服务与社会实践、劳动与技术教育。

教育部于2022年印发的《义务教育课程方案（2022年版）》规定，将劳动、信息科技从综合实践活动课程中独立出来。

知识点3 综合实践活动的性质 【单选、多选】

（1）相对于学科课程，综合实践活动是一门经验性课程。

（2）相对于分科课程，综合实践活动是一门综合性课程。

（3）综合实践活动还是一门实践性课程，强调对学生实践能力的培养。

（4）综合实践活动是三级管理的课程。

知识点4 综合实践活动的特点 【单选、多选、判断、填空】

（1）整体性（综合性）；（2）实践性；（3）开放性；（4）生成性；（5）自主性。

第二节　研究性学习

知识点1　研究性学习的概念　【单选、多选】

研究性学习是指学生在教师指导下,从学习生活和社会生活中选择和确定研究专题,主动获得知识、应用知识、解决问题的学习活动。

知识点2　对"研究性学习"几种现实价值取向的反思　【单选、判断】

(1)防止成人专家化倾向;

(2)防止功能上的过分窄化倾向;

(3)防止学科化倾向。　← "研究性学习"既是一种学习方式,也是一种课程形态。

知识点3　作为学习方式的"研究性学习"与作为课程的"研究性学习"的关系　【单选、判断】

关系	"研究性学习"方式	"研究性学习"课程
联系	都强调研究性学习这种学习方式,终极目的都指向学生的个性发展	
区别	渗透于学生的所有学科、所有活动之中	为"研究性学习"方式的充分展开所提供的相对独立的、有计划的学习机会

要点回顾

1. 当代世界课程改革的共同发展趋势。
2. 新课程改革的六项具体目标及其具体体现。
3. 基础教育课程改革的核心理念。
4. 新课程倡导的教师角色。
5. 新课程改革背景下教师教学行为的变化。
6. 新的教学观的具体内容。
7. 新课程倡导的三大学习方式的要点。
8. 现代学习方式的基本特征。
9. 综合实践活动的概念和实施学段。

第六部分 教师职业道德

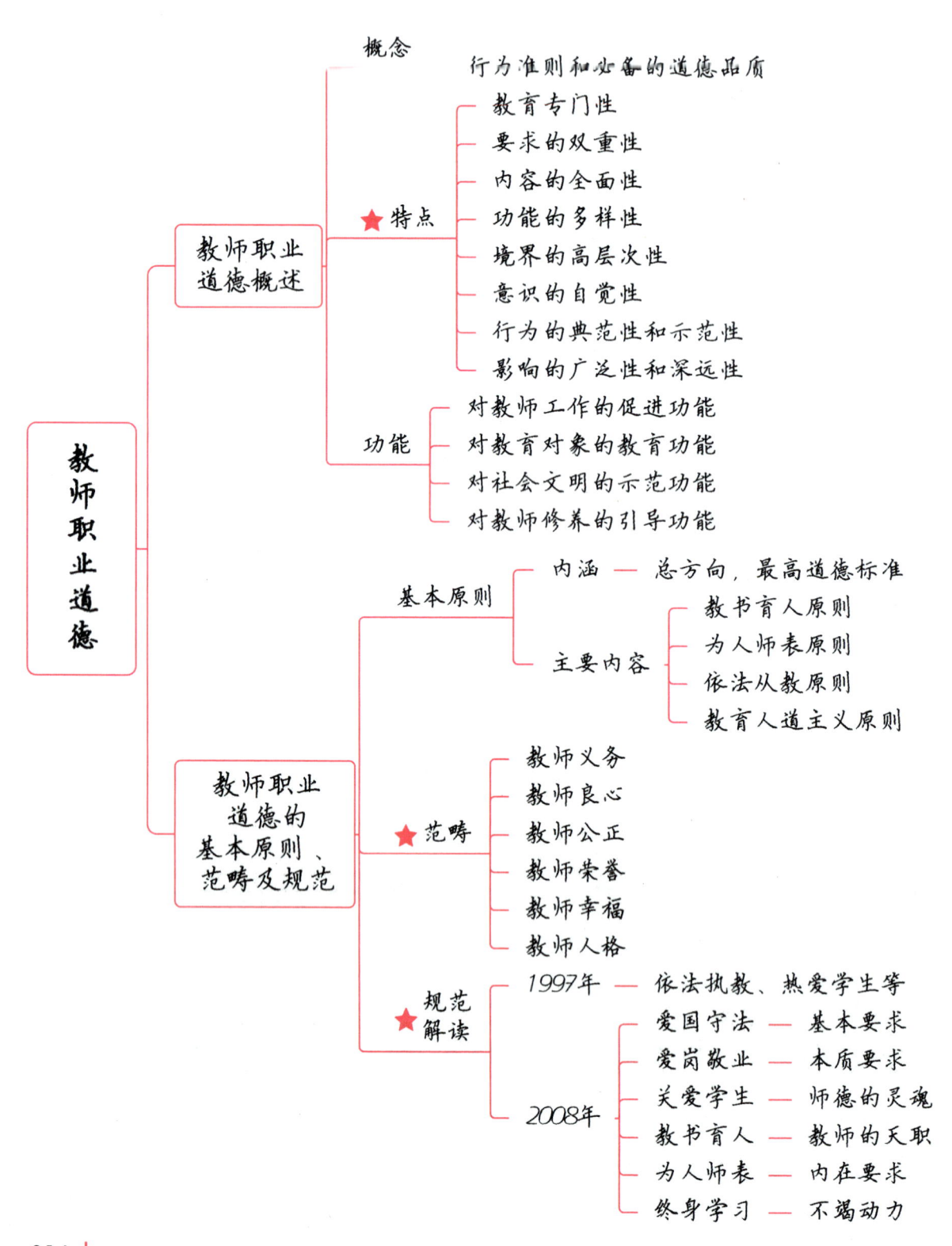

思维导图

- 教师职业道德
  - 教师职业道德概述
    - 概念：行为准则和必备的道德品质
    - ★特点
      - 教育专门性
      - 要求的双重性
      - 内容的全面性
      - 功能的多样性
      - 境界的高层次性
      - 意识的自觉性
      - 行为的典范性和示范性
      - 影响的广泛性和深远性
    - 功能
      - 对教师工作的促进功能
      - 对教育对象的教育功能
      - 对社会文明的示范功能
      - 对教师修养的引导功能
  - 教师职业道德的基本原则、范畴及规范
    - 基本原则
      - 内涵——总方向，最高道德标准
      - 主要内容
        - 教书育人原则
        - 为人师表原则
        - 依法从教原则
        - 教育人道主义原则
    - ★范畴
      - 教师义务
      - 教师良心
      - 教师公正
      - 教师荣誉
      - 教师幸福
      - 教师人格
    - ★规范解读
      - 1997年——依法执教、热爱学生等
      - 2008年
        - 爱国守法——基本要求
        - 爱岗敬业——本质要求
        - 关爱学生——师德的灵魂
        - 教书育人——教师的天职
        - 为人师表——内在要求
        - 终身学习——不竭动力

316

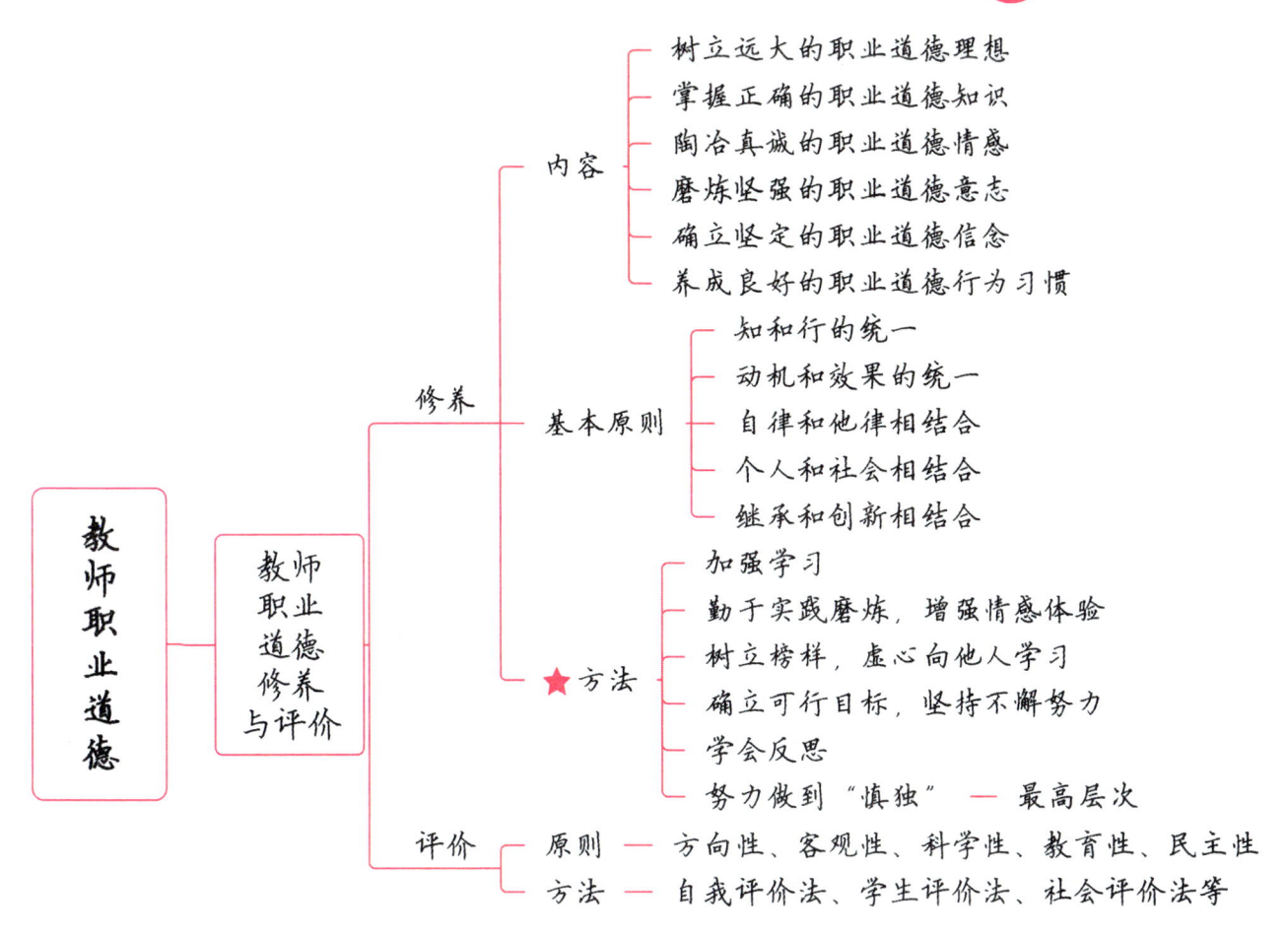

```
                                        ┌─ 树立远大的职业道德理想
                                        ├─ 掌握正确的职业道德知识
                                   内容 ─┼─ 陶冶真诚的职业道德情感
                                        ├─ 磨炼坚强的职业道德意志
                                        ├─ 确立坚定的职业道德信念
                                        └─ 养成良好的职业道德行为习惯

                                        ┌─ 知和行的统一
                                        ├─ 动机和效果的统一
                              基本原则 ─┼─ 自律和他律相结合
                    ┌─ 修养             ├─ 个人和社会相结合
                    │                   └─ 继承和创新相结合
教师职业道德 ─ 教师  │
               职业 │                   ┌─ 加强学习
               道德 │                   ├─ 勤于实践磨炼，增强情感体验
               修养 │                   ├─ 树立榜样，虚心向他人学习
               与   └─ ★方法 ──────────┼─ 确立可行目标，坚持不懈努力
               评价                     ├─ 学会反思
                                        └─ 努力做到"慎独" ── 最高层次

                    ┌─ 评价 ─ 原则 ─ 方向性、客观性、科学性、教育性、民主性
                    └─       方法 ─ 自我评价法、学生评价法、社会评价法等
```

知识梳理

第一章 教师职业道德概述

第一节 教师职业道德的概念、特点及价值蕴含

知识点1 教师职业道德的概念 【单选、多选、判断、填空】

教师职业道德是教师在从事教育教学活动中所应遵循的行为准则和必备的道德品质。它是一般社会道德在教师职业中的特殊体现，在全社会道德体系中处于核心和主干地位。

知识点2 教师职业道德的特点 【单选、多选、判断】

(1)教师职业道德的教育专门性(适用的针对性)。

317

(2)教师职业道德要求的**双重性**(教书+育人)。——→"师也者,教之以事而喻诸德者也"。

(3)教师职业道德内容的全面性。

(4)教师职业道德功能的多样性。

(5)教师职业道德境界的高层次性。

(6)教师职业道德意识的自觉性。——→"良心活"。

(7)教师职业道德行为的典范性和示范性。教师要以身作则、为人师表,这是教师职业道德区别于其他职业道德的**显著标志**。

(8)教师职业道德影响的广泛性和深远性。

教师职业道德的特点的其他说法:(1)鲜明的继承性;(2)强烈的责任性;(3)独特的示范性;(4)严格的标准性。

知识点3　教师职业道德的价值蕴含　【单选、判断】

价值蕴含 { 教育价值
文化价值:教师职业道德既是一种行为规范,又是一种文化现象
伦理价值 }

第二节　教师职业道德的结构与功能

知识点1　教师职业道德的结构　【单选、多选、不定项、判断】

从总体上来说,教师职业道德是由教师职业理想、职业责任、职业态度、职业纪律、职业技能、职业良心、职业作风和职业荣誉等因素构成的。

知识点2　教师职业道德的功能　【单选、多选、判断】

功能 {
①对教师工作的促进功能(**最基本的社会作用**):教师职业道德对教师教育行为的调节主要是通过**社会舆论**和**内心信念**两种形式来实现的
②对教育对象的教育功能
③对社会文明的示范功能
④对教师修养的引导功能
}

也有人认为,教师职业道德具有调节作用、教育作用、导向作用、促进作用。其中,对教育过程的调节作用是教师职业道德最基本、最重要的作用。

第二章 教师职业道德的基本原则、范畴及规范

第一节 教师职业道德基本原则

知识点1 教师职业道德基本原则的内涵【单选、多选、判断、填空】

教师职业道德基本原则指明了教师职业实践中道德行为的总方向,体现了教师职业道德的本质属性,统帅整个教师职业道德体系,是衡量和判断教师行为善恶的最高道德标准。

忠于人民教育事业是我国教师职业道德基本原则。

知识点2 教师职业道德基本原则的主要内容【单选、多选、判断】

说法一:(1)教书育人原则;(2)为人师表原则;(3)依法从教原则;(4)教育人道主义原则。

说法二:(1)集体主义原则;(2)教育人道主义原则;(3)教书育人原则;(4)乐教勤业原则(基础和动力、核心);(5)教育民主原则;(6)教育公正原则;(7)人格示范原则;(8)依法执教原则。

第二节　教师职业道德范畴

主要范畴
- 教师义务：最主要、最基本的道德责任
  - 正面：教书育人
  - 反面：不要误人子弟
- 教师良心
  - ①形成：首先会受到社会生活和群体的影响
  - ②特点：层次性高、教育性强
  - ③内涵："恪尽职守""自觉工作""爱护学生""团结执教"
  - ④地位：教师职业道德的灵魂和教师道德自律的最高实现形式
- 教师公正
  - ①地位：师德修养水平的重要标志，体现一定社会对教师的根本要求
  - ②内容：坚持真理，伸张正义；一视同仁，爱无差等；办事公道，赏罚分明；因材施教，长善救失；确立性别平等意识，公正地对待不同性别的学生。其中，公平合理地评价和对待每个学生是教师公正的最基本的内容
- 教师荣誉：光荣的角色称号、无私的职业特性、崇高的人格形象
- 教师幸福：多体现在精神层面、给予性和被给予性、集体性、无限性
- 教师人格
  - 采取"取法乎上"的策略
  - 师表美主要包括"表美""道美"和风格美
- 教师仁慈：对学生无条件的爱心、对学生高度宽容

第三节　《中小学教师职业道德规范》解读

知识点1　1997年修订的《中小学教师职业道德规范》【单选、多选、判断】

(1)依法执教：教师完成本职工作的前提和基础，判断教师行为是非善恶的最根本的道德标准。

(2)爱岗敬业。

(3) 热爱学生:教育学生的感情基础,教师职业道德高低的试金石。

(4) 严谨治学:教师自我完善的重要途径,教师适应时代发展的需要。

(5) 团结协作。

(6) 尊重家长。

(7) 廉洁从教:坚守高尚情操,发扬奉献精神,自觉抵制社会不良风气影响。不利用职责之便谋取私利。

(8) 为人师表。

知识点2　2008年修订的《中小学教师职业道德规范》【单选、多选、判断、填空、简答、论述、案例】

三爱两人一终身。

爱与责任是贯穿2008年修订的《中小学教师职业道德规范》的核心和灵魂。

规范	地位	点拨	具体职业行为要求
爱国守法	教师职业的**基本要求**	处理教师与国家社会的关系	①热爱祖国,热爱人民,拥护中国共产党领导,拥护社会主义; ②全面贯彻国家教育方针,自觉遵守教育法律法规,依法履行教师职责权利; ③不得有违背党和国家方针政策的言行
爱岗敬业	教师职业的**本质要求**	处理教师与教育事业的关系	①忠诚于人民教育事业,志存高远,勤恳敬业,甘为人梯,乐于奉献; ②对工作高度负责,认真备课上课,认真批改作业,认真辅导学生; ③不得敷衍塞责
关爱学生	**师德的灵魂**	处理教师与学生的关系	①关心爱护全体学生,尊重学生人格,平等公正对待学生; ②对学生严慈相济,做学生良师益友;

续表

规范	地位	点拨	具体职业行为要求
关爱学生	师德的灵魂	处理教师与学生的关系	③保护学生安全，关心学生健康，维护学生权益； ④不讽刺、挖苦、歧视学生，不体罚或变相体罚学生
教书育人	教师的天职	处理教师与职业劳动的关系	①遵循教育规律，实施素质教育； ②循循善诱，诲人不倦，因材施教； ③培养学生良好品行，激发学生创新精神，促进学生全面发展； ④不以分数作为评价学生的唯一标准
为人师表	教师职业的内在要求	处理教师与自己的关系	①坚守高尚情操，知荣明耻； ②严于律己，以身作则； ③衣着得体，语言规范，举止文明； ④关心集体，团结协作，尊重同事，尊重家长； ⑤作风正派，廉洁奉公； ⑥自觉抵制有偿家教，不利用职务之便谋取私利
终身学习	教师专业发展的不竭动力	处理教师与自己发展的关系	①崇尚科学精神，树立终身学习理念，拓宽知识视野，更新知识结构； ②潜心钻研业务，勇于探索创新，不断提高专业素养和教育教学水平

一般认为，爱岗敬业、教书育人和为人师表是师德的核心内容，关爱学生是最基本内容。

第三章 教师职业道德修养与评价

第一节 教师职业道德修养

知识点1 教师职业道德修养的概念及意义 【判断】

教师职业道德修养是一种自我锻炼、自我改造、自我陶冶、自我教育的过程。教师职业道德修养不仅是培养教师职业道德的首要环节，也是加强社会主义职业道德建设的迫切要求。

知识点2 教师职业道德修养的基本特点 【单选、多选、判断】

(1)历史继承性：传承和弘扬中华民族的优秀师德。

(2)鲜明的时代性：与时俱进，丰富和发展中华民族的优秀师德。

知识点3 教师职业道德修养的内容 【单选、多选、判断】

教师职业道德修养的内容包括职业道德意识修养和职业道德行为修养。

具体内容：
- 树立远大的职业道德理想(体现了教师职业道德要求的本质)
- 掌握正确的职业道德知识(首要环节、最初阶段)
- 陶冶真诚的职业道德情感
  - 职业正义感(最基本、最高尚)
  - 职业责任感(出发点、动力)
  - 职业义务感
  - 职业良心感
  - 职业荣誉感
  - 职业幸福感(最强大的精神动力和根本目的)
- 磨炼坚强的职业道德意志(重要标志)
- 确立坚定的职业道德信念(核心问题、"合金")
- 养成良好的职业道德行为习惯(最终目的)

知识点4　教师职业道德修养的基本原则　【单选、多选、判断、简答】

(1)坚持知和行的统一；

(2)坚持动机和效果的统一；

(3)坚持自律和他律相结合；

(4)坚持个人和社会相结合；

(5)坚持继承和创新相结合。

知识点5　教师职业道德修养的方法　【单选、多选、判断、填空、简答】

(1)加强学习；

(2)勤于实践磨炼,增强情感体验(根本方法)；

(3)树立榜样,虚心向他人学习；

(4)确立可行目标,坚持不懈努力；

(5)学会反思；

(6)努力做到"慎独"(最高层次)。

在没有外界监督、独自一人的情况下,也能自觉遵守道德规则,不做任何对国家、对社会、对他人不道德的事情。

第二节　教师职业道德评价

知识点1　教师职业道德评价的原则　【单选、多选、不定项】

(1)方向性原则；(2)客观性原则；(3)科学性原则；(4)教育性原则；(5)民主性原则。

知识点2　教师职业道德评价的方法　【单选、判断】

方法
- 自我评价法(内在动力是教师的内心信念)
- 学生评价法(特殊的社会评价)
- 社会评价法
- 加减评分法
- 模糊综合评判法

要点回顾

1. 教师职业道德的特点。
2. 教师职业道德的功能。
3. 教师义务、教师良心、教师公正的相关内容。
4. 《中小学教师职业道德规范(2008年修订)》的六条具体内容及其各自的地位和职业行为要求。
5. 教师职业道德修养的具体内容及其意义。
6. 教师职业道德修养的主要方法。

第七部分　教育教学技能

思维导图

- 教育教学技能
  - 教学设计技能
    - ★目标设计
      - 构成 — 行为主体、行为动词、行为条件、表现程度
      - 特征 — 外显性、可操作性、可测性
    - 教案设计
      - 类别 — 记叙式、表格式、卡片式
      - ★内容
        - 概况
        - 教学过程 — 核心和主体
        - 板书设计
        - 教学后记或教学反思
      - 要求 — 切合实际，坚持"五性"等
  - 课堂教学技能
    - ★导入技能
      - 类型 — 直接导入、直观导入、悬念导入等
    - 提问技能
      - 类型
        - ★按认知水平
          - 知识水平
          - 理解水平
          - 应用水平
          - 分析水平
          - 综合水平
          - 评价水平
        - 按形式 — 设问、疑问、互问、追问等
    - 板书技能
      - 类型
        - 按地位 — 主板书、副板书
        - 按表现形式 — 文字、图画、综合式
    - 强化技能
      - 类型 — 言语、非言语、替代、延迟等
    - 结课技能
      - 类型 — 归纳、比较、活动、悬念、拓展延伸等
  - 教态语言技能
    - 功能 — 教育、传递信息、激励、调控、强化
    - 类型 — 身姿变化、面部表情、外表修饰
  - 说课技能与教学反思技能
    - 说课
      - 特点 — 理论性、阐发性、演讲性、预见性
      - 类型 — 研讨性、示范性、评比性、检查性
      - 内容 — 说教材、目标、学生、方法、过程
    - 教学反思
      - 类型 — 教学前、教学中、教学后

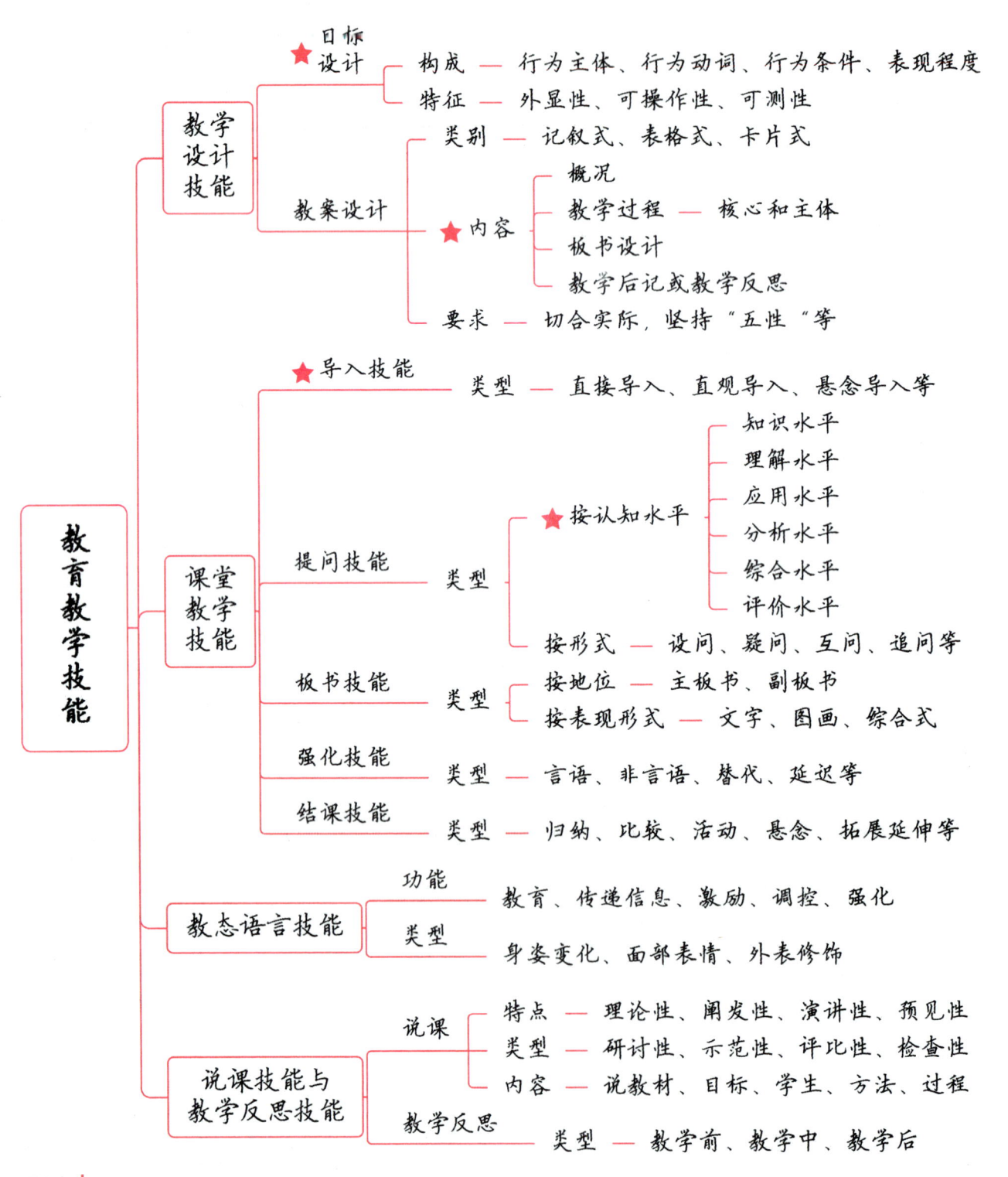

知识梳理

第一章 教学设计技能

知识点1 教学目标的设计技能

1.教学目标的含义 【单选、简答】

教学目标是教学活动预期达到的学习效果和标准,是对完成教学活动后学习者应达到的行为状态的具体描述。

2.教学目标的表述的构成 【单选、多选、判断】

正确表述教学目标是实现教学目标的基础和前提。以下仅介绍行为目标的表述的构成。

组成部分	内涵	示例
行为主体	达成目标行为的主体是<u>学生</u>	"学生能……"
行为动词	用可观察、可操作、可检测的动词描述行为	"说出""认出""背诵""列举""复述"等
行为条件	学生表现目标行为的条件或情境因素	"在课堂讨论中……""在10分钟内,能……""在某某统计表中,能……"等
表现程度	学生学习行为结果应该达到的<u>最低标准</u>	"学会……三种解题方法""记住……主要部件名字""能用符号语言表示三角形"等

3.教学目标正确表述的特征 【多选、判断】

(1)外显性;(2)可操作性;(3)可测性。

知识点2 教案的设计技能

1. 教案的类别 【单选、多选、判断】

类别	特点	适用范围
记叙式教案（最基本、最常用）	信息容量较大、表述细致、编制简单	所有教师
表格式教案	言简意赅、重点突出、方便使用	新教师
卡片式教案	形式灵活、方便，有利于修改与补充	有一定教学经验的教师

2. 教案的基本内容 【单选、判断、简答】

一般来说，教案内容主要由概况、教学过程(核心和主体)、板书设计、教学后记或教学反思四部分组成。

3. 教案设计的要求 【单选、多选、判断】

科学性、主体性、教育性、经济性、实用性。

(1)端正态度，高度重视；(2)切合实际，坚持"五性"；(3)优选教法，精设课型；(4)重视"正本"，关注"附件"；(5)认真备课，纠正"背课"；(6)内容全面，及时调整。

第二章 课堂教学技能

课堂教学技能是整个教学技能的核心。

教学技能	类型	基本要求
课堂导入技能（以认知冲突的方式引起学生思维的惊奇、矛盾状态）	①直接导入(最简单、最常用)；②温故导入；③直观导入；④问题导入；⑤实例导入；⑥情境导入；⑦审题导入；⑧悬念导入；⑨活动导入；⑩故事导入；⑪经验导入；⑫诗文导入；⑬随机事件的导入	①导入要有针对性；②导入要有启发性、趣味性；③导入要有新颖性；④要恰当把握导入的"度"(以3~5分钟为宜)

续表

教学技能	类型	基本要求
课堂提问技能	按提问的认知水平：①知识（回忆）水平的提问（最低层次、最低水平）；②理解水平的提问；③应用水平的提问；④分析水平的提问；⑤综合水平的提问；⑥评价水平的提问	①合理地设计问题；②面向全体学生提问；③目的明确，把握好时机；④提问的语言要准确，具有启发性；⑤提问的态度要温和自然；⑥及时进行评价和总结
	按提问的形式：①设问型提问；②疑问型提问；③互问型提问；④追问型提问；⑤曲问型提问	
课堂板书技能	按板书的地位：主板书、副板书	①要精选内容，突出重点；②要条理清晰，层次分明；③要形式灵活，布局合理；④文字要精当；⑤书写要规范；⑥时机要恰当
	按板书的表现形式：①文字板书（纲要式板书最基本、最常用、最传统）；②图画板书；③综合式板书	
巩固技能	①学期开始时的巩固；②日常教学中的巩固；③单元教学后的巩固；④学期结束时的巩固	①为巩固创造必要前提；②突出巩固重点知识；③注重巩固方法、手段、途径的多样化和适宜性；④及时巩固和经常巩固相结合；⑤注意巩固成效反馈；⑥思考与练习相结合
教学强化技能	①言语强化（口头+书面）；②非言语强化；③替代强化；④延迟强化；⑤局部强化；⑥符号强化；⑦活动强化	①强化目标要明确；②强化态度要诚恳；③强化时机要恰当；④强化方式要灵活；⑤强化要与反馈有机结合

续表

教学技能	类型	基本要求
结课技能	①归纳结课;②比较结课;③活动结课;④悬念结课;⑤拓展延伸结课;⑥游戏结课	①结课要有针对性;②结课要有全面性和深刻性;③结课要简洁明快;④结课要有趣味性

学霸点睛

按提问的认知水平划分的课堂提问的六种类型是易混点和难点,考生要抓住其关键要点进行理解:

类型	考查内容	常用关键词
知识水平的提问	学生对所学内容的识记情况	谁、什么是、哪里、什么时候、写出等
理解水平的提问	学生对所学内容的理解,能用自己的话来叙述	怎样理解、有何根据、为什么、怎么样、用你自己的话叙述、比较、对照、解释等
应用水平的提问	学生应用已学知识去解决问题	应用、运用、分类、选择、举例等
分析水平的提问	学生对事物间的关系或事项的前因后果的把握	为什么、什么因素、得出结论、证明、分析等
综合水平的提问	学生的整体性理解,能进行预见、创造性地解决问题	预见、创作、如果……会、归纳、总结等
评价水平的提问	学生的判断和选择,能提出自己的见解	判断、评价、证明、你对……有什么看法等

第三章 教态语言技能

📖 知识点1 教态语言的功能 【单选、多选】

(1)教育功能;(2)传递信息功能;(3)激励功能;(4)调控功能;(5)强化功能。

📖 知识点2 教态语言的类型 【单选、多选】

类型
- 身姿变化
  - 站姿
  - 走姿
  - 手势:动作变化最快、最多、最大
- 面部表情
  - 眼神:环视(扫视)、注视(凝视)
  - 微笑
- 外表修饰
  - 衣着服饰
  - 发型配饰
  - 化妆

第四章 说课技能与教学反思技能

📖 知识点1 说课技能

1.说课的含义 【单选】

说课就是教师阐述在课堂教学中做什么、怎么做、为什么这么做(重点)的教学研究活动。

2.说课的特点 【单选、判断】

(1)理论性(灵魂);(2)阐发性;(3)演讲性;(4)预见性。

3.说课的类型 【单选、多选】

(1)研讨性说课(研究性说课):为突破教学难点,探讨教学热点问题,寻找解决问题的方法而进行。

(2)示范性说课:选择优秀教师说课,具有指导和导向功能。

(3)评比性说课:也叫评价性说课或竞赛性说课,以评价教师说课和教学水平为主要目的。

(4)检查性说课:以检查考核教师业务水平和工作状况为主要目的。

4.说课的内容 【单选、多选】

(1)说教材;(2)说教学目标;(3)说学生;(4)说教学方法(学法和教法);(5)说教学过程。

知识点2　教学反思技能

1.教学反思的类型 【单选、多选】

按照教学反思时间的前后,可把教学反思分为教学前反思、教学中反思与教学后反思。

2.教学反思的途径 【单选】

(1)阅读理论文献,在理论解读中反思;

(2)撰写教学日志,通过写作进行反思;

(3)寻求专业引领和同伴互助,在对话讨论中反思;

(4)征求学生意见,从学生反馈中反思。

要点回顾

1. 教学行为目标的表述的构成部分及其内涵。
2. 教案的基本内容。
3. 课堂导入的类型和基本要求。
4. 按提问的认知水平划分的课堂提问类型的具体内容。
5. 课堂提问的基本要求。
6. 教师教态语言的类型。
7. 说课的类型与主要内容。